彼美淑令

北朝女性的个体生命史

Those Wonderful Ladies

罗新 主编

北京大学出版社
PEKING UNIVERSITY PRESS

图书在版编目（CIP）数据

彼美淑令：北朝女性的个体生命史 / 罗新主编. —北京：北京大学出版社，2024.6
（未名中国史丛刊）
ISBN 978-7-301-35018-8

Ⅰ. ①彼…　Ⅱ. ①罗…　Ⅲ. ①女性－社会生活－历史－中国－北朝时代　Ⅳ. ①D691.968

中国国家版本馆 CIP 数据核字（2024）第 082756 号

书　　名	彼美淑令：北朝女性的个体生命史 BI MEI SHU LING: BEICHAO NÜXING DE GETI SHENGMINGSHI
著作责任者	罗　新　主编
责任编辑	张　晗
标准书号	ISBN 978-7-301-35018-8
出版发行	北京大学出版社
地　　址	北京市海淀区成府路 205 号　100871
网　　址	http://www.pup.cn　新浪微博 @ 北京大学出版社
电子邮箱	编辑部 wsz@pup.cn　总编室 zpup@pup.cn
电　　话	邮购部 010-62752015　发行部 010-62750672 编辑部 010-62750577
印 刷 者	涿州市星河印刷有限公司
经 销 者	新华书店
	650 毫米 ×980 毫米　A5　11.125 印张　240 千字 2024 年 6 月第 1 版　2024 年 7 月第 2 次印刷
定　　价	72.00 元

出版弁言

北京大学中国古代史研究中心，自20世纪80年代初一路走来，已经将近而立之年。

中心创立伊始，我们的前辈邓广铭、周一良、王永兴、宿白、田余庆、张广达等先生曾经共同制定了“多出人才，快出人才；多出成果，快出成果”的方针。全体同人在这片清新自由的学术天地中勤勉奋励，从容涵育，术业各自有专精，道并行而不相悖。

为有效凝聚学术力量，积极推动中国古代史研究的持续发展，并集中展示以本中心科研人员为主的学术成果，我们决定编辑“未名中国史丛刊”。“丛刊”将收入位于前沿、专业质量一流的研究成果，包括中心科研人员、兼职人员、参加中心项目成员和海外长期合作者的个人专著、文集及重大项目集体研究成果等。

致广大，尽精微，这是中心学人共同的方向。我们将为此而努力。

北京大学中国古代史研究中心

2011年7月

未名中国史丛刊

（第十六种）

目录

序

罗新

本书是一部论文集，所收文章都是有关北朝女性的。这些女性要么完全不见于史传，要么虽偶一提及却没头没尾再无音讯。她们当然不是普通百姓，事实上她们多数都是人上人，贵为帝王公侯的家眷，有些甚至还在某些重要政治事务上举足轻重。然而你在正史上读不到她们，至多在人群中偶然瞥见她们的衣裾或不那么清晰的背影。我们知道，历史上的任何时期，全社会人口的男女性别占比一直是比较接近的，男女人口各自的总数不会有很大的差别，然而出现于历史著作的人物中，男女比例之悬殊却是肉眼可见的。当然，女性隐身在历史舞台的后面，并不是她们主动的选择。我们应该认识到，女性是被制度性地排除在历史编纂之外的。

然而，与北朝正史中男女比例的悬殊形成鲜明对比的，是北朝墓志志主的男女性别占比相差并没有那么大，换句话说，北朝墓志女性志主远远多于北朝正史中提到的女性。由此可见，女性从历史记载中的隐退，是政治性和制度性的。社会制度中的男女不平等，现实生活中的男女不平等，在岁月流逝、参与历史的人都死去之后，不仅没有缩小或拉近，相反，通过历史编纂，这种不平等反倒扩大了，被历史著作绝对化、正当化了。在这个意义上，古之正史（或与正史地位相当的官定史书）作为官方裁定的有关过去的说法，非但不能伸张正义，反而是一种维护不平等的意识形态工具。这就是为什么我们对传统历史学和历史编纂学应当保持警惕，并时时反思我们自己研究所依据的史料与方法。我们今天整理遥远时代那些女性的资料，努力写出她们的人生故事，也许可以说是为那些被隐藏被遮蔽被消音的女性，多多少少，找回一点点公道吧。

本书所收11篇文章就是在这个方向的初步尝试。这些文章写作时间和缘起各不相同，共同点在于都是以北朝墓志提供的零碎信息为线索，探索女性在那个时代的人生痕迹，可以算是某种程度上的个体生命史。魏晋南北朝墓志作为出土史料历来为研究者所重视，近半个世纪以来新出北朝墓志的数量又有惊人的增长，有力推动了中国中古史在许多领域的强劲发展，女性个体生命史的书写尝试也具备了一定的条件。过去20年间，我们在课上课下研读墓志时越来越重视女性墓志，就是因为我们认识到这类史料是对传统文献的一个重要补充，也由此产出了一批专以女性为主题的论文，其中多数借由墓志信息研究北朝的政治与制度史，但也有专注于女性人生遭际的，我们从后者中挑选了这11篇汇为是编。

虽是习作，却有追求。限于材料，也限于能力，缺憾一定多多。就此匆匆奉呈读者，敬请批评。

陈留公主

罗　新

近承李贞德博士以新著《公主之死》相赠，拜读之下，很受启发。（《公主之死——你所不知道的中国法律史》，台北：三民书局，“文明丛书”，2001 年，凡 144 页）

《公主之死》以北魏孝明帝神龟、正光年间（518—522）一桩司法审判的故事为起点，研究中国古代司法对已婚妇女涉及连带责任时，其身份与父家及夫家关系的确认，探讨有关法律思想的变化及其实践。

有关这个故事的两条原始材料，都来自《魏书》。一是卷五九《刘昶传》所附《刘辉传》，一是卷一一一《刑罚志》。根据这些材料，刘辉在宣武帝正始初年（504—505）尚宣武帝的二姐兰陵长公主。刘辉“私幸”公主的侍婢，侍婢怀孕。公主因妒而怒，笞杀侍婢，并且剖出胎儿“节解”，再用草塞进侍婢的腹中，让刘辉看裸尸。“辉遂忿憾，疏薄公主。”大概就是冷淡公主，不再搭理她，夫妻感情严重破裂。公主的一个姐姐把这事传进宫里，摄政掌权的胡太后非常关心，派人调查，最后让他们离婚，并且削除了刘辉从刘昶那里继承的爵位。这时（516—518）他们结婚已经十多年了。但是公主回到宫里的娘家，住了年把之后，不免寂寞，很可能出于公主自己的意思，一些重要人物反复向胡太后进言，希望让他们复婚，太后只好同意。虽说复婚了，感情却未能复旧，而且刘辉搞婚外情似乎已成习惯。不久，刘辉又和两位已婚妇女纠缠不清，自然与公主之间争吵不休。终于有一次动起手来，刘辉把公主推下床，拳脚交加，而公主——糟糕的事情是，公主正怀有身孕——“伤胎”，很可能就是流产了，公主自己随后也死了。闯下祸事的刘辉匆匆逃走，胡太后则严惩了与刘辉有私情的两位妇女及其兄长。后来刘辉被抓住，本来可能被判死刑，恰遇国家大赦而得免于官司，甚至“复其官爵”，然而没过两年他就病死了。

《公主之死》就从胡太后所操控的这一案件的审判及相关官员的讨论中，引申出妇女的法律地位问题，并且把这个问题置于中国法制史的大背景下考察，旁征博引，纵横古今，既说明了中古法律的儒家化趋势，又特别突出了妇女在法制实践中的被动与主动角色。虽然不能说得出了什么具体结论，但这种叙述本身让人对古代妇女问题别有印象，再加上作者文笔生动，感情充沛，也增强了本书的可读性。

可能限于整套丛书的性质，这本书没有任何烦琐考证，史料相左时，径取一种说法。比如刘辉与兰陵长公主这个案件的发生时间，《魏书》自己的记载是不一致的，《刘辉传》说是“正光初”，《刑罚志》说是“神龟中”，相差虽然也就一两年，毕竟有区别。《公主之死》径取后者的说法。当然一两年的差别实在无关宏旨，可是在另一个问题上，却相当要紧了。《公主之死》直接说刘辉是刘昶的儿子。这与史料出入可就大了。《北史》卷二九《刘昶传》：“昶嫡子承绪，主所生也。少而尪疾，尚孝文妹彭城长公主，为驸马都尉，先昶卒。承绪子晖，字重昌，为世子，袭封。尚宣武第二姊兰陵长公主。”明明说刘辉（晖）是刘昶的孙子。刘昶先后与三个公主结婚，前两个都死得早，最后一个平阳长公主可能是刘承绪的生母（刘昶生前给自己准备墓室，打算与三位公主“同茔而异穴”，也是很有意思的）。《魏书》卷五九《刘昶传》说：“昶适子承绪，主所生也。少而尪疾。尚高祖妹彭城长公主，为驸马都尉，先昶卒，赠员外常侍。长子文远，次辉字重昌，并皆疏狂，昶深虑不能守其爵封。然辉犹小，未多罪过，乃以为世子，袭封。正始初，尚兰陵长公主，世宗第二姊也。”虽然没有“承绪子辉” 这样的话，但根据史书叙事的惯例，我们也可以作同样的理解。看起来，刘辉与刘昶，应是祖孙关系，而不是父子关系，也就是说，《公主之死》的说法是错误的。

然而，经过反复考虑，我又觉得《公主之死》的裁断是正确的。这当然仅仅是一个史料考证的问题，只是由于涉及一个接下来我要专门讲述的人物，这一考证不仅不可避免，而且还是我们的出发点。

首先，《魏书》说“然辉犹小，未多罪过，乃以为世子，袭封”。刘承绪未获嗣爵而早死，当然就无所谓“世子”，只有刘昶本人需要立“世子”。其次，刘承绪既尚公主，理应别无妾媵，如果刘辉是他的儿子，刘辉的母亲就是彭城长公主了；退一步说，即使刘辉本是庶出，彭城长公主也是他的嫡母，两人是母子关系。在刘辉与兰陵公主之间，对于彭城长公主来说，一则母子，一则姑侄，很难认为她会站在刘辉的对立面而搅局。然而事实是，当刘辉夫妻复婚后，帮助兰陵公主与刘辉闹别扭的人中，最重要的就是这位彭城长公主。《公主之死》说到这里时，仅仅说兰陵公主“身旁的女性亲友纷纷表示为她不平”，而没有明确地提到她是谁。她是谁？《魏书》说：“公主更不检恶，主姑陈留公主共相扇奖，遂与辉复致忿争。”原来就是公主的姑姑陈留公主。陈留公主又是谁呢？《魏书》卷六三《王肃传》：“诏肃尚陈留长公主，本刘昶子妇彭城公主也。”原来，陈留公主，就是彭城公主，也就是刘承绪的妻子。如果她是刘辉的母亲，难以设想她为什么要煽动兰陵公主跟刘辉闹别扭。再次，如果彭城公主自有子息，从当时习惯上说，她也不应再嫁他人，而事实上她又嫁了人。基于以上理由，我断定刘辉与刘承绪之间不是父子关系，而是兄弟关系。

《魏书》叙刘昶诸子时，先说嫡子，故有刘承绪尚主并早死的文字在前，接着说其余诸子，故有长子刘文远、次子刘辉诸事在后。所谓长子、次子，可能都生于刘昶入魏以前或入魏之初。《刘昶传》提到刘昶北奔时，“遂委母妻，携妾吴氏作丈夫服”云云，说明他身边有爱妾吴氏。刘文远和刘辉既年长于刘承绪，又非嫡子，看来也不是刘昶在南的原配妻子所生，而极可能出于吴氏，这也许是刘昶出逃要携带吴氏的原因。《魏书》这种叙事，如果原本文字如此，就字面上说，本来就存在歧解的可能。也许《北史》剪裁《魏书》，加上“承绪子辉”以求明晰，可惜反而把事实颠倒了。

因此，《公主之死》一书把刘辉说成刘昶的儿子，是可以成立的。这样，兰陵公主与陈留公主二人，从父家说是姑侄关系，从夫家说则是妯娌关系。而这位陈留公主的生平事迹，我以为是值得另加研讨的。

刘承绪既是刘昶于北魏文成帝和平六年（465）北来之后所尚三个公主之一所生，又先于刘昶而死（刘昶死于孝文帝太和二十一年，497），死时最多不会超过三十岁。他什么时候与彭城公主结婚，史书没有记载。《南齐书》卷五七《索虏传》：“（王）肃初奔虏，自说其家被诛事状，（元）宏为之垂涕，以第六妹伪彭城公主妻之。”据此，彭城公主是孝文帝的第六妹。比照孝文帝的年龄，她大概出生在献文帝皇兴二年至五年之间（468—471），年龄与刘承绪相当。当太和二十一年刘昶死时，彭城公主的年龄低则二十七，多则三十。《魏书》说刘承绪“少而尫疾”，古人解释尫疾是脊骨弯曲，可能主要由于发育不良，身体羸弱，不仅形象不佳，而且体质极差。孝文帝把妹妹嫁给这样一个男子，当然是出于政治考虑（当然，这桩婚事也可能是冯太后在世时决定的）。刘承绪如果不早死，势必继承刘昶的“宋王”爵位，在北魏非宗室的王公大臣之中，地位相当隆显。更何况笼络刘昶的同时，在拓跋君主看来，刘昶为宋文帝之子，血统高贵，这门亲事也是风光的。可是，对于彭城公主来说，这个婚姻会有多少幸福呢？事实上刘承绪早死，彭城公主应当并无子女，可能就回到皇宫里居住了。

正当盛年却成了寡妇的彭城公主，可能还颇有吸引力。所以孝文帝的冯皇后希望她嫁给自己的弟弟冯夙，孝文帝也同意了，可是公主看不上冯夙。《魏书》卷一三《皇后传》："是时，彭城公主，宋王刘昶子妇也，年少嫠居。北平公冯夙，后之同母弟也，后求婚于高祖，高祖许之。公主志不愿，后欲强之婚。"理论上说，既然孝文帝同意，冯皇后是可以强迫公主与冯夙成婚的。公主如果不采取非常举动，不能举出坚强的理由，就不得不嫁给自己绝不中意的郎君。被逼到绝境的彭城公主做出冒险举动，主动卷入到异常复杂的宫廷内争当中。"有日矣，公主密与侍婢及家僮十余人，乘轻车，冒霖雨，赴悬瓠奉谒高祖，自陈本意，因言后与菩萨乱状。高祖闻而骇愕，未之全信而秘匿之。"这是太和二十三年（499）春二月的事情。公主秘密离开洛阳，赶到孝文帝在悬瓠的大营，向皇帝哥哥检举皇后在宫中与人奸乱的事情，并"自陈"不愿嫁给冯夙的"本意"。恰好孝文帝又从别的渠道获得了冯皇后在宫内的情报，遂有废后之举。公主达到了目的，这门婚事自然无疾而终。而此时距离孝文帝之死，只有两个月了。如果联系当时洛阳宫廷内外的复杂局势考虑，很难认为冯皇后之废死，不是出于洛阳不同政治集团之间激烈斗争的结果。如果真的存在针对冯皇后及其政治集团的某种阴谋，那么，可以肯定地说，彭城公主是其中非常重要的一环。也许她参与这一阴谋，逃避她不情愿的婚事就是一个主要动力。如果并不存在这样的阴谋，那么彭城公主的举动就更显得勇敢而别具光彩了。

这里存在着史料释读的问题。上面所引《皇后传》数语，中华书局标点本是这样标点的：“公主志不愿，后欲强之。婚有日矣，公主密与侍婢及家僮十余人，乘轻车，冒霖雨，赴悬瓠奉谒高祖。”中华本《北史》卷一三《后妃传》同。按这个标点，以“婚”字下属，则公主与冯夙成婚在前，前往悬瓠揭发冯皇后在后。可是刚刚说了“后欲强之”，怎么突然就“婚有日矣”？如果已经成婚，为什么不见有离婚的记载？史料提到公主，都说是“刘昶子妇”，未见有提及冯夙者。所以我认为中华本的标点是错误的。《资治通鉴》卷一四二载此事，径作“公主不愿，后强之。公主密与家僮冒雨诣悬瓠”云云，显然并不认为曾经成婚。

这以后的史料提到公主时，就不再提彭城公主，而是陈留公主了。为什么会有这个变化？我猜想这个变化可能发生在孝文帝时期。刘昶于太和二十一年死于彭城，这可能是公主避讳彭城而改称陈留的原因。也就是说，当公主冒险前往悬瓠时，她已经改为陈留公主了，只是史料沿用旧号而已。《魏书》卷九四《刘腾传》叙悬瓠事，即称陈留公主。

孝文帝死时，陈留公主最多也就三十出头，守寡好几年了。前面引《南齐书》卷五七《索虏传》：“（王）肃初奔虏，自说其家被诛事状，（元）宏为之垂涕，以第六妹伪彭城公主妻之。”照这一记载，孝文帝在世时就把陈留公主嫁给王肃了。可是根据北朝史料，孝文帝死之前的两个月，陈留公主还在“嫠居”，几乎嫁给冯夙；接下来的两个月，孝文帝内肃宫闱，外征萧齐，终至病死道中，哪里有时间再给这个妹子安排婚事？显然是南朝人传闻失误。据《魏书》卷六三《王肃传》，宣武帝即位后，王肃一度陷入政治麻烦，危机消除后，“诏肃尚陈留长公主”。

王肃出于南朝第一高门琅琊王氏，其父王奂在萧齐内争中被杀，诸子大都被害，王肃于太和十七年（493）仓皇北奔入魏，时年三十，正当壮年。以王肃的门第和学养，当然立刻受到孝文帝的破格优遇。陈寅恪先生在《隋唐制度渊源略论稿》中，对于王肃入魏后帮助北魏改革典章制度，给予高度评价，视之为里程碑式的人物。王肃在江左原有妻室，但是北逃之时，匆匆不能相携，到北方就成了单身汉。据《建康实录》卷一六《魏虏传》：“肃初为道人奔虏。”就是说，王肃逃亡时是作僧人装扮的，大概南北边境上僧人出入比较自由。可是装扮僧人毕竟不是真正出家，王肃到北魏以后，自然就回归俗装，也就是要过世俗人的生活了。另外建立家庭，已是无可避免。

从史料时序看，王肃尚陈留公主，在宣武帝景明元年（500），这一年王肃三十七岁，陈留公主三十三岁左右。从王肃的位望才具看，陈留公主这次婚姻要远远好于她的第一次。然而，幸福的日子并不长久，不超过一年半。王肃在洛阳受到排挤，出掌对梁战事的东南前线，旋于景明二年（501）七月病死寿春。陈留公主似乎注定无法获得一个稳定的、长久的、幸福的婚姻。

就在这短暂的婚姻之中，也发生了复杂的问题。王肃留在江左的妻女，历经千辛万苦，也来到北方。《魏书》卷六三《王肃传》：“（王肃子）绍，肃前妻谢生也，肃临薨，谢始携二女及绍至寿春。”谢氏是谢庄的女儿，出身高贵，夫家罹难，她没有灰心，而是立志要携带儿女，千里寻夫。《洛阳伽蓝记》卷三延贤里正觉寺条，述其事最详：“（王）肃在江南之日，聘谢氏女为妻。及至京师，复尚公主。其后谢氏入道为尼，亦来奔肃。”谢氏出家为尼，显然不是出于宗教情怀，而是借此寻得机会北逃，这和六七年前王肃假扮僧人一样。但是她在寿春见到的王肃，已经有了名分地位不可撼动的妻子。向往已久的夫妻欢聚，变成公事公办的拘谨见面。这对于王肃、谢氏和陈留公主三人来说，都是异常沉重的。根据《洛阳伽蓝记》，出自书香世家的谢氏决定向丈夫表白心迹，可能见面的机会已经很难得到，所以她就写了一首五言诗给王肃：

本为箔上蚕，
今作机上丝。
得路逐胜去，
颇忆缠绵时。

这首诗很可能使用了南朝流行的形式和技巧，向丈夫传递怀旧的情绪及鸳梦重温的期盼。王肃读到了这诗，陈留公主自然也读到了。陈留公主怎么办呢？她以王肃的名义，写了一首诗作为回答：

针是贯线物，
目中恒任丝。
得帛缝新去，
何能衲故时。

公主委婉地拒绝了谢氏重归家庭的要求。按理，谢氏即使不能再作嫡妻，屈身以奉公主，二女共事一夫，也不是不可能的。但是这并没有实现，我猜想是由于陈留公主拒不同意吧。夹在中间的王肃，“甚有愧谢之色”，只好在自己居家所在的洛阳延贤里筑一座正觉寺，把谢氏安置其中。谢氏出家为尼，是为了北上寻夫，而找到丈夫之后，却被迫要真的出家了，这真是人生的一个幽默。好在寺庙就在夫家左近，自己的一儿二女可以随时相见。王肃突然病死，又使谢氏的人生发生新的变化。陈留公主并无子女，所以她在王肃死后也无须继续留在延贤里。刚刚从南朝到来的王肃的儿女，才真正构成了王肃的家庭。可以想象，即使谢氏此后并没有还俗，她和儿女之间的家庭生活应当基本上是正常的。

谢氏带到北方来的二女一儿，除了二女儿我们无从考证以外，大女儿王普贤和儿子王绍，都有墓志留存，对于我们了解这一家人的情况大有帮助。王肃死时，王普贤十五岁，王绍十岁，二女儿应当在二者之间。墓志中描述他们北投王肃的经历，王普贤墓志说：

“痛辠鱼之晚悟，感树静之莫因，遂乘险就夷，庶恬方寸。”王绍墓志则说：“年裁数岁，便慨违晨省，念阙温凊，提诚出崄（险），用申膝庆。”好不容易见到父亲，父亲却很快就病死，对于这一家离乡背井、远窜异国的人来说，沉痛哀伤，实非他人所易感知。王普贤墓志还说：“惟［天］道冥昧，仍罗极罚，茹荼泣血，哀深乎礼。”王绍墓志说：“天道茫茫，俄钟极罚，婴号茹血，哀瘠过礼。”王绍作为唯一的儿子得以继承王肃的爵位（昌国县开国侯），而王普贤被选入宫中，成为宣武帝的“贵华夫人”。可是这姐弟两个都未得长寿，普贤死于孝明帝延昌二年（513），年二十七；王绍死于延昌四年（515），年二十四。两人的墓志都介绍了父母和祖父母，都提到王肃的夫人是谢氏，普贤墓志还提到王肃“后尚陈留长公主”，王绍墓志则提都不提，好似陈留公主不存在一样。这说明，在王肃死后的王氏家庭生活中，陈留公主已经不再有什么影响了，也许，是她自己主动地淡出了这个突然出现的家庭。[1]

于是，陈留公主重新回到了过去的生命轨道：漂泊着，无所依归。

陈留公主再次寡居时，年龄不会超过三十五岁。这对于一些愿意攀附皇亲的人，还是有吸引力的。《魏书》卷六四《张彝传》，记

---

[1] 关于谢氏以后的人生，新出土的僧芝墓志补充了她跟随僧芝学法修道的资料。僧芝墓志及研究见王珊《北魏僧芝墓志考释》，《北大史学》第 13 辑，北京：北京大学出版社，2008 年。此文的修订版改题《北魏最著名的比丘尼僧芝》，收入本书，请参看。

王普贤墓志（来源：洛阳市文物局编《洛阳出土北魏墓志选编》，北京：科学出版社，2001 年）

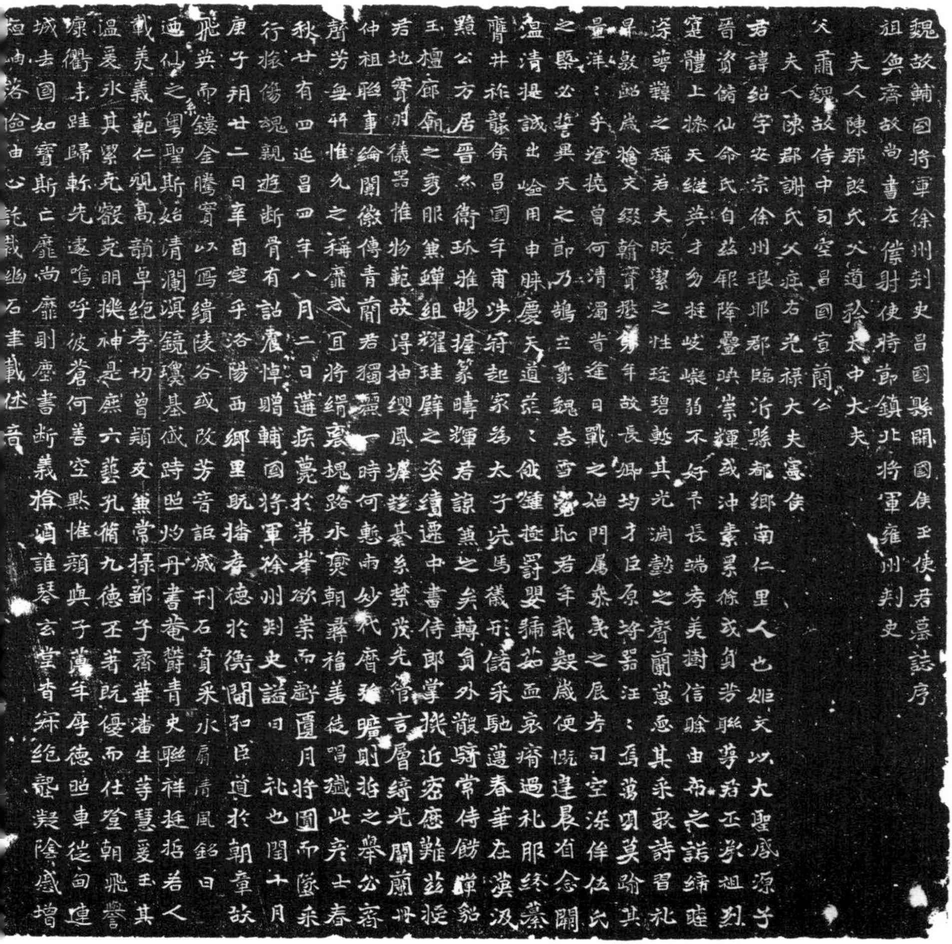

王绍墓志（来源：《洛阳出土北魏墓志选编》）

录了陈留公主又一次谈婚论嫁的情况。张彝出身清河张氏，才望俱显，妻子病故，正要续弦。“时陈留公主寡居，（张）彝意愿尚主，主亦许之。”你情我愿，再好不过。根据《资治通鉴》卷一四五，这是景明三年（502）的事。这一年，张彝四十一岁，公主约有三十四五岁，寡居也差不多有一年了，正是组成半路夫妻的好时候。可是斜次里杀出个高肇，也看上了陈留公主。高肇是宣武帝的舅舅，时任尚书左仆射，正是炙手可热的权臣。高肇虽然自称出自名门勃海高氏，但实际上来自辽东，很可能是高丽人。高肇本人粗劣无文，凭着与皇帝的亲戚关系成了暴发户，当时舆论，恐怕没有什么好说法。陈留公主先后所嫁，一为刘宋皇室后裔，一为琅琊王氏的名士，她还拒绝过另一位外戚贵人的求亲，这样的经历，使她的见识必有不同凡俗之处。对于高肇的求婚，“主意不可”，爽快地拒绝了。这一下激怒了高肇，就在政治上陷害张彝。这自然也阻挠了陈留公主的婚事。不久张彝中风偏瘫，史料中不再见他与陈留公主之间还有什么联系。

陈留公主的婚姻史，能够从史料中寻找到的线索只有以上这些。

景明二年五月，就在王肃病死的两个月前，孝文帝的弟弟咸阳王元禧因谋反罪名被赐死。《魏书》卷二一上《献文六王传上》记载，元禧与公主妹妹诀别，托以后事，言及自己的一二爱妾，这位公主又是伤痛，又是愤怒，骂道：“坐多取（娶）此婢辈，贪逐财物，畏罪作反，致今日之事，何复嘱问此等！”我曾经想象这位性格鲜明的公主，就是陈留公主。如果真是这样，我们还可以知道陈留公主应当与元禧同母（封昭仪），而且也知道了她为什么拒绝高肇的求婚，因为高肇是元禧之死最大的受益者。当然，受过学术训练的人都知道，要使你的研究经得起推敲，千万不要作类似的假想。可是，我觉得，如果有一天有材料证明这位斥责兄长纳妾的公主，就是陈留公主，我是不会太惊奇的。

虽然就法律意义上说，纳妾制度一直是古代中国婚姻制度的一部分，但真正能够纳妾的人毕竟是少数，特别存在于金字塔结构的中上层。有趣的是，北魏中后期却出现了另外的景象，社会上层普遍流行一夫一妻，蓄养小妾似乎并不多见。《魏书》卷一八《太武五王传》，载元孝友上奏说："将相多尚公主，王侯亦娶后族，故无妾媵，习以为常。妇人多幸，生逢今世，举朝略是无妾，天下殆皆一妻。"这样的社会氛围中，纳妾者成为少数，社会形象也不大好。"设令人强志广娶，则家道离索，身事迍邅，内外亲知，共相嗤怪。"元孝友从多后广嗣的立场，反对这种趋势。他指责说："父母嫁女，则教之以妒；姑姊逢迎，必相劝以忌。持制夫为妇德，以能妒为女工。"把妻子妒忌看成不纳小妾的原因，当然是过于简单了。但是他强调了妇女自身在这一社会潮流中的主导作用，还是很有意思的。

只是，妇女个人的人生历程不仅取决于她的意志和性格（其实，何止是妇女呢），很多时候，无法预计的因素会改写她的人生，夺取她的梦想。陈留公主第一次嫁人时，全凭他人，自己没有发言的机

东魏元湛墓志（来源：北京图书馆金石组编《北京图书馆藏中国历代石刻拓本汇编》，郑州：中州古籍出版社，1989 年）

会。后来她再嫁王肃，欲嫁张彝，两拒外戚求婚，个人意志捍卫了自己的利益。可是，王肃早死，张彝被谮，这些，就不是她可以驾驭的因素了。命运在更大程度上显示了超越于个人意志的力量。

史料中陈留公主最晚的出现，就是在《公主之死》所讨论的刘辉案件中。那时候陈留公主差不多有五十岁了，已到暮年。在兰陵公主离婚、复婚的环节里，我们看到很多与陈留公主有着特殊关系的人起了作用，比如宦官刘腾，二十年前曾经和陈留公主一起参与了颠覆冯皇后的重大事件。兰陵公主复婚以后，在刘辉沉迷于婚外情并且和兰陵公主再起纷争时，又是陈留公主积极支持和鼓动兰陵公主。兰陵公主死后，胡太后不顾司法惯例一意严惩刘辉，以及刘辉的情妇及其兄长，我们也不难想象这里面有着陈留公主的愤怒、偏执和沉痛，而且，还有着她对自己的人生无可言说的伤感。

寻找仇妃

徐　冲

一、南安王结姻州别驾？

在洛阳城北邙山出土的数百方北朝墓志中，元举墓志并不起眼。[1] 志主元举出身北魏宗室章武王家一脉，[2] 二十五岁即于孝昌三年（527）以员外散骑侍郎之任去世，生平无甚事迹可称。其弟元景

[1]　元举墓志志石现藏西安碑林，参见陈忠凯编：《西安碑林博物馆藏碑刻总目提要》，北京：线装书局，2006 年。拓片见赵万里：《汉魏南北朝墓志集释》（以下简称《集释》），桂林：广西师范大学出版社据科学出版社 1956 年版影印，2008 年，图版一五四；北京图书馆金石组编：《北京图书馆藏中国历代石刻拓本汇编》（以下简称《北图》），郑州：中州古籍出版社，1989 年，第 5 册，第 79 页；毛远明校注：《汉魏六朝碑刻校注》（以下简称《校注》），北京：线装书局，2008 年，第 6 册，第 144 页。录文见赵超：《汉魏南北朝墓志汇编》（以下简称《汇编》），天津：天津古籍出版社，1992 年，第 215 页；《校注》，第 6 册，第 145—146 页；王连龙：《南北朝墓志集成》（以下简称《集成》），上海：上海人民出版社，2021 年，上册，第 339—340 页。

[2]　章武王始封自景穆帝与慕容椒房所生子太洛。然太洛“皇兴二年薨，无子。高祖初，以南安惠王第二子彬为后”（《魏书》卷一九《景穆十二王传》，北京：中华书局，1974 年，第 513 页）。南安惠王即同为景穆十二王之一的元桢。参见徐冲：《北魏元融墓志小札》，（台湾）《早期中国史研究》4—2，2012 年，第 129—160 页；后收入余欣主编：《存思集：中古中国共同研究班论文萃编》，上海：上海古籍出版社，2013 年，第 117—137 页。

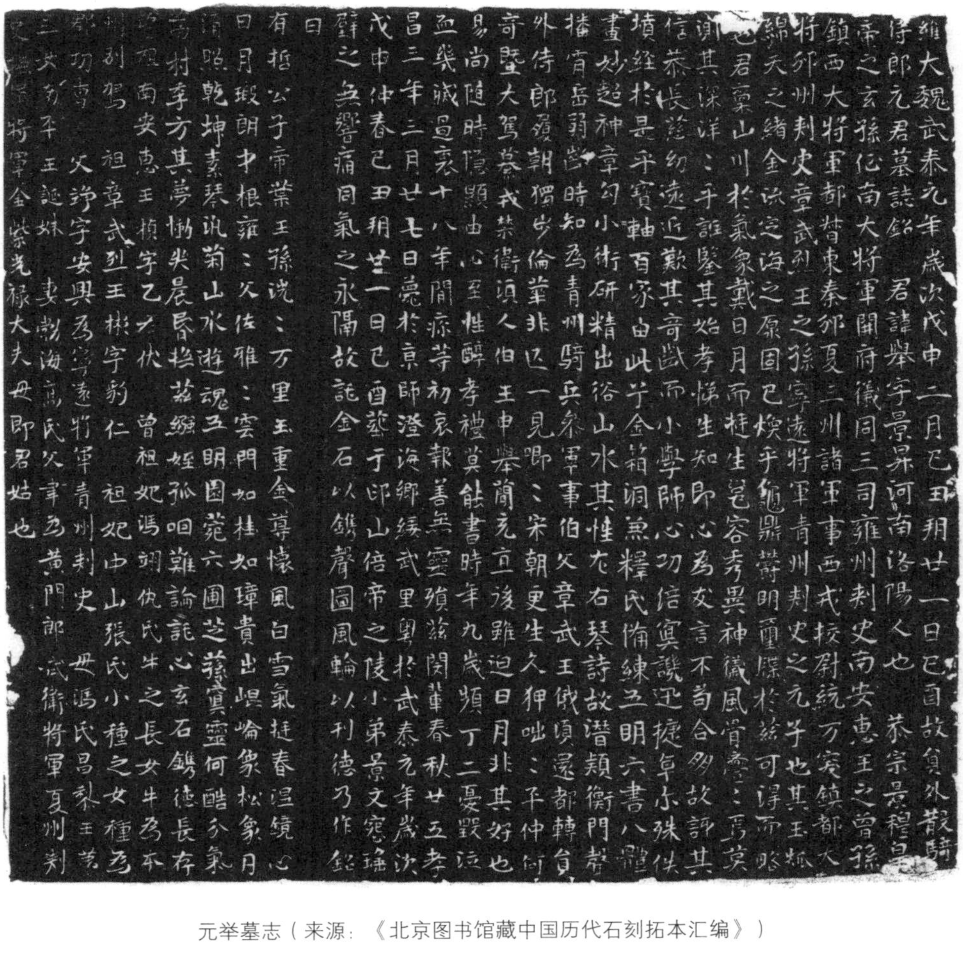

元举墓志（来源：《北京图书馆藏中国历代石刻拓本汇编》）

文“怨瑶璧之无响，痛同气之永隔，故托金石以镌声，图风轮以刊德”，敷衍撰成此志，自以虚文谀辞为主，史料价值是比较有限的。[1]

不过，墓志在志尾铭辞之后，罗列自曾祖元桢至于志主四代的亲族状况，却提供了不见于《魏书》宗室列传及其他北魏墓志的珍贵信息：

> 曾祖南安惠王桢，字乙若伏。曾祖妃冯翊仇氏牛之长女，牛为本州别驾。
>
> 祖章武烈王彬，字豹仁。祖妃中山张氏小种之女，种为郡功曹。
>
> 父竫，字安兴，为宁远将军青州刺史。母冯氏，昌黎王第三女，南平王诞妹。
>
> 妻勃海高氏，父聿，为黄门郎武卫将军夏州刺史抚军将军金紫光禄大夫，母即君姑也。

这段格式一致的亲族书写很可能抄自章武王家藏谱牒。[2]形式上的表面齐整掩盖不住内容上的截然两分。第三代元竫与第四代元

---

[1] 刘军《元举墓志与北魏迁洛宗室的士族化》从志主的身世背景、仕宦等级、婚姻关系和文化面貌几个方面对元举墓志的史料价值有所揭示，载《史林》2013 年第 3 期，第 28—33 页。

[2] 参见陈爽：《出土墓志所见中古谱牒研究》，上海：学林出版社，2015 年，第 404—405 页。

举，结姻对象一为长乐冯氏，一为渤海高氏，均为当朝官贵，与其宗室身份相配，也符合我们由史传和墓志得来的主流印象。然而第一代南安王元桢和第二代章武王元彬，尽管贵为宗王，地位无疑较元静、元举还要更高，结姻对象却仅为州别驾、郡功曹之女，不能不说是有些让人费解的。两代拓跋宗王为何会接连缔结如此地位悬殊的婚姻？其后又为何消失不见？这篇小文将以南安王妃[1]仇氏为对象，做一些基本的考索工作。在尽力拼接一个女人人生碎片的同时，或可揭开4、5世纪北魏史上已然尘封的一页。

二、冯翊仇氏在河北

元举墓志志尾所列亲族信息早已引起了赵万里先生的注意。在《集释·元举墓志》的跋文中，他指出这一史料中数处可与《魏书》所载元桢、元彬父子相关情形互证，又专门写道：

> 《志》又称"曾祖妃冯翊仇氏牛之长女，牛为本州别驾"。案《阉官传》，仇保齐本姓侯氏，外祖父仇款始出冯翊重泉。款生二子，长曰嵩，嵩子长曰广。广有女孙配南安王桢，生章武王彬。《传》不言广之子为谁，据《志》则牛乃广之子，

[1] 北魏诸王之妻使用妃号，经历了一个制度定型的过程。参见郑雅如：《胡汉交错：北魏鲜卑诸王婚姻制度与文化辨析》，收入《张广达先生九十华诞祝寿论文集》，台北：新文丰出版公司，2021年，第1113—1117页。

并与《传》合。[1]

尽管误“仇洛齐”为“仇保齐”，赵先生仍然敏锐指出了揭开仇妃身世之谜的关键史料，即《魏书》卷九四《阉官·仇洛齐传》。[2]此传明确记载“（仇）广有女孙配南安王桢，生章武王彬”，正与《元举墓志》所言的南安王元桢妃仇氏相应。自然，这也意味着《元举墓志》所记仇妃之父仇牛当为仇广之子。

据《仇洛齐传》，仇妃曾祖仇款“始出冯翊重泉”，“石虎末徙邺南枋头”。如所周知，立都邺城的后赵国主石虎曾“徙关中豪杰及羌戎内实京师”，[3]规模达十余万户。[4]其中被安置在枋头要地的即为以氐人苻洪为核心的移民集团，十余年后成为回归关中建立前秦政权的核心人群。[5]仇款既然“始出冯翊重泉”，应该也属被石虎强制迁徙河北的关中豪杰。[6]不过苻洪迁枋头是在石虎消灭竞争

[1] 《集释》卷四，第 99 页。

[2] 《魏书》，第 2013—2014 页。以下简称《仇洛齐传》。引用此传史料时，不再另行出注。

[3] 《晋书》卷一一二《苻洪载记》，北京：中华书局，1973 年，第 2867 页。

[4] 《太平御览》卷一二一引《十六国春秋·前秦录》，北京：中华书局，1960 年重印商务影宋本，第 585 页。

[5] 参见罗新：《枋头、滠头两集团的凝成与前秦、后秦的建立》，收入氏著《王化与山险：中古边裔论集》，北京：北京大学出版社，2019 年，第 131—144 页。

[6] 据《晋书》卷一〇六《石季龙载记》，石虎东迁的秦雍望族包括“皇甫、胡、梁、韦、杜、牛、辛等十有七姓”（第 2770 页）。参见罗新：《枋头、滠头两集团的凝成与前秦、后秦的建立》，第 140 页。

对手石生以后，时在咸和八年（333）。仇款徙邺南枋头却是在“石虎末”。如果这一记载无误的话，迁徙关中豪杰至关东的行动在石虎统治时期（335—349）当进行过不止一次。

仇款来到枋头后，与在此已经驻扎耕耘十年以上的苻洪必定相识，但关系如何不得而知。有两个重要的节点可以留意。第一，当枋头的苻氏集团在石虎死后天下大乱之际毅然踏上西归关中之路时，仇款家族却并未追随，而是选择了继续留在河北。第二，《仇洛齐传》记仇款“仕慕容暐为乌丸护军、长水校尉”，其子仇嵩“仕慕容垂，迁居中山，位殿中侍御史”，父子二人先后出仕前燕与后燕政权。至于夹在前燕、后燕之间的苻氏前秦，尽管苻坚也曾经君临河北十五年（370—385），却没有留下他们出仕的记录。考虑到仇款家族关中豪杰的出身与徙驻枋头的经历，以上两点或许暗示了他们与苻氏之间的某种疏离甚至敌对关系。[1]

无论如何，至后燕时，仇款家族已经来到河北近半个世纪。《仇洛齐传》记载仇嵩之子仇广、仇盆“并善营产业，家于中山，号为巨富”，也反映了这一家族在当地长期的扎根成长。不过，他们似乎并非中山地区唯一的仇氏势力。4世纪末北魏道武帝初平后燕之后，曾有中山太守仇儒之乱。《魏书》卷二六《长孙肥传》载“时中山太守仇儒不乐内徙，亡匿赵郡，推群盗赵准为主”，“聚党

---

[1] 苻坚朝廷中有尚书仇腾（见《晋书·苻洪载记》），出身不明，应与中山仇款家族无关。

二千余人，据关城，连引丁零，杀害长吏，扇动常山、巨鹿、广平诸郡”，声势颇大，后被长孙肥率军平定。[1] 此事《魏书》卷二《太祖纪》系于天兴二年（399）三月，亦称仇儒为“中山太守”。其后又有“夏四月，前清河太守傅世聚党千余家，自号抚军将军。五月癸亥，征虏将军庾岳讨破之”。[2] 所谓“中山太守”“前清河太守”，应该并非后燕官职，而是来自北魏的任命，看中的是其人在当地所拥有的实力与声望，以安抚新征服的后燕故地。虽然后来叛乱的起事地点和波及范围以更南边的赵郡一带为主，但仇儒出身中山本地的可能性很大。而他之所以“亡匿赵郡”乃至于发动叛乱，是因为“不乐内徙”。天兴元年（398）正月，道武帝自中山北归平城之际，“徙山东六州民吏及徒何、高丽杂夷三十六万，百工伎巧十万余口，以充京师”。[3] 看来仇儒本在这次内徙之列，而他对此进行了激烈的抵抗。

没有迹象表明这次内徙行动波及仇款。这可能是他在中山的家族地位尚不够高的反映，至少应在仇儒之下。虽然同姓仇氏，但从仇儒同党赵准被“夷其族”而仇款家族却未受牵连来看，即使仇儒也是出自关中的徙民后代，与仇款大概也非同支。

不过，到了近四十年后的太武帝时，平城的使者终于还是来到

[1] 《魏书》，第652页。

[2] 《魏书》，第35页。

[3] 《魏书》卷二《太祖纪》，第32页。

了中山仇宅的大门外。

三、卢鲁元访舅

使者此番南来，是缘于太武帝为宠臣卢鲁元“访舅”。

卢鲁元是太武帝统治前期的一位重要人物。他卒于太平真君三年（442），官至侍中、太保、录尚书事，封襄城王，号称“自魏兴，贵臣恩宠，无与为比”。与多数大臣不同，他的权势主要来自于太武帝的个人宠爱。自太武帝尚在东宫时，卢鲁元就给侍左右，“世祖亲爱之”，即位后则“逾亲信之”。在平城时，太武帝“临幸其第，不出旬日”；对外兴兵，卢鲁元又“常从征伐，出入卧内”。[1]二人之间的关系显然超越了一般的君臣恩宠。[2]

卢鲁元的身世尚不够清晰。《魏书》卷三四《卢鲁元传》记其为“昌黎徒河人也。曾祖副鸠，仕慕容垂为尚书令、临泽公。祖父并至大官”，实际上掩饰了不少信息。《新唐书》卷七四《宰相世系表·豆卢氏》下有“鲁元，后魏太保、襄城公”，[3]说明卢鲁元本姓豆卢。制作于正光二年（521）的《长孙忻墓志》在长孙侯妻子“豆卢氏”后，赫然列有“弟鲁元，侍中、太保、襄城王”，更是可

[1] 《魏书》卷三四《卢鲁元传》，第801页。

[2] 《魏书》卷三四《卢鲁元传》并载：“少子内，给侍东宫，恭宗深昵之，常与卧起同衣。父子有宠两宫，势倾天下。”第802页。

[3] 《新唐书》，北京：中华书局，1975年，第3180页。

以直接确证这一点。[1]虽然北朝至隋唐时期各种史料所记述的豆卢氏谱系颇多抵牾之处，未可遽断是非，[2]但可以肯定的是，豆卢氏本为慕容燕宗室出身，入魏后方改姓“豆卢”。[3]

关于卢鲁元的父亲，《新唐书·宰相世系表》记为豆卢胜，《仇洛齐传》则记为卢豚。考虑到其兄弟名丑，[4]“胜（勝）”恐为“豚”之讹误。庾信撰《慕容宁碑》云“曾祖，尚书府君，因魏室之难，改姓豆卢，仍为官族”，[5]《豆卢永恩碑》云“尚书府君改姓豆卢，筮仕于魏”，[6]均将改姓之事归之于“尚书府君”的入魏，惜未明记其名。慕容宁即《周书》卷一九所载豆卢宁，《传》云“高祖胜，以燕。皇始初，归魏，授长乐郡守，赐姓豆卢氏，或云避难

[1] 拓片见齐运通编：《洛阳新获七朝墓志》，北京：中华书局，2012年，第15页；录文及研究参见徐冲：《新出北魏长孙忻墓志疏证》，（台湾）《早期中国史研究》8—1，2016年，第135—183页。又《旧唐书》卷九〇《豆卢钦望传》载“高祖以宽曾祖苌魏太和中例称单姓，至是改宽为卢氏”（北京：中华书局，1975年，第2921页），说明孝文帝太和年间豆卢氏又改为卢氏。参见姚薇元：《北朝胡姓考（修订本）》，《内篇第三·内入诸姓》“卢氏”条，北京：中华书局，2007年，第103—104页。

[2] 参见赵超编著：《新唐书宰相世系表集校》卷四，北京：中华书局，1998年，第752—760页。

[3] 参见姚薇元：《北朝胡姓考（修订本）》，《内篇第三·内入诸姓》“卢氏”条，第104—108页。

[4] 这一点可以得到三条材料的佐证。《新唐书·宰相世系表·豆卢氏》记丑、胜为兄弟；《长孙忻墓志》记长孙侯妻子豆卢氏“父丑，镇南将军、济阳公”；《魏书》卷八四《儒林传》有卢丑，“昌黎徒河人，襄城王鲁元之族也”。

[5] 倪璠注，许逸民校点：《庾子山集注》，北京：中华书局，1980年，第897页。

[6] 倪璠注，许逸民校点：《庾子山集注》，第923页。

改焉”，[1] 将这位关键人物锚定为卢豚（胜）。皇始元年（396），北魏道武帝发动灭后燕之战，历时三年终告成功。卢豚（胜）以慕容宗室的身份于皇始初即已归降于魏，大概颇得优待。他从慕容改姓豆卢，作为褒赏而赐姓的可能性更大。[2]

平城朝廷给予卢豚的褒赏不止于赐姓，还有一位来自慕容燕后宫的女子，即卢鲁元之母仇氏。《仇洛齐传》载：

> 初嵩长女有姿色，充冉闵宫闱，闵破，入慕容儁，又转赐卢豚。生子鲁元，有宠于世祖。

如前所述，仇款自关中徙至邺城附近的枋头是在“石虎末”。其子仇嵩的长女最初所入为冉闵后宫，距其举家东来不过数年。石虎死后冉闵称帝在永和六年（350），为慕容儁所灭则在永和八年（352）。可知“生子鲁元”，已在4、5世纪之交的北魏之世。在半个世纪的漫长岁月里，这位据说“有姿色”的仇姓女子历经冉魏、慕容前燕、苻氏前秦、慕容后燕和拓跋魏五代政权更迭，几乎见证了“五

[1] 《周书》，北京：中华书局，1971年，第308—309页。“皇始初”前“燕”字当为衍字，参见本卷校勘记。

[2] 姚薇元据《魏书》卷九〇《慕容白曜传》所载“初，慕容破后，种族仍繁。天赐末，颇忌而诛之。时有遗免，不敢复姓”（第1123页），主张“本出慕容之豆卢氏，当系于此时因避难而改”。参氏著《北朝胡姓考（修订本）》，《内篇第三·内入诸姓》“卢氏”条，第105页。不过《慕容白曜传》其后明言“皆以‘舆’为氏。延昌末，诏复旧姓，而其子女先入掖庭者，犹号慕容，特多于他族”，似与豆卢氏不同。

胡”时代的大半历史。

上引《仇洛齐传》文字没有明言将仇氏“又转赐卢豚”的行为主体究竟是谁。我们可以根据卢鲁元的出生时间来考虑这个问题。从卢鲁元与太武帝的亲密关系来看，二人年龄相差不宜过大。太武帝生于天赐五年（408），[1] 假设卢鲁元年长十岁，则当生于皇始三年（398），正当道武帝攻灭后燕之时。实际上更大的可能是仅年长数岁而已，这样他的出生时间还要再晚几年。联系到前述卢豚于皇始初自后燕降魏的事迹，将仇氏“又转赐卢豚”的应该就是道武帝，即在灭燕后将慕容后宫中的仇氏作为奖赏赐予卢豚。[2] 不过仇氏此时自然已非妙龄。设若其十岁入于冉闵，到398年归于卢豚之时，也已经年过半百了。卢鲁元的诞生，对这位大龄母亲来说算是一个不小的奇迹。

仇氏之前虽然长期在宫廷生活，但因为慕容前燕和后燕都是立国河北，与中山母家联系可能还是比较方便的。入魏之后情况就不一样了，京师已经变成了远在代北的平城。前已述及道武帝灭燕后有大规模的徙民实京之举。卢鲁元“太宗时，选为直郎。以忠谨给

[1] 《魏书》卷四《世祖纪》，第69页。

[2] 消灭敌国后将后宫女性赐予功臣，在北魏本是惯例。如始光四年（427）六月北魏军队克统万城后，“虏（赫连）昌群弟及其诸母、姊妹、妻妾、宫人万数”，其后“以昌宫人及生口、金银、珍玩、布帛班赉将士各有差”（《魏书》卷四《世祖纪》，第72—73页）。其中赫连勃勃的三个女儿为太武帝纳入后宫，另有一女被赐予留镇统万城的常山王元素连。赫连昌二女分别被赐予长孙翰、罗提，赫连定之妻被赐予豆代田。参见徐冲：《新出北魏长孙忻墓志疏证》，第145—147页。

侍东宫”，这样的早期仕历说明他应该就是家于平城的。可见其母仇氏入魏之后即随夫卢豚去了代北。太武帝时，卢鲁元知道“外祖嵩已死，唯有三舅”。这一信息无疑得自母亲。而“每言于世祖，世祖为访其舅”的措辞，暗示他与河北的舅家已经很久没有直接往来了。换言之，其母仇氏入魏北迁之后，可能也就基本中断了与中山母家的联系。

面对太武帝为卢鲁元访舅的使者，仇嵩之子仇广、仇盆兄弟的反应是“皆不乐入平城”。这种犹豫是可以理解的。无论是当年历时三年的灭燕之战，还是战后镇压仇儒之乱与傅世之乱，拓跋大军对后燕故地的反复摧残，对于河北人士来说恐怕都还是并不久远的惨痛记忆。神瑞二年（415）崔浩劝阻明元帝迁都邺城时言说“国家威制诸夏之长策”，宣称“今居北方，假令山东有变，轻骑南出，耀威桑梓之中，谁知多少？百姓见之，望尘震服”，[1] 正是对立国代北的拓跋王权与南方河北人士之间疏离关系的露骨说明。直到太武帝为卢鲁元访舅之时，仍然“是时东方罕有仕者”。[2] 但拒绝平城之命，又忧虑会落得与当年“不乐内徙”的仇儒一样的下场，着实让人为难。

此时挺身而出的正是仇洛齐。洛齐本姓侯氏，中山人，仇款为

---

[1] 《魏书》卷三五《崔浩传》，第 808 页。

[2] 北魏攻灭后燕后，吸收了若干河北人士进入政权。参见张金龙：《北魏政治史》，兰州：甘肃教育出版社，2008 年，第 2 卷，第 133—137 页。

其外祖父。这意味着仇款有女儿嫁与了侯某，生子洛齐。但洛齐“生而非男”，有着严重的生理缺陷。或因此为其生父所厌弃，故舅父仇嵩“养为子，因为之姓仇”。在仇款家族面对可能是东迁以来最大挑战的危急时刻，这位“人道不全”的养子说道：“当为兄弟试祸福也。”

四、仇洛齐与仇妃

未曾想到，仇洛齐的这一决断成为了兄弟三人命运的分水岭。

因“生为阉人”，仇洛齐入平城后即因卢鲁元之请入宫为宦官，直到文成帝初兴安二年（453）去世，度过了大致平稳的后半生。[1]留在中山的仇广、仇盆兄弟却在“洛齐贵盛之后”，“坐他事诛”。

所谓“贵盛”，从仇洛齐的仕历看，应该是指“从平凉州，以功超迁散骑常侍，又加中书令、宁南将军，进爵零陵公”。太武帝灭北凉在太延五年（439）。仇洛齐因太武帝为卢鲁元访舅入京当在此年之前，而仇广兄弟被诛则在此年之后。又卢鲁元卒于太平真君三年（442），号称“自魏兴，贵臣恩宠，无与为比”，其舅氏被诛或更在其亡故之后。但可以确定仍当太武帝世，因为《仇洛齐传》明言“世祖以其（仇洛齐）非仇氏子，不与焉”。

---

[1] 文成帝即位后兴安元年至二年间，卢鲁元亲家长孙渴侯与杜元宝先后被诛，其子卢统、舅父仇洛齐相继去世，或为当时政治清洗的一部分。参见徐冲：《新出北魏长孙忻墓志疏证》，第149—154页。

前已述及《元举墓志》所载南安王妃仇氏父亲仇牛为仇广之子。既然仇洛齐是缘于仇嵩养子的身份方才未受牵连，那么仇牛当与仇广兄弟一起遭到诛杀。《元举墓志》载其名位仅至本州别驾，应该就是他伏诛前的官位。其女仇氏在若干年后“配南安王桢”，此时应与仇家其余女眷一起被没入平城宫中为奴。

那么，仇氏是何时被配给南安王元桢的呢？事实上，我们还有一个线索可以利用。文成帝时高允曾上书批评“今皇子娶妻，多出宫掖”的现象，其中有言“然所配者，或长少差舛，或罪入掖庭，而作合宗王，妃嫔藩懿。失礼之甚，无复此过”。[1] “然所配者”“罪入掖庭”的措辞，皆与仇氏没官若干年后“配南安王桢”相应。高允还特别提到“诸王十五，便赐妻别居”。[2] 这一记录十分宝贵。虽然《魏书》列传罕载传主出生年份，但元桢、元彬父子皆有墓志存世，由其中记录的卒年与享寿即可反推出生年份。据《元桢墓志》，[3] 太和二十年（496）元桢在邺城去世时年五十

[1] 《魏书》卷四八《高允传》，第 1074 页。

[2] 《魏书》卷四八《高允传》，第 1074 页。高允上书中提到的“诸王十五，便赐妻别居”，很早就引起了周一良先生的注意，参考北魏诸帝生子年龄，认为“北魏长期有早婚习俗”；但又困惑于“一般热带地区结婚生育较早，而拓跋氏来自代北高寒之地亦风习如此，不可解也”（参见氏著：《魏晋南北朝史札记·魏书·晚有子》，北京：中华书局，2007 年，第 310—311 页）。事实上，“诸王十五，便赐妻别居”与其说是一种单纯的“习俗”，毋宁视为是在如仇氏这样的罪没家庭女眷充斥于北魏后宫的现状下所进行的性资源的再分配，构成了拓跋王权所主导的社会性再生产的重要一环。

[3] 拓片见《集释》，图版一三二；《北图》，第 3 册，第 30 页；《校注》，第 3 册，第 293 页。录文见《汇编》，第 36 页；《校注》，第 3 册，第 294—295 页；《集成》，第 57 页。

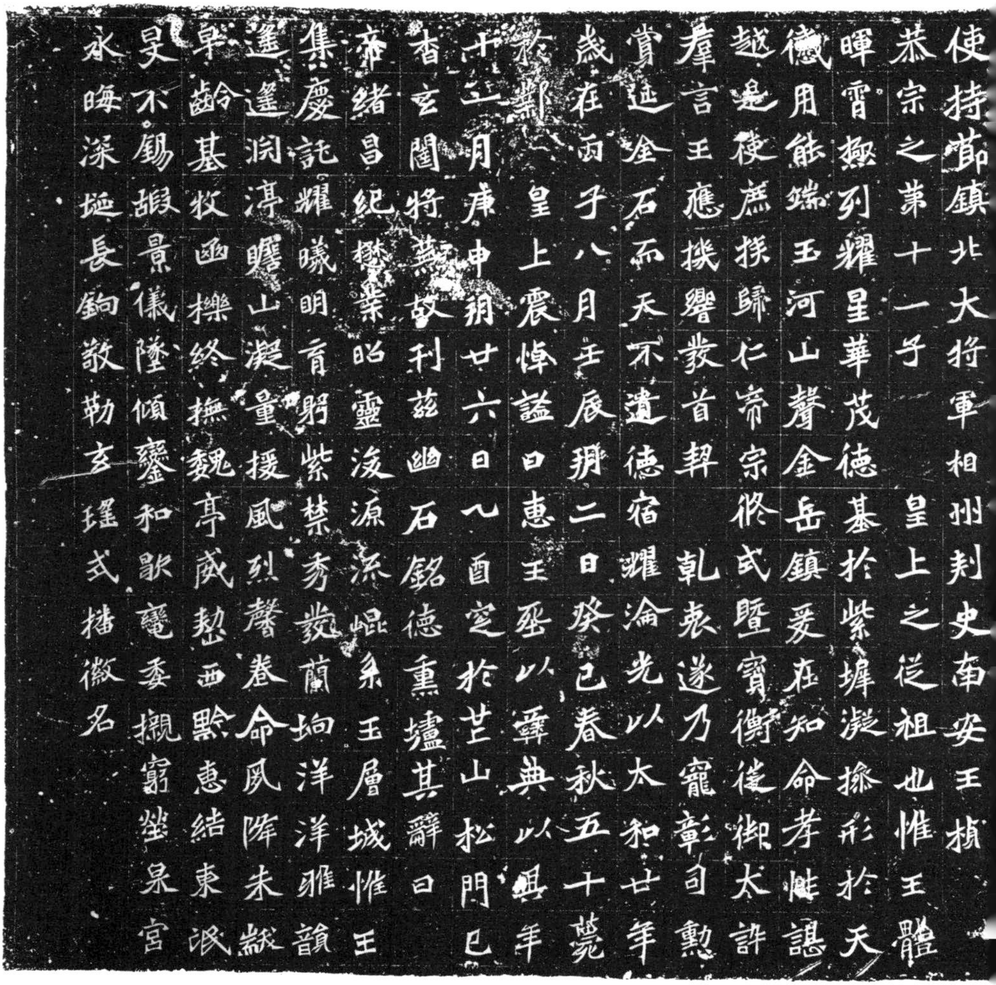
使持節鎮北大將軍相州刺史南安王楨
恭宗之第十一子皇上之從祖也惟王體
暉霄極列耀星華茂德基於紫墀凝操形於天
衢用能端玉河山聲金岳鎮爰在知命孝性諶
越是使庶族歸仁帝宗攸式暨寶衡徙御太訏
羣言王應機響發首契乾衷遂乃寵彰司勳
賞延金石而天不遺德宿耀淪光以太和廿年
歲在丙子八月壬辰朔二日癸巳春秋五十薨
於鄴皇上震悼謚曰惠王瘞以彝典以其年
十一月庚申朔廿六日乙酉窆於芒山松門已
杳玄闈將燕故利茲幽石銘德熏壚其辭曰
啓緒昌紀攀葉昭靈浚源流崐系玉層城惟王
集慶誕耀曦明育躬紫禁秀發蘭坰洋洋雅韻
遙遙淵渟瞻山凝量援風烈馨眷命夙降未紱
阜齡基牧函櫟終撫魏亭威懾西黔惠結東泯
旻不錫嘏景儀墜傾鑾和歇轡委櫬窮塋泉宮
永晦深埏長夠敬勒玄瑶式播徽名

元桢墓志（来源：《洛阳出土北魏墓志选编》）

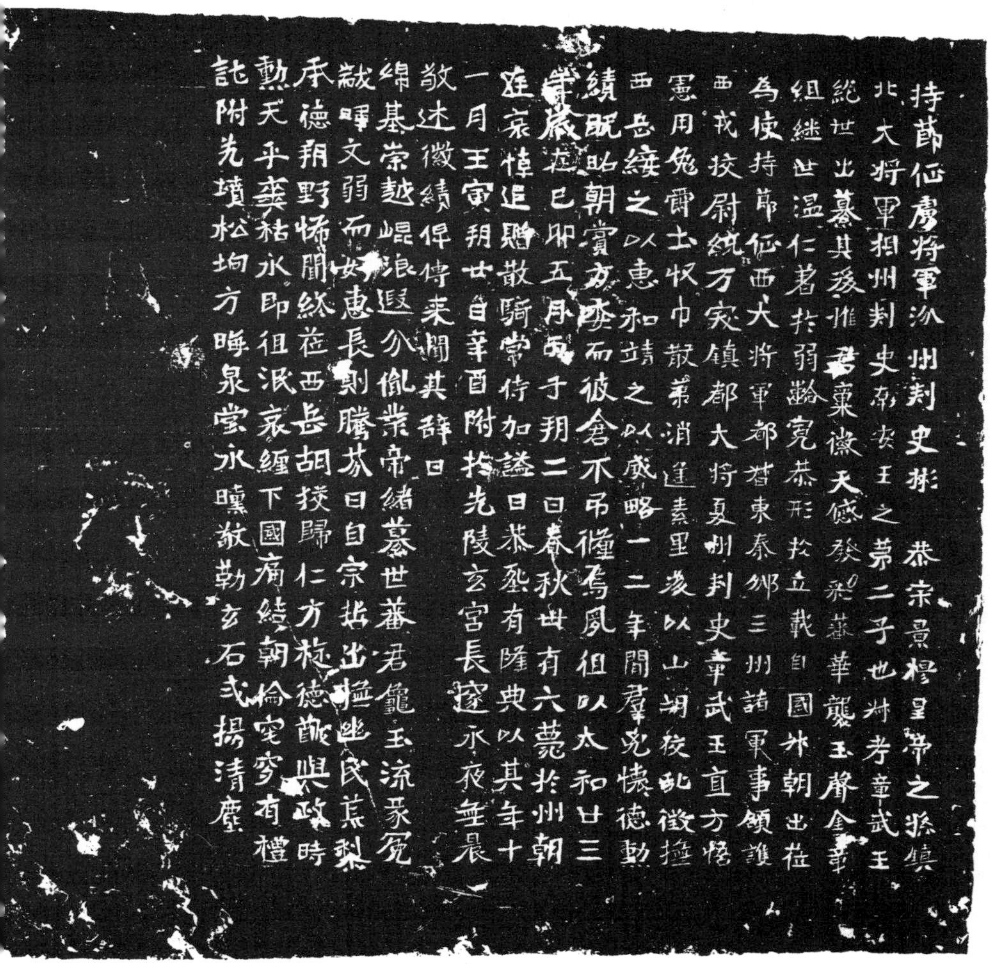

元彬墓志（来源：《洛阳出土北魏墓志选编》）

岁，则当生于太平真君八年（447）。那么他十五岁时正当和平二年（461），也合于高允上书的文成帝世。

不过仇氏很可能并不是元桢最初的“赐妻”。见于《元举墓志》的元彬为元桢次子，其上尚有长子元英，就是后来宣武帝时代扬名于对南朝作战前线的中山王。[1]《仇洛齐传》说仇氏“配南安王桢，生章武王彬，即中山王英弟也”，说明元英的生母另有其人。和平二年与十五岁的元桢相配者应是另一位同样出自宫掖的罪奴女性，并为其诞下长子元英。[2]只是元英之母随即亡故（或与生产有关），故又有同样身份的仇氏被配与元桢。[3]据《元彬墓志》，[4]元彬太和二十三年（499）卒，时年三十六岁，则当生于和平五年（464），其时元桢十八岁。仇氏被配于元桢，大致当在和平三四年（462—463）间。如前所述，仇氏因家难没官大概率发生在太平真君三年至十二年（442—451）这一区间，则到被配给元桢为止，她在宫中经历了十年以上的岁月，甚至有长达二十年的可能。只是我

[1]　《魏书》卷一九《景穆十二王传》，第495—502页。

[2]　《元举墓志》所载章武王元彬妻“祖妃中山张氏小种之女，种为郡功曹”，当亦为罪没入宫者。据《元融墓志》，元彬长子元融死于孝昌二年（526），年四十六岁，则当生于太和五年（481）。而元彬生于和平五年（464），元融出生时他方十八岁。张氏很可能就是在元彬十五岁时被配与他为妻的。

[3]　郑雅如《胡汉交错：北魏鲜卑诸王婚姻制度与文化辨析》认为元桢十五岁时所配者即为仇氏（第1120页），与本文所见不同。

[4]　拓片见《集释》，图版一四九；《北图》，第3册，第42页；《校注》，第3册，第316页。录文见《汇编》，第38页；《校注》，第3册，第317页；《集成》，第59—60页。

们并不清楚，当初甫入宫中的她，究竟是一位青春少女，还是年仅数岁的女童。

仇氏以幼龄入宫的可能性不能排除。《集释》集中收录了七方北魏宫廷内职女官墓志，制作于正光元年至二年间（520—521）。[1]据墓志所述，七人无一不是因“家难”而被没入宫的，正与仇氏的遭际相同。所谓“遭家不造”“家门倾覆”“乡曲之难”之类闪烁其词的背后，掩盖的是全家成年男性被诛、成年与未成年女性入宫为奴的惨痛家史。若仇妃也有墓志存世，恐怕亦当如此措辞。而入宫年龄方面有明确记载的冯迎男、王僧男和张安姬三人分别为五岁、六岁和十三岁，刘阿素和刘华仁两人则皆记为“幼履宫庭”，大概也不会超过十岁。

在这方面新出《缑光姬墓志》和《缑显墓志》留下了更为生动具体的记录。[2]缑光姬官至第一品家监，“班秩、清禁、羽仪之等，有同郡君”，是一位相当成功的宫廷女官。她卒于正光六年（525）正月十九日，[3]年七十有二，则当生于兴光元年（454）。墓志记曰“未及言归，遂离家难”，由是“委身宫掖，出入椒闱”。不过与前述几位北魏女官不同的是，她遭遇的“家难”并非一般的犯法得

[1] 拓片见《集释》，图版二九、三一至三六。

[2] 《缑光姬墓志》，拓片见赵君平编：《邙洛碑志三百种》，北京：中华书局，2004年，第17页；《洛阳新获七朝墓志》，第18页；录文见《集成》，第256—257页。《缑显墓志》，拓片见《北朝墓志精粹》第一辑《北魏卷 一》，上海：上海书画出版社，2021年。

[3] 此年即孝昌元年。据《魏书》卷九《肃宗纪》，改元在六月癸未（第241页）。

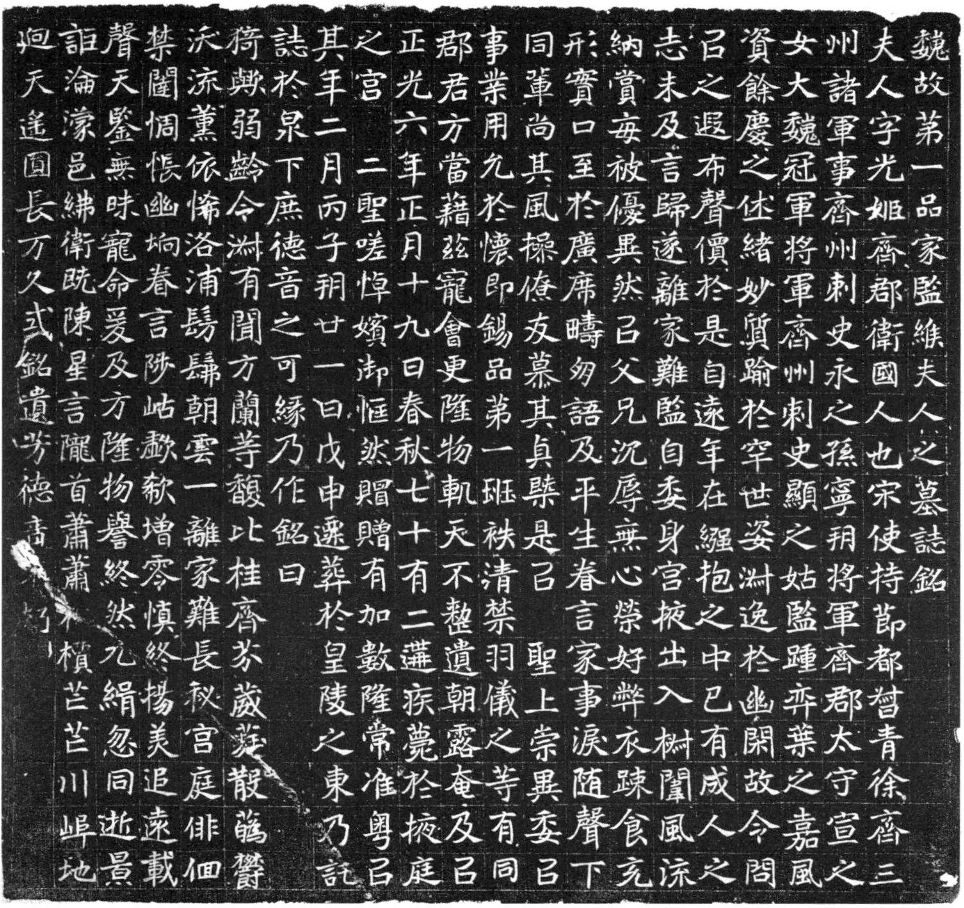

缑光姬墓志（来源：浙江大学中国历代墓志数据库）

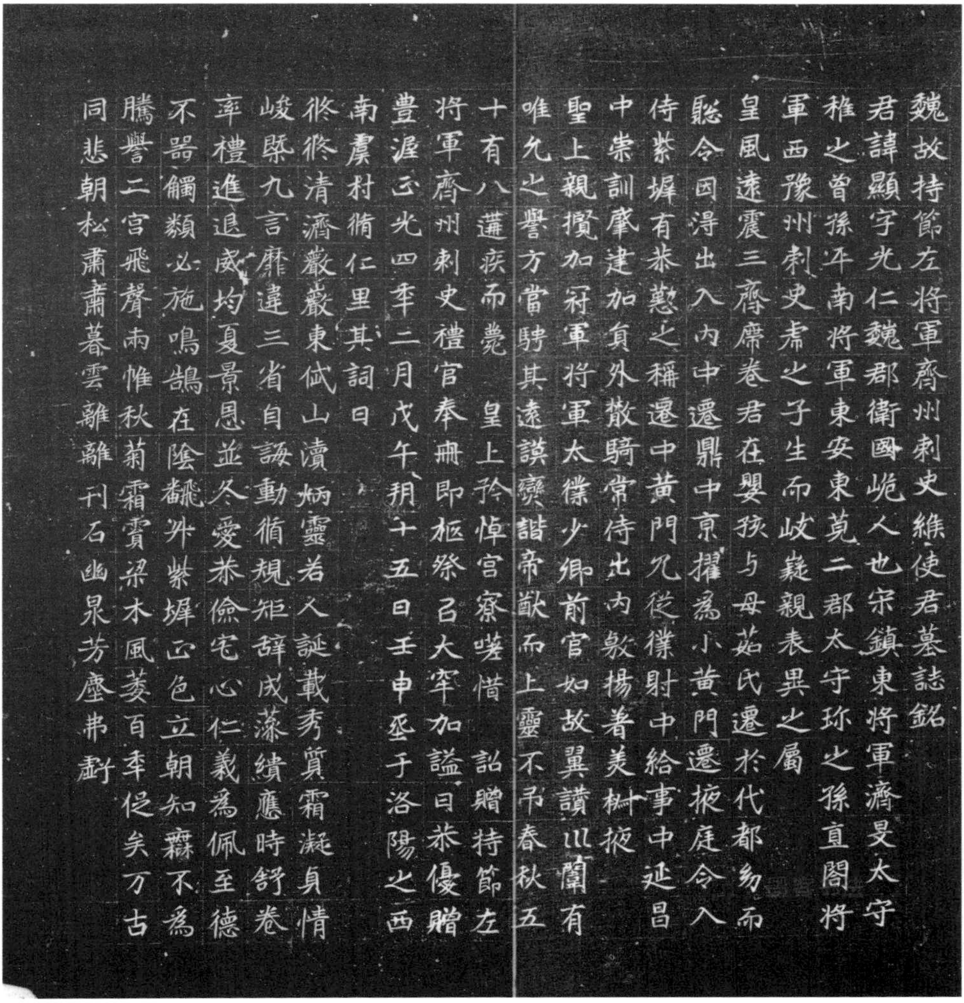
魏故持節左将軍齊州刺史緱使君墓誌銘
君諱顯字光仁魏郡衛國屺人也宗鎮東将軍濟旻太守稚之曾孫平南将軍東安東莞二郡太守珎之孫直閤将軍西豫州刺史肅之子生而岐嶷親表異之屬
皇風遠震三齊席卷君在嬰孩与母茹氏還於代都幼而聡令因淂出入內中還鼎中京擢為小黃門遷掖庭令入侍紫墀有恭懃之稱遷中黃門冗從僕射中給事中延昌中崇訓肇建加員外散騎常侍出內敷揚著美椒掖
聖上親攬加冠軍将軍太僕少卿前官如故翼讚以蘭有唯允之譽方當騁其遠謨變諧帝猷而上靈不弔春秋五十有八遘疾而薨 皇上矜悼宮寮嗟惜 詔贈持節左将軍齊州刺史禮官奉冊即柩祭以太牢加謚曰恭優贈豊渥正光四年二月戊午朔十五日壬申窆于洛陽之西南覊村循仁里其詞曰
悠悠清濟巖巖東岱山瀆炳靈若人誕載秀質霜凝貞情峻槩九言靡違三省自誨動循規矩辭成藻績應時舒卷率禮進退威均夏景恩並冬愛恭儉宅心仁義為佩至德不器觸類必施鳴鵠在陰翻升紫墀正色立朝知無不為騰譽二宮飛聲兩帷秋菊霜實梁木風萎百年促矣万古同悲朝松肅肅暮雲離離刊石幽泉芳塵弗虧

缑显墓志（来源：《北朝墓志精粹》第一辑）

罪。光姬为“宋使持节都督青徐齐三州诸军事齐州刺史永之孙，宁朔将军齐郡太守宣之女”，出身南朝刘宋青齐地区。缑永与缑宣不见于史籍记载，但光姬因“父兄沉辱”入魏，应与献文帝天安元年（466）至皇兴二年（468）北魏夺取刘宋淮北四州的战事有关。这一点可以得到《缑显墓志》的佐证。《缑光姬墓志》记光姬为“大魏冠军将军齐州刺史显之姑”，这位缑显正是《魏故持节左将军齐州刺史缑使君墓志铭》的志主。他葬于正光四年（523）二月十五日，卒日应去此不远。年五十有八，则当生于天安元年（466）前后，正值上述战事的开始阶段。墓志记曰“属皇风远震，三齐席卷。君在婴孩，与母茹氏迁于代都”，这一入魏缘由应同样适用于其姑母缑光姬。面对如此“家难”，襁褓中的懵懂婴孩或许比十三岁的少女更为幸运。光姬“以父兄沉辱，无心荣好，弊衣疏食，充形实口。至于广席畴朋，语及平生。眷言家事，泪随声下”，似乎终其一生也未能淡忘伤痛。

尽管墓志并未明言，但缑显后来历任小黄门、掖庭令、中黄门冗从仆射、中给事中等阉宦职位，显然是没官后又罹宫刑之酷。结合《魏书》卷九四《阉官传》所见诸人出身，可知罪人之家的未成年男性，是平城宫中阉宦群体的主要来源。而罪人之家的成年与未成年女性，同样充斥平城后宫，承担着多种形式的劳作与生产。[1]

---

[1] 《南齐书》卷五七《魏虏传》载：“妃妾住皆土屋。婢使千余人，织绫锦贩卖，酤酒，养猪羊，牧牛马，种菜逐利。太官八十余窖，窖四千斛，半谷半米。又有悬食瓦屋数十间，置尚方作铁及木。其袍衣，使宫内婢为之。”北京：中华书局，1972 年，第 984 页。

换言之，像缑光姬与缑显这样出于一族的亲人分别活跃于后宫的女职系统和宦官系统的情况，在平城时代应该并不罕见。缑显先于缑光姬两年去世，《缑光姬墓志》仍然特意标示其为“大魏冠军将军齐州刺史显之姑”，显示二人之间的关系可能相当密切。

与缑光姬、缑显姑侄关系类似，仇氏在平城宫中也并非全无依托。当年家祸之后叔父仇洛齐并未受到牵连，仍在内廷奉仕，直至兴安二年（453）去世。他对自己的这位侄女必定有所照拂。《仇洛齐传》记载了如下一段轶事：

> 养子俨，袭。……后欲还本。而广有女孙配南安王桢，生章武王彬，即中山王英弟也。仇妃闻而请俨曰：“由我仇家富贵至此，奈何一旦孤背恩养也！”桢时在内都主司品臣，俨隶于桢，畏惮之，遂不敢。

如前所述，仇洛齐为仇嵩养子，本姓侯氏。显然出于没有生育能力的缘故，他从自己的侯氏本家找了一个小孩入继为后，即这里的养子仇俨。此事当发生在太平真君年间仇广兄弟被诛之后。洛齐死后，其零陵公的爵位为仇俨所继承。仇俨“后欲还本”，即试图复姓侯氏的确切时间不明，应该是在他“太和中，为虎牢镇将”之前，其时正值元桢“在内都主司品臣”，而仇俨为其属下。据《魏书》卷一九《景穆十二王传》，元桢曾两任内都大官。第一次在孝文帝即位之前，可以排除。第二次在任之后，又出为长安镇都大将、雍州刺史。正是在雍州刺史任上，元桢与汝阴王元天赐一起因“聚敛肆情”受到了“削除封爵，以庶人归第，禁锢终身”的处罚，时在太和十三年（489）六月。[1]仇俨提出“还本”之请，必在此年之前。

仇妃对他的这一请求十分愤怒，以“背恩”责之，并运用夫君元桢的影响力，迫使仇俨放弃。从“我仇家”的措辞可以看出，她仍把已经去世三十余年的仇洛齐视为一家之人，将仇洛齐的家事视为己家之事。“奈何一旦孤背恩养”之言的背后，或许也深藏着她对当年在宫中的苦涩童年里，从这位“生而非男”的宦官叔父那里所领受“恩养”的感激之情。

五、“文明”的阴影

这是仇妃在现存史料中的最后一次出场。她的丈夫南安王元桢其后的经历在《魏书》中有清晰记载。他虽然在太和十三年（489）因罪失爵，但后来在迁都洛阳时态度积极，“首从大计”，博得了孝文帝的信任，[2]于太和十九年（495）十二月复南安王本封。[3]迁都洛阳事定后，又被任为相州刺史，出镇邺城，时在太和二十年

[1] 《魏书》，第494页。

[2] 《魏书》卷一九《景穆十二王传》，第494页。制作于太和十九年的《元桢墓志》对此也有重点叙述：“暨宝衡徙御，大讯群言，王应机响发，首契乾衷，遂乃宠彰司勋，赏延金石。”《汇编》，第36页。

[3] 太和二十年底，“及恒州刺史穆泰谋反，桢知而不告，虽薨，犹追夺爵封，国除”（《魏书》，第495页）。

(496) 五月。

如果仇妃仍在世的话，她或许应该跟随元桢一起前往邺城治所。从那里向南，是她的家族一个半世纪前从关中远徙而来最初落脚的枋头。向北，则是祖父仇广曾经“号为巨富”、留下深刻足迹的中山城，也是她的出生与童年嬉戏之地。然而入邺当月元桢就因“疽发背”而暴卒，年仅五十岁。就像当初一样，她终究不能在这个名义上的故乡停留长久。

我们对仇妃的寻访之旅就此结束。事实上，四年之前的太和十六年(492)左右，锐意改革的孝文帝已经颁布诏书，以“族非百两，拟匹卑滥”为由，强制诸弟重娶胡汉高门之女以为正妻，而将此前罪奴出身的妻子贬为妾媵，一举终结了平城时代以来“诸王十五，便赐妻别居”的传统。[1] 我们不知道仇妃是在何时离开人世的，但她的故事在标榜华夏礼乐的洛阳时代确乎不会重演了。这并不是说不会再有罪人之家的女性被没入洛阳宫中为奴，只是她们再也不会像仇妃这样获得成为王妃甚至后妃的机会，只能活在支撑“文明”的阴影里，直到沉默死去。

[1] 《魏书》卷二一《献文六王传》，第534—535页。参见陈爽：《世家大族与北魏政治》，北京：中国社会科学出版社，1998年，第54—57页；郑雅如：《胡汉交错：北魏鲜卑诸王婚姻制度与文化辨析》，第1128—1130页。

蛮女文罗气的一生
——新出墓志所见北魏后期蛮人的命运

胡　鸿

河北正定刘氏墨香阁收藏的北朝墓志中，有一方题为“魏故长秋雷氏文夫人墓志铭记”（录文附于文末）。[1]这位文夫人，字罗气，而“其先盘护之苗裔”。从传世文献中可知，文氏与雷氏都是蛮中大姓，尤其活跃于襄阳、南阳周边的山区。“盘护”即“盘瓠”，墓志追盘护为先祖，[2]而《宋书》云“荆、雍州蛮，盘瓠之

[1]　录文和拓片见叶炜、刘秀峰主编：《墨香阁藏北朝墓志》，上海：上海古籍出版社，2016年，第68—69页。文罗气墓志的拓片图版和简体字未标点录文，此前已刊布于贾振林编著：《文化安丰》，郑州：大象出版社，2011年，第200—201页。后者有几处错误，本文的录文以《墨香阁藏北朝墓志》为准。

[2]　至于墓志中说“曾祖钦，晋司徒公”，显然是拙劣的攀附。文钦是曹魏扬州刺史，曾起兵反司马氏，未入晋而死，不可能是“晋司徒公”。其年代与文虎龙也相差了200年，怎么可能中间只隔一代？

后也”，[1]《北史·蛮传》云“蛮之种类，盖盘瓠之后”，[2]正可与之相印证。这说明在南北朝后期，襄阳南阳一带山区的非华夏人群，不仅被主流知识认定是盘瓠蛮，他们自身也建立了一定程度的认同。[3]因此，我们暂且称文罗气为“蛮女”，应不至大谬。无独有偶，同一批公布的墨香阁藏墓志中，还有一方《问度墓志》（录文见文末附录二），[4]从内容来看志主也是蛮人，而且与文罗气出自同一家族。在此以前，北朝时期的蛮人墓志尚不为学界所知。至隋代已知的有一方《大隋隰城处士梅渊墓志》，[5]乃是北魏时蛮人北迁汾阳者的后裔，其事迹平庸，历史信息并不丰富。这次同时公布了两方北朝蛮人墓志，而且提供了不少有价值的历史信息，足以令研究者为之兴奋。尤其这位文罗气夫人，大约与孝文帝同龄，而

[1] 《宋书》卷九七《蛮传》，第 2396 页。

[2] 《北史》卷九五《蛮传》，第 3149 页。

[3] 此地区的蛮人是内部发展出这一祖先信仰，抑或是从“权威知识”中输入了这一观念，这方墓志并不能给我们答案，权威知识与民间观念之间的互相转化仍是一个有待深入探讨的问题。另外，关于范晔《后汉书》、干宝《晋纪》以及沈约《宋书》在蛮人支系与地域关联上的矛盾，以及由此反映出的华夏史家对蛮人进行种姓分类时的主观性，可参看胡鸿：《中古前期有关异族的知识建构——正史异族传的基础性研究》，载徐冲主编：《中国中古史研究：中国中古史青年学者联谊会会刊》第四卷，北京：中华书局，2014 年，第 37—41 页。

[4] 录文和拓片见叶炜、刘秀峰主编：《墨香阁藏北朝墓志》，第 248—249 页。这两方墓志的关联，最初曾蒙北京大学历史学系廖基添博士教示，特此致谢！

[5] 参看山西省博物馆、汾阳县博物馆：《山西汾阳北关隋梅渊墓志清理简报》，《文物》1992 年第 10 期，第 23—27 页。录文收入罗新、叶炜：《新出魏晋南北朝墓志疏证》，北京：中华书局，2005 年，第 445—446 页。

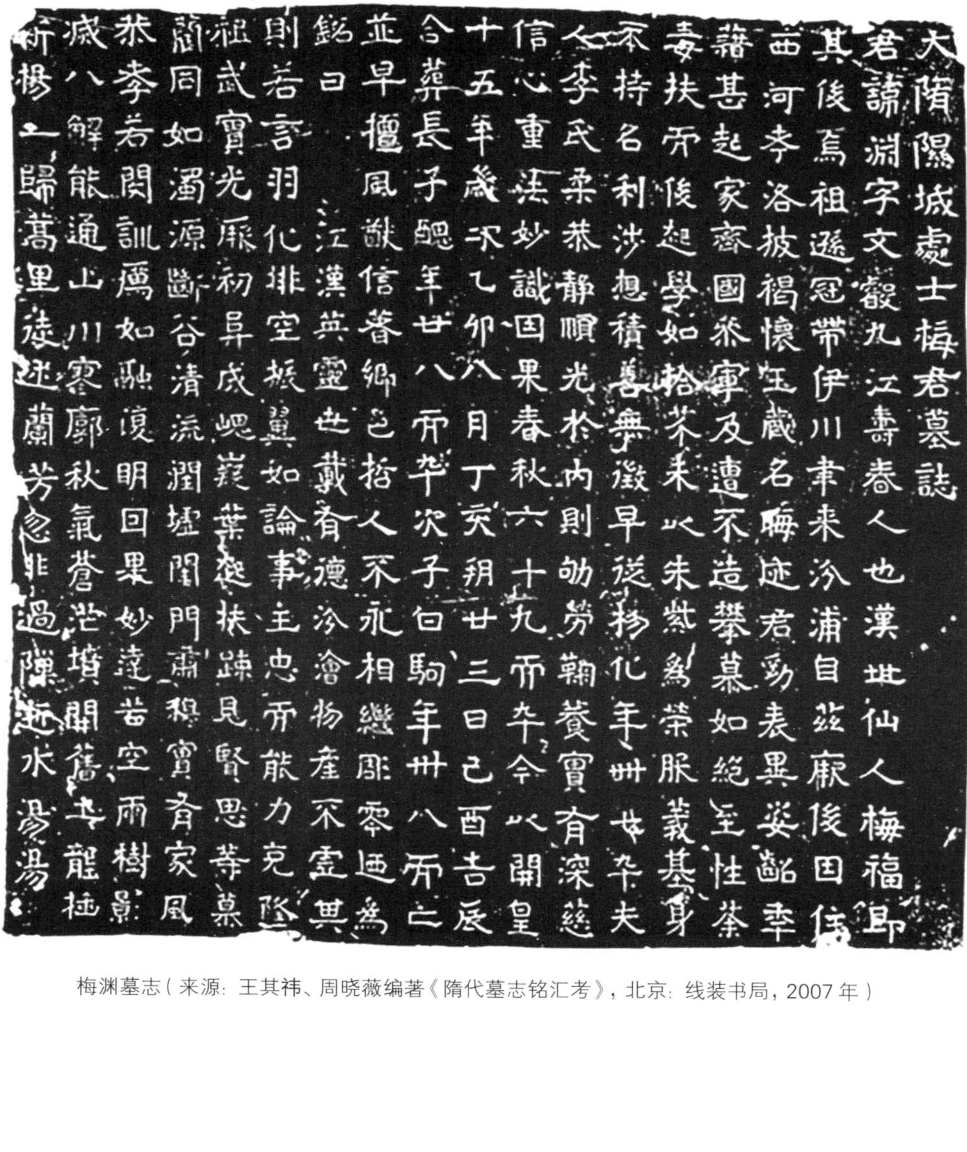
大隋陽城處士梅君墓誌
君諱淵字文發九江壽春人也漢世仙人梅福即
其後焉祖遜冠帶伊川聿來汾浦自茲厥後因住
西河孝洛披褐懷玉藏名梅墟君弱表異姿齠齓
藉甚起家齋國參軍及遭不造攀慕如絕至性茶
毒扶而後起學如拾芥未以朱紫爲榮服義甚身
不持名利涉想積善無微早從物化年卅七夫
人李氏柔恭靜順光於內則劬勞鞠養實有深慈
信心重法妙識因果春秋六十九而卒乃以開皇
十五年歲次乙卯八月丁亥朔廿三日己酉吉辰
合葬長子隗年廿八而卒次子白駒年卅八而亡
並早擅風猷信著鄉邑拾人不永相繼凋零迺爲
銘曰　江漢英靈世載有德汾澮物産不虛其
則若言羽化排空振翼如論事主忠而能力克隆
祖武實光厥初昇成巍巍葉葉扶疏見賢思等墓
蘭同如濁源斷谷清流潤墟閭門肅穆實有家風
恭孝若閔訓厲如融復明回果妙達若空而樹景
滅八解能通山川寥廓秋氣蒼茫墳開舊域龍極
祈揚一歸蒿里徒述蘭芳忽非過隙逝水湯湯

梅渊墓志（来源：王其祎、周晓薇编著《隋代墓志铭汇考》，北京：线装书局，2007 年）

远比孝文帝长寿，其家族又生活在鲁阳这样一个南北交通要地，见证且经历了北魏后期的许多重大事件。在宏大的王朝历史叙事背后，文罗气个人从蛮酋之女、乡望之妻，沦落为罪人亲眷而被没入宫廷，后又因女儿在后宫得位而再度富贵。从鲁阳到洛阳再到邺城，她漫长的一生承载了太多时代的烙印。而出自同一家族的问度，经历则要平淡一些，但其墓志中也有不少信息可以与《文罗气墓志》相互补充。因此本文拟聚焦于文罗气，充分利用这样两方信息密集的墓志，采取考证式叙述的方法，试着还原这位鲁阳蛮女的一生和她所经历的时代。

一、家世

文罗气和问度都出生于蛮人中的上层家庭。虽然姓氏使用了不同的汉字，但按照各自的墓志，二人的祖父都是大名鼎鼎的“蛮王”文虎龙（唐代成书的《北史》为避讳记作文武龙），[1] 换言之他们是从姊弟关系。关于文虎龙，《魏书·高宗纪》记载：“（太安三年，457）十有一月，蛮王文虎龙率千余家内附。”[2] 而《北史·蛮传》则记作：“兴光（454—455）中，蛮王文武龙请降，诏褒慰之，

[1] 两方墓志在文虎龙之前的祖先谱系完全不同，《文罗气墓志》攀附文钦为曾祖，已见前注；《问度墓志》的远祖谱系虚构色彩更加明显，官职、人名、时代都显示出随意编造的痕迹，读者可自行鉴别。两志祖父以下的内容，较为可靠。

[2] 《魏书》卷五《高宗纪》，第 116 页。

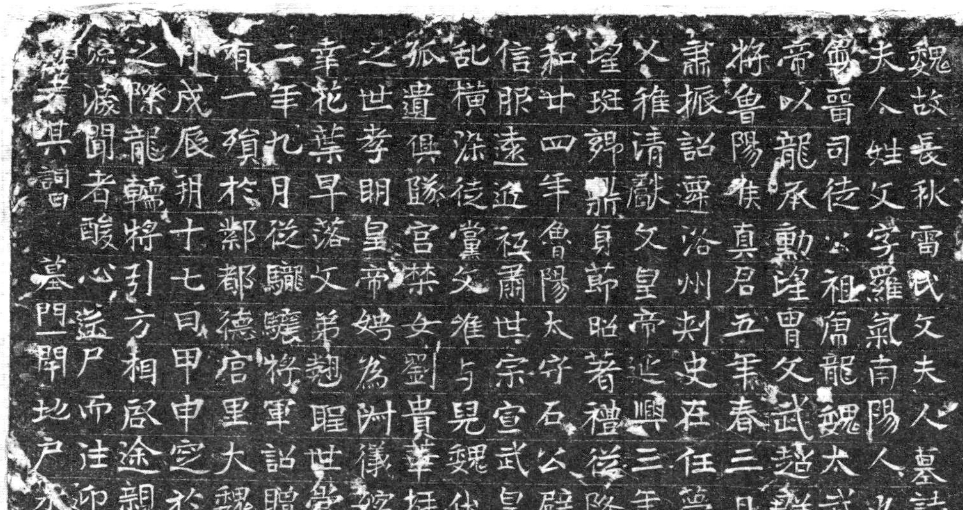

文罗气墓志（来源：浙江大学中国历代墓志数据库）

拜南雍州刺史、鲁阳侯。”[1] 这两条材料所记有两三年的出入，基本是一致的，也可能从请降到内附有一个持续数年的过程。可是《文罗气墓志》却说：

A. 太延三年（437）秋七月，帝以龙承勋望胄，文武超群，诏除冠军将军、梁城镇将、鲁阳侯。

B. 真君五年（444）春三月，帝以龙镇捍有方，威名肃振，诏迁洛州刺史，在任薨殂。

让事情更混乱的是，《问度墓志》对文虎龙的追述又有所不同：

C. 祖虎龙，正平年中（451—452），以祖英略有闻，文成皇帝召赴平城都。帝问左俗之事，答诏有能。上甚嘉辩，尔可心膂驱使，戎威若举，委以前驱。释褐直阁将军。

D. 祖勤恭帝侧，除龙骧将军、雍州刺史。

E. 后除冠军将军、梁城镇将、鲁阳侯，在任身丧。

F. 帝思忠节，赠使持、洛州刺史，谥 / 曰恭侯。

史料 A 所记文虎龙与北魏初次接触的时间是 437 年，比《魏书》的记载提前了 20 年。而史料 C 的年代与《魏书》较为接近。

[1] 《北史》卷九五《蛮传》，第 3149 页。

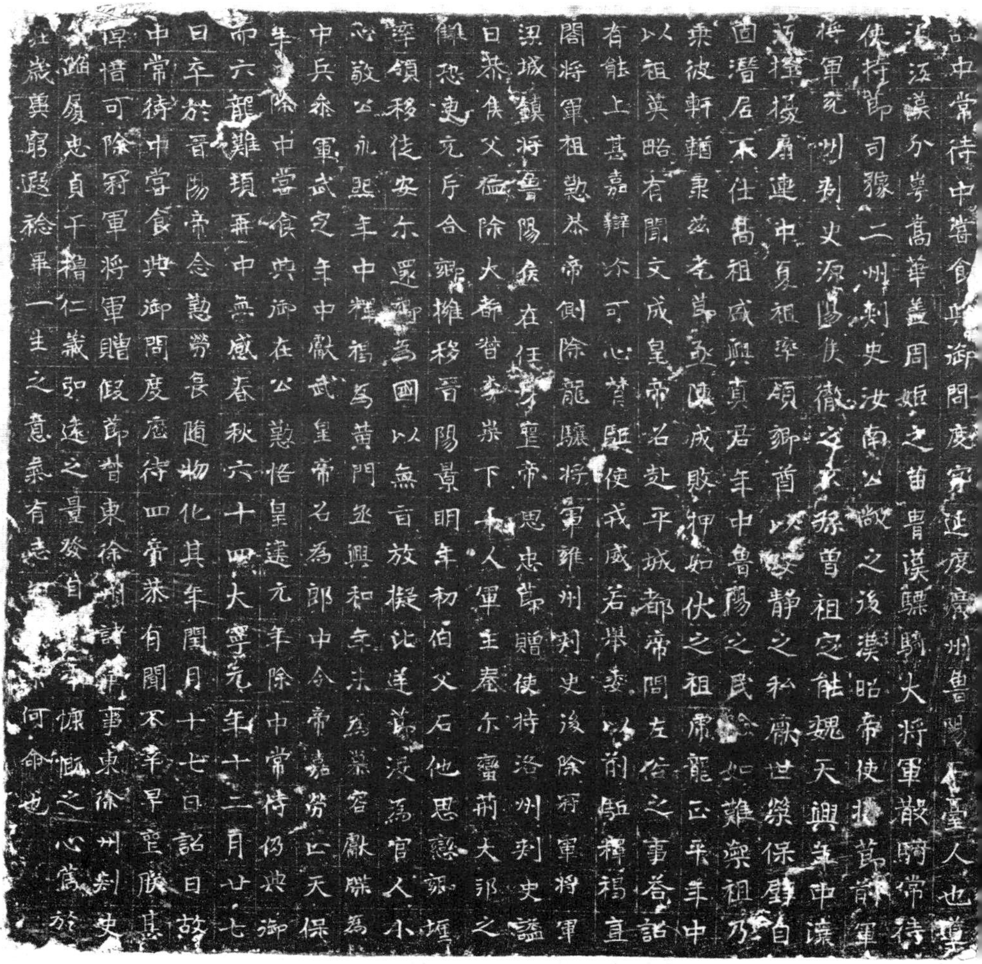

问度墓志（来源：浙江大学中国历代墓志数据库）

不过史料C有一个明显的错误，即正平是太武帝最后一个年号，不应该由“文成帝召赴平城”。如果相信年号有误而皇帝不误，那么史料C便与《魏书》一致了。然而我们也不能轻易推测《文罗气墓志》的史料A中“太延”是“太安”之误，因为后文史料B真君五年仍在太安三年之前很久。除了年代的差异，两方墓志中文虎龙的任官履历也区别很大，而后出的《问度墓志》明显增加了更多细节。出自同一家族的两方墓志不仅远祖谱系完全不同，而且对同一位著名祖父的生平重要事迹记载有如此大的差异，实在令人吃惊。这种情形在谱牒、家传发达的世家大族那里，应该是不可能发生的。这提示我们本文所涉及的两位人物的特殊背景。另外，如后文还将说明的，两方墓志的制作时间相差了十几年，制作地点又分别在邺城和晋阳，时空的间隔也应是造成叙述差异的原因。

文虎龙与北魏初次接触的时间有无可能在437年左右呢？437年前后，北魏正日渐崛起为统摄华北的强大势力。十年前的427年，魏攻破赫连夏的统万城，并获得关中地区；太延三年（436），北魏刚刚平定了北燕，威名大震，西域龟兹、焉耆、粟特等国各遣使朝献。北魏在南方也取得了明显进展，早在明元帝泰常七年（422），就趁刘裕去世之机，攻占了滑台、虎牢和洛阳，之后南朝一直未能夺回洛阳。[1]获得了洛阳，便对更南的汝水、滍水流域产生

[1] 魏太武帝在430年曾说：“我生头发未燥，便闻河南是我家地。”（《宋书》卷九五《索虏传》，第2331页）此说虽不属实，但很好表现了当时北魏牢固控制洛阳一带的信心。

了影响。众所周知，洛阳往西往南，溯伊水而上南至陆浑，即进入秦岭东段余脉的熊耳山、伏牛山、外方山中。山地阻碍了来自平原的统治力量深入其中，东周时期，伊洛之戎、陆浑之戎[1]即活跃在此，再往南则是楚国西北境的蛮。永嘉之乱以后，洛阳从天下之中的帝都，沦为屡遭兵燹的边城。[2]其周边的山谷，更成为无论南北政权都无法深入控制的地区，成为"中间地带"，[3]其间生活的人们无须向南北任一方纳赋税供徭役，他们结成许多规模不大的政治体，生存于"王化"之外。这些山中居民，被南北朝双方都称作"蛮"。[4]《北史》说"自刘石乱后，诸蛮无所忌惮，故其族类，渐得北迁，陆浑以南，满于山谷，宛洛萧条，略为丘墟"，[5]即对此种状况的

---

[1] 《左传·僖公二十二年》："秋，秦、晋迁陆浑之戎于伊川。"（《十三经注疏》（清嘉庆刊本），阮元校刻，北京：中华书局影印本，2009 年，第 3936 页）学者多依杜注，以为陆浑之戎原在瓜州，即允姓之戎，为秦晋强迫迁徙到伊川。参看顾颉刚：《史林杂识初编》"瓜州"条，北京：中华书局，1963 年，第 46—47 页。

[2] 《魏书》卷三一《于栗磾传》云："洛阳虽历代所都，久为边裔，城阙萧条，野无烟火。"（第 736 页）这是 422 年北魏初得洛阳时的状态。参看胡鸿：《天下之中的苦乐悲欢》，收入耿朔、仇鹿鸣编：《问彼嵩洛：中原访古行记》，北京：中华书局，2019 年，第 93—126 页。

[3] 参看陈金凤：《魏晋南北朝中间地带研究》，天津：天津古籍出版社，2005 年。

[4] 关于"蛮"的较新研究，参看鲁西奇：《释"蛮"》，原载《文史》2008 年第 3 辑，收入他的《人群·聚落·地域社会：中古南方史地初探》，厦门：厦门大学出版社，2012 年，第 23—56 页。罗新：《王化与山险：中古早期南方诸蛮历史命运之概观》，《历史研究》2009 年第 2 期，第 4—20 页。胡鸿：《六朝时期的华夏网络与山地族群——以长江中游地区为中心》，《历史研究》2016 年第 5 期，第 19—38 页。

[5] 《北史》卷九五《蛮传》，第 3149 页。

概括。蛮的生存策略之一，是根据南北方政治军事形势的变化，适当地在两者间选择臣服、联合、逃离或抵抗。成功地运用臣服策略，可以给他们——至少是蛮人中的上层带来相当的利益，包括官爵名号、金帛物资等，而且外来的支持也能巩固他们在蛮人内部的地位。文虎龙有无可能在墓志所记的 437 年就归附北魏呢？这还得考虑一下他所处的地理位置。

纵使墓志与《魏书》在时间上有着巨大差距，仍有一点是一致的，那就是文虎龙的封爵“鲁阳侯”。北魏对周边未完全臣服者的封爵，大多是与其实际统治或部分统治的地域一致，以表示政治上的承认。鲁阳，汉置县，魏晋因之，以在鲁山之南而得名。汉代鲁阳县属南阳郡，这就是墓志记文罗气为“南阳人”的来历。据《魏书·地形志》，北魏时鲁阳于太和十一年（487）置镇，十八年改为荆州，二十二年罢，置鲁阳郡。[1] 因此在文虎龙归附北魏之时，鲁阳尚未设镇或郡，事实上尚未纳入北魏直接管辖的范围之内。[2] 文虎龙受封鲁阳侯，只是表示他的集团活动于魏晋的鲁阳县境内。鲁阳位于从洛阳向南阳的交通要道上，根据《水经注》的描述，从鲁阳向南有座分水岭（又称分头山），岭上有鲁阳关，北魏时分水岭南北两边的河流都称作鲁阳关水，北水至鲁阳汇入滍水，南水向南

---

[1] 《魏书》卷一〇六中《地形志中》广州鲁阳郡条，第 2544 页。

[2] 宣武帝时期，郦道元试守鲁阳郡请立学校，诏答曰：“鲁阳本以蛮人，不立大学。”（《北史》卷二七《郦道元传》，第 995 页）“本以蛮人”一句颇可说明鲁阳郡的真实来历。

流而入淯水。[1] 事实上，滍水为汝水支流，属淮河水系；淯水为沔水支流，属长江水系，两水同称鲁阳关水的确有些误导。鲁阳关所在的分头山，实为江淮分水岭之一部。沿着鲁阳关南北二水翻越分水岭的道路，就是沟通宛洛的捷径，战国时楚国由此北上争霸，此地已有鲁关，直至 20 世纪 70 年代修筑焦柳铁路，仍然取道于此而在古路之下开通九里山隧道，此地在交通上意义可见一斑。北魏时，这条道路被称为“三鸦道”，三鸦分别对应由南向北的三段，故亦简称“鸦路”。[2] 鸦路是一条艰险的孔道，穿行在重山深涧之中，西晋张协有诗曰：“朝登鲁阳关，狭路峭且深。流涧万余丈，围木数千寻。咆虎响穷山，鸣鹤聒空林。”[3] 这样的地形，正适合逍遥于王化之外的蛮人活跃其中。文罗气的祖父文虎龙，即率领着种落生息在鲁阳关附近的重山之中。墓志中还提到“梁城镇将”，梁城位于鲁阳向北通往洛阳的交通线上，在汝水岸边，即今汝州市临汝镇附近。“梁城镇将”与“鲁阳侯”一样，都仅是一个虚衔，

[1] 郦道元注，杨守敬、熊会贞疏：《水经注疏》卷三一“滍水”条、“淯水”条，上海：上海古籍出版社，1989 年，第 2586—2587 页，又第 2594—2595 页。

[2] 关于鲁阳关和三鸦路，参看徐少华：《〈水经注〉所载鲁阳关水及相关地理考述》，《历史地理》第 25 辑，2011 年，第 29—37 页。王怀周：《伏牛山交通隘道三鸦路的历史地位》，《南都学坛（人文社会科学学报）》，2012 年第 6 期，第 139—140 页。

[3] 《文选》卷二九《杂诗上》张景阳《杂拟十首》，北京：中华书局影印胡刻本，2005 年，第 421 页。《水经注·淯水》仅引前两句。

但它再次印证了文虎龙部落与这条交通线的关系。[1]甚至明显不太可靠的“洛州刺史”——因为此时的洛州是洛阳，[2]其刺史不可能是文虎龙——也是顺着这条交通线延伸而虚构的记忆。

既然文虎龙活动的地域就是洛阳以南的山中，且在洛阳南阳间交通要道附近，而北魏势力已达到洛阳附近，必然对南边山中政治形势产生影响。泰常八年（423），明元帝初至洛阳，即有“蛮王梅安，率渠帅数千人来贡方物”。[3]而在《文罗气墓志》所记文虎龙归附的后一年即太延四年（438）十二月，又有上洛巴泉蕇等相率内附。[4]上洛地区位于洛水以及沔水支流丹水的上游，与宛洛之间的山地毗邻，两地有着密切的联系。[5]由此视之，文虎龙在太延三年即与北魏发生联络并以某种形式表示归附的可能性，是不能排除的。

原本率领着千余家的“蛮王”文虎龙，在归附北魏以后，得到

---

[1] 太和二十三年孝文帝第二次南征南阳，《魏书·高祖纪下》记曰“三月庚辰，车驾南伐。癸未，次梁城”（185 页），正是取道梁城向鲁阳之路，洛阳至梁城大军行进需要三天，行程约 50 公里。

[2] 《魏书》卷一〇六中《地形志中》：“洛州，太宗置，太和十七年改为司州，天平初复。”（第 2547 页）而上洛置洛州是在太和十八年以后。（《魏书》卷一〇六下《地形志下》，第 2632 页）

[3] 《魏书》卷三《太宗纪》，第 63 页。

[4] 《魏书》卷四上《世祖纪上》，第 89 页。紧接着，太延五年三月丁卯，“诏卫大将军、乐安王范遣雍州刺史葛那取上洛，刘义隆上洛太守镡长生弃郡走。”（同上，第 89 页）可见泉蕇的归附带来了上洛地区的形势变化。

[5] 《隋书》卷三〇《地理志中》豫州条：“上洛、弘农，本与三辅同俗。自汉高发巴、蜀之人，定三秦，迁巴之渠率七姓，居于商、洛之地，由是风俗不改其壤。其人自巴来者，风俗犹同巴郡。淅阳、淯阳，亦颇同其俗云。”（第 843 页）

了北魏政权的大力扶持，拜南雍州刺史，封鲁阳侯，直至去世。可以想见文家在鲁阳地区的势力也大为增强，成为当地蛮人中的第一望族，文罗气就在这样的家庭里出生了。

二、厄运

根据墓志，文罗气去世的具体年月不详，仅知她葬于东魏武定五年（547）二月，这是其卒年的下限。志文于此前又述及元象二年（539）诏赠其弟翘广州刺史事，文罗气的去世不应在此之前。她享年七十一岁，那么她的出生年大约在469年至477年之间。而墓志又云其父稚清于“献文皇帝延兴三年（473）夏四月不幸早终”，[1]故其出生年可以进一步锁定为469年至473年之间。从她还有名为文翘的弟弟来看，还可以将473年的下限再往前推一两年，为便于叙述，暂且定为471年左右。这一年，北魏献文帝禅位为太上皇，五岁的孝文帝即位，文罗气比467年出生的孝文帝略小几岁。

虽然出生在权势贵盛的家庭，但文罗气幼年丧父，童年很难说是幸福的。不妨大胆推测一下，可能正因为缺少父亲的保护，使她有机会养成坚毅的性格，这将成为她应付坎坷起伏人生的最大武器。文家在文虎龙之后，似乎有些衰落了，文虎龙的子孙都没

[1] 严格来说，延兴是孝文帝的第一个年号。此时献文帝虽已禅位成为太上皇，仍是实际上的最高统治者。此处“献文皇帝延兴三年”或反映了北朝后期民间对禅位事件的一种认识。

有被正史记录下来。墓志中记雷亥郎在太和末被鲁阳太守辟为中正，说明此时鲁阳地区最有影响力的蛮酋，已从文氏转成了雷氏。据《魏书》记载，太和十七年（493）五月，襄阳蛮酋雷婆思等率一千三百余户内徙，居于太和川。[1]《水经注》记滍水从尧山发源不久，即历太和川，又东，径小和川。杨守敬以为："滍水只一水，上称太和川，此又称小和川，盖乡俗以意名之也。"[2]太和川位于鲁阳以西的滍水上游，可以无疑，雷婆思的部落所徙居的正是此处。[3]雷婆思归附的时间也颇为微妙，这年二三月间，南齐控制下的襄阳城发生了重大变故，雍州刺史王奂擅杀宁蛮长史刘兴祖，遭到朝廷军队的讨伐最终兵败身死，阖家伏诛，仅其子王肃自建康奔入北魏。这场持续两月的事变，一定也受到了襄阳以北山中蛮人的密切关注，雷婆思的北迁或与此有些关系。另外，王肃北奔以后受到重用，积极建议孝文帝南伐，战略所指即南阳及襄阳地区，当然这是后来的事。太和十七年四月，东边大别山北麓的光城蛮酋田益宗率部落四千余户归附了北魏，[4]五月雷婆思徙居太和川，六月孝文帝定计南迁，诏造河桥。田益宗和雷婆思一东一西的归附行动，是否与北魏为配合南迁或南伐而实施的边境战略有关，从目前的史

[1]　《魏书》卷七下《高祖纪下》，第 172 页。

[2]　《水经注疏》卷三一"滍水"条，第 2580 页。

[3]　《资治通鉴》卷一三八齐武帝永明十一年五月条云："襄阳蛮酋雷婆思等帅户千余求内徙于魏，魏人处之沔北。"（第 4329 页）

[4]　《魏书》卷七下《高祖纪下》，第 171 页。

料难以确知，但北魏定都洛阳的确完全改变了雷亥郎和文罗气这些蛮人的命运。

从时间、地域、政治地位的高度重合来看，雷亥郎极可能是雷婆思家族的年轻成员。太和十七年，文罗气二十三岁，或许在此之前，她已经与雷亥郎结婚了。一个是鲁阳昔日的蛮王家族，虽然风光已大不如前，一个是新迁入正在崛起的新贵家族，两者联姻合情合理。他们婚后育有一子，名暄，此后过了几年平静日子。太和十八年十月，尚在南迁途中的孝文帝，发布了一道颇有深意的诏书：

> 比闻缘边之蛮，多有窃掠，致有父子乖离，室家分绝，既亏和气，有伤仁厚。方一区宇，子育万姓，若苟如此，南人岂知朝德哉？可诏荆、郢、东荆三州勒敕蛮民，勿有侵暴。[1]

尚未进入洛阳的孝文帝已经意识到，号称天下之中的洛阳，其实已经距离南北兵争的前线不太遥远，而在洛阳和前线之间，还有大量不服州郡管束的蛮民。这道诏书标志着，北魏不再将这些蛮民置之度外，要开始以国家力量加以征服和管理。[2] 诏书涉及荆、郢、东荆三州，而荆州州治正是在此年从上洛移到了鲁阳。这三州既处深

[1] 《魏书》卷七下《高祖纪下》，第 175 页。

[2] 吕思勉：《两晋南北朝史》第 11 章：“既欲迁都京洛，则宛、邓、义阳皆迫近畿甸，其形势迥非立国平城时比矣。”（上海 ：上海古籍出版社，2005 年，第 465 页）。

险之地，又各自掌控一条通往南朝荆雍地区的交通要道，十月的诏书也可看作是大军出击前的清道行动。紧接着到了十二月，果然有四路大军南伐之事，其中“行征南将军薛真度督四将出襄阳”“大将军刘昶出义阳”即分别取道诏书中的荆、郢二州，兵锋指向南朝襄阳和义阳两个重镇。薛真度所率四将，在出鲁阳关三鸦道之后兵分两路，卢渊等三将围攻赭阳（今方城），薛真度军于沙堨。沙堨位于宛城与新野之间，因而遭到两地齐军的坚拒。这次战争以北魏失败撤军而告终。薛真度的失败引起孝文帝的愤怒，“以南阳小郡，志必灭之”，乃于太和二十一年（497）八月亲统大军南伐。此役持续至翌年三月班师，北魏大胜，尽得南齐沔北五郡之地，观兵襄沔，耀武而还。翌年（498），南齐太尉陈显达又率军欲夺回沔北五郡，孝文帝带病再次亲征，在宛城西南的马圈城打败陈显达之后，孝文帝在回师途中病逝于谷塘原。

自太和十七年起孝文帝对南阳的多次军事行动，主力军队都取道鲁阳关的三鸦路。长期在边地蛮区担任刺史的韦珍，善于招抚，受到蛮左的支持，孝文帝第一次南伐获得沔北之后，即任命他为鲁阳郡太守。第二次南伐时，孝文帝特命韦珍在郡留守，说道“三鸦险恶，非卿无以守也”。孝文帝病死在外，秘匿而还，到了韦珍的鲁阳才发丧。[1]之所以如此，主要是担心在三鸦险途出现变故。

对于鲁阳的蛮人雷亥郎和文罗气来说，这一时期是他们命运转

[1]　《魏书》卷四五《韦珍传》，第1014页。

折的开始。北魏始对南阳地区用兵时，对鲁阳一带并未深入统治。而三鸦道既是出奇的捷径，欲取道于此，必须争取蛮民的合作，保证军队顺利通过。鲁阳承担了沉重的后勤负担，因此第一次亲征班师之后，孝文帝随即“曲赦二荆、鲁阳郡”，[1] 及时给予补偿。作为较早接受北魏官爵的文氏和雷氏家族，一定在此时担当了沟通北魏朝廷与山林蛮众的中介。在获得沔北五郡之后，为了奖赏雷婆思部落，特“令有沔北之地”，[2] 其实无异于允许蛮人自愿返回故里。此时北魏对这一地区的蛮人以笼络为主，双方关系融洽，“蛮人安堵，不为寇贼”。[3] 墓志记载雷亥郎在“太和廿四年，鲁阳太守石公辟为中正，令充乡道，鸦左信服，远近祗肃”。孝文帝死于太和二十三年，墓志中的太和廿四年应是景明元年（500）之误，太守石公不见于正史，应是韦珍的后任。辟为中正，既表示对雷氏家族既有地位的肯定，也是酬赏近年为保障三鸦道立下的功劳。这位中正的任务，竟然不是品第人物，而是“充乡道”，即充向导，仍然是担任政府与“鸦左”即三鸦一带蛮民的中间人。

随着北魏对沔北地区控制的加强，鲁阳关不再是边关，三鸦路也不能总依赖蛮人的合作，而须切实控制在政府之手。蛮民的优待逐渐减少，义务不断增加，法网也一天比一天严密起来。从招诱、

[1] 《魏书》卷七下《高祖纪下》，第 183 页。

[2] 《北史》卷九五《蛮传》，第 3150 页。

[3] 同上。

优待，走向控制、矛盾，再到反抗和镇压，再到新一轮招抚、教化，[1]这种关系模式在中古时期无论南北的帝国政权与山地不臣人群之间屡见不鲜。已成内地的鲁阳，也走上了这条道路。从《北史·蛮传》不难看出，北魏的“蛮乱”主要就发生在荆州、东荆州、西郢州，一个重要的原因就是北魏获得沔北之后它们已经从边境变成了内地。揭开北魏后期蛮乱大幕的，就是景明三年（502）鲁阳蛮鲁北燕之乱。《魏书·蛮传》载：

> 鲁阳蛮鲁北燕等聚众攻逼颍川，诏左卫将军李崇讨平之，徙万余家于河北诸州及六镇。[2]

又《魏书·李崇传》载：

> 鲁阳蛮柳北喜、鲁北燕等聚众反叛，诸蛮悉应之，围逼湖阳。游击将军李晖先镇此城，尽力捍御，贼势甚盛。诏以崇为使持节、都督征蛮诸军事以讨之。蛮众数万，屯据形要，以拒官军。崇累战破之，斩北燕等，徙万余户于幽、并诸州。[3]

---

[1] 著名酷吏郦道元即曾任鲁阳太守和东荆州刺史，他在鲁阳建立学校，实施教化，“山蛮伏其威名，不敢为寇”。延昌年间他在东荆州“威猛为政”，导致“蛮人诣阙讼其刻峻”。（《北史》卷二七《郦道元传》，第 995 页）

[2] 《魏书》卷一〇一《蛮传》，第 2247 页。

[3] 《魏书》卷六六《李崇传》，第 1467 页。

两传所述攻击地点不同，颍川、湖阳，一北一南，鲁阳居于两者之间。[1]《资治通鉴》两从之，分别系于该年三月与四月，处理成战争的两个阶段。关于这场动乱，我们所知甚少，仅从“蛮众数万”“徙万余户”的规模来看，涉及的人群数量很大，远远超过了之前雷氏或文氏所率千余户的规模。太和末到景明三年之间仅三四年时间，鲁阳地区的蛮人就从北魏的合作者转为激烈反抗者，这中间一定发生了重大的政策变化。根据类似的历史经验，很可能是赋役加重和地方官的粗暴执法造成了普遍不满，可惜官方文献中毫无反映。

文氏与雷氏作为蛮酋与帝国代理人的双重身份，让他们无可避免地卷入了这场动乱。《问度墓志》云：

> 父猛，除大都督李崇下千人军主。蠢尔蛮荆，大邦之仇，恐更充斥，合乡拥移晋阳。

结合前引《李崇传》，可以知道文猛正是在讨伐鲁阳蛮鲁北燕的战争中担任了千人军主，并且参与了战后向北方迁徙蛮人的行动。“千人军主”与其父文虎龙“率千余家内附”隐约有些联系。这位参与镇压蛮乱的文猛，便是文罗气的叔父。（参看文末附录三的世系图）

[1] 《魏书》此卷原阙，补自《北史》，而《北史》卷九五此处“颍川”作“频”，断入下句（第3150页），校勘记认为“频”当是“颍“之讹，下有脱字。（第3165页）

正如文猛与鲁北燕的对立提示了鲁阳蛮内部政治立场的分化，文氏家族内部同样存在着抉择的分歧。《问度墓志》接着写道：

> 景明年初，伯父石他思恋乡廛，率领移徙，安尔还乡。为国以无旨放，拟比逆节，没为官人。

景明年初不确，按《魏书》，这只能是景明三年的事。《北史·蛮传》在李崇讨平叛乱后接着写道：

> 徙万余家于河北诸州及六镇。寻叛南走，所在追讨，比及河，杀之皆尽。[1]

文猛之兄、同时也是问度与文罗气伯父的文石他，竟是率领北徙蛮人“寻叛南走”的领导者之一。此事是否牵涉到文猛，兄弟之间就此是否存在对立，已无从知晓。可以确定的是，南逃的蛮人陷入了悲惨的命运，在很短时间内便被剿杀殆尽，而文石他的这一举动也让文氏家族乃至雷氏家族的命运就此改变。《文罗气墓志》记文罗

---

[1] 《北史》卷九五《蛮传》，第 3150 页。将荆郢地区不服管教的蛮人移往六镇，似是北魏后期一个流行的方略，尔朱荣也曾豪言：“出鲁阳，历三荆，悉拥生蛮北填六镇。”（《魏书》卷七四《尔朱荣传》，第 1653 页）魏末活跃的樊子鹄，“其先荆州蛮酋，被迁于代”（《魏书》卷八〇《樊子鹄传》，第 1777 页），便是一例。本文前面提到的隋代《梅渊墓志》，其祖父梅逊就是在此背景下被强制迁徙到汾河上游的。

气之夫雷亥郎：

> 世宗宣武皇帝景明之季，因乡人逆乱，横染徒党。

“横染徒党”一语，不知是对雷亥郎参与叛乱的委婉说法，还是包含了受文石他之牵连的愤懑。曾任鲁阳郡中正的雷亥郎，从此消失在我们的视野中。至此，雷氏和文氏从蛮酋、乡望、鲁阳郡中正，陡然沦落为北魏朝廷的罪犯。“文唯与儿魏伏波将军、园池丞暄，携抱孤遗，俱坠宫禁”，文罗气和儿子雷暄，作为罪臣家属被没入宫禁，成为女奴和宦官[1]。而年仅五六岁的问度，虽然其父在战争中为朝廷效命，仍受到伯父的牵连而被“没为官人”，成为了宦官。这一年，文罗气三十三岁。

三、转机

文罗气没入宫禁以后的遭遇，墓志不着一字，讳莫如深。志文中紧接的一句转折十分突兀：

[1] 雷亥郎被定的罪名和具体适用的刑律，都难以确知了。《隋书》卷二五《刑法志》载梁武帝时《梁律》有：“其谋反、降叛、大逆已上皆斩。父子同产男，无少长，皆弃市。母妻姊妹及应从坐弃市者，妻子女妾同补奚官为奴婢。资财没官。”（第699页）北齐天保中，崔季舒被怀疑谋反，被徙北边，“妻女子妇配奚官，小男下蚕室，没入资产”（《北齐书》卷三九《崔季舒传》，第513页）。这两例可以参考。

女刘贵华挺胄谯国，窈窕美称，正光之世，孝明皇帝聘为淑仪。

这中间有无数略去的情节。雷氏文夫人的女儿为何名为“刘贵华”？唯一的解释是，文罗气又结了一次婚，第二任丈夫姓刘。北魏对于战争俘虏或因罪被没为官奴婢的人，常常会作为赏赐物资分配出去。如太武帝时平定山胡白龙之乱，“诸与白龙同恶，斩数千人，虏其妻子，班赐将士各有差”。[1] 太和二年，孝文帝行幸代之汤泉，“所过问民疾苦，以宫人赐贫民无妻者”。[2] 官奴婢中原本有些身份的，常会被皇帝赏赐给大臣为妻妾以示恩宠。如太武帝时崔浩之女嫁卢遐为妻，待崔浩、卢遐被诛，卢遐妻被赐给度河镇高车滑骨。[3] 又如北齐魏收之例：“魏太常刘芳孙女，中书郎崔肇师女，夫家坐事，帝并赐收为妻，时人比之贾充置左右夫人。”[4] 文罗气的家世不如崔浩之女、刘芳孙女，但亦不同于普通战俘，很可能被赐给了一位中级官员。十几年后，他们的女儿刘贵华因缘际会，被选为孝明帝的淑仪。

淑仪之号，起于西晋，《晋书·舆服制》载：

[1] 《魏书》卷四《世祖纪上》，第 84 页。

[2] 《魏书》卷七上《孝文帝纪上》，第 145 页。

[3] 《魏书》卷三八《王宝兴传》，第 877 页。

[4] 《北齐书》卷三七《魏收传》，第 490 页。

淑妃、淑媛、淑仪、修华、修容、修仪、婕妤、容华、充华，是为九嫔，银印青绶，佩采瓄玉。[1]

北魏沿用了这套名号，孝文帝时改定内官：

左右昭仪位视大司马，三夫人视三公，三嫔视三卿，六嫔视六卿，世妇视中大夫，御女视元士。[2]

为配合外朝的九卿分为三卿和六卿，于是九嫔也被分为三嫔和六嫔，淑仪即是三嫔的最末一位，在后妃中位居第四等，位视三卿，在后宫中地位较高。由此，文罗气从罪人宫婢转身成了外戚。关于孝明帝的后宫，《魏书》记载：

孝明皇后胡氏，灵太后从兄冀州刺史盛之女。灵太后欲荣重门族，故立为皇后。肃宗颇有酒德，专嬖充华潘氏，后及嫔御并无过宠。太后为肃宗选纳，抑屈人流。时博陵崔孝芬、范阳卢道约、陇西李瓒等女，但为世妇。诸人诉讼，咸见忿责。[3]

[1] 《晋书》卷二五《舆服志》，第 774 页。

[2] 《魏书》卷一三《皇后传》，第 321 页。

[3] 同上书，第 340 页。

在后宫里，太后除了立自己侄女为皇后，还压抑崔卢等世家大族之女，仅仅给她们世妇的身份。而文罗气之女刘贵华却能位居淑仪的高位，是否别有内情？墓志明言刘贵华被聘为淑仪是在正光之世，而正光元年（520）七月，元叉、刘腾发动政变，幽禁胡太后于北宫，直到孝昌元年（525）四月太后再度夺回权力为止，整个正光年间都是元叉执掌大权的时期，可以断定刘贵华在后宫的地位与胡太后无关。

墓志云刘贵华“挺胄谯国”，是一条值得分析的线索。刘氏以谯国为郡望者，《元和姓纂》卷五“刘姓”条载：

> “谯郡”：状云宋文帝子义阳王昶后。《贞观志》云勘非实。[1]

此条竟未举出一例人名。刘昶于文成帝末年奔魏，卒于太和二十一年（497），假托刘昶之后说明谯国刘氏渊源甚近。当然这是唐朝的一种说法，北朝后期是否已有此说难以确知。不过，谯国刘氏并非显赫的世家，应该可以确定。目前可知北魏时期以谯国为籍贯的刘氏人物，仅有刘腾一人：

---

[1] 林宝：《元和姓纂（附四校记）》卷五，岑仲勉校记，北京：中华书局，1994年，第694页。

> 刘腾，字青龙，本平原城民，徙属南兖州之谯郡。[1]

刘腾是帮助元叉发动政变，从而在正光年间执掌大权的关键人物。史言：

> 四年之中，生杀之威，决于叉、腾之手。八坐、九卿，旦造腾宅，参其颜色，然后方赴省府，亦有历日不能见者。公私属请，唯在财货。舟车之利，水陆无遗；山泽之饶，所在固护；剥削六镇，交通互市。岁入利息以巨万计。又颇役嫔御，时有征求；妇女器物，公然受纳。逼夺邻居，广开室宇。[2]

深谙后宫政治的宦官刘腾，一定非常重视妃嫔与外戚的动向，在正光年间选聘淑仪的事件，很难想象没有经过他的干预。同称为谯国刘氏的刘贵华和刘腾，有无可能存在某种关系呢？答案是肯定的。刘腾虽然是宦官，但北魏宦官多有养子，[3] 其他兄弟子侄更不在少数，而文罗气再嫁的刘姓人物，极有可能是刘腾兄弟子侄中的一员。刘腾贵盛虽在正光年间，但早在太和之末，他已通过告密获得孝文帝赏识，在宣武帝朝已做到大长秋卿、金紫光禄大夫、太府

---

[1] 《魏书》卷九四《阉官·刘腾传》，第 2027 页。

[2] 同上书，第 2028 页。

[3] 史书中记载了刘腾的养子，“所养二子，为郡守、尚书郎”。（《魏书》卷九四《阉官·刘腾传》，第 2027 页）

卿，或许是在此时期皇帝将文罗气赐予某位刘氏子弟。正光中，借助刘腾的权势，刘贵华被送进后宫，以使这个宦官家族获得一重外戚的身份，这是很可能发生的事情。正光四年（523）刘腾死，两年后胡太后重新夺回政权，元叉一党失势，对刘腾“追夺爵位，发其冢，散露骸骨，没入财产”。后来刘腾的一位养子逃奔南梁，太后大怒，徙腾余养于北裔，刘贵华之父或亦受到株连。如果上文刘贵华属刘腾家族的猜测成立，那么以上诸事就成了刘贵华“不幸花叶早落”的背景。刘贵华的具体去世时间亦不可知，或许她没有等到尔朱荣渡河之际，否则她也会在胡太后“尽召肃宗六宫皆令入道”之列。[1]

四、尾声

正光四年刘腾死时，文罗气已经五十三岁，在古代已算进入晚年，与她大约同龄的孝文帝早已去世，甚至孝文帝的孙子孝明帝也即将于五年后神秘死亡。五十多岁的文罗气又经历了一场家庭从荣显到凋零的变故，然而她的生活还将继续。此后洛阳朝廷动荡不安，尔朱荣、元颢、孝庄帝、高欢等人所玩的权力游戏，远离宫廷政治的文罗气大概并不关心。从六镇经河北不断向南涌来的流民中，间或还有昔日鲁阳的旧识，如果见面，一定不胜唏嘘。时局越来越混乱，洛阳已是四郊多垒，直到天平元年（534），高欢一声令

[1] 《魏书》卷一三《皇后传》，第 340 页。

下，天子百官迁往邺城。“诏下三日，车驾便发，户四十万狼狈就道。”[1] 六十四岁高龄的文罗气，也被裹挟在浩浩荡荡的官民迁徙队伍中，奔赴邺城度过最后的岁月。

与文罗气同行最久的亲人是弟弟文翘，他在孝静帝朝做到了尝食典御。尝食典御是负责皇帝饮食的官职，需要获得皇帝的信任，有机会成为恩幸，比如侯刚曾为此职三十多年，后来做到了侍中、左卫将军，仍领尝食典御。[2] 此职亦常授予外戚，如胡太后初执政时即以之授予妹夫元叉。擅权的宦官亦有任此职者，称中尝食典御，如成轨。问度在北齐长期担任中尝食典御，在高氏政权中“历侍四帝”，死后得到“冠军将军、假节、督东徐州诸军事、东徐州刺史”的优厚赠官，其墓志规格亦高于文罗气。[3] 文翘虽然也任此职，然而在邺城的孝静帝不过是高欢的傀儡，元魏皇权都已旁落，依附于皇权的恩幸政治自然烟消云散了，宦官文翘在政治上大概没有发挥的空间。元象二年（539），文翘去世，文罗气亦于数年后走

[1] 《北齐书》卷二《神武帝纪下》，第 18 页。

[2] 《魏书》卷九三《恩幸・侯刚传》，第 2004—2006 页。

[3] 文罗气墓志共 20 行，满行 20 字，志石长宽皆为 37 厘米。问度墓志共 23 行，满行 23 字，志石边长为 46 厘米。问度于大宁元年十二月廿七日卒于晋阳，此年十一月甲辰（2 日）齐孝昭帝高演崩于晋阳，遗诏征尚在邺城的高湛继承皇位，癸丑（11 日）武成帝高湛即位于晋阳宫。高湛接到遗诏时，狐疑再三，先使亲信诣殡所查看遗体，又改易禁卫，才敢赴晋阳即位（参看《资治通鉴》卷一六八陈文帝天嘉二年十一月条，第 5217 页）。这段时间的宫廷政治颇为微妙，孝昭帝旧臣处境艰难，问度之死不知是否与此有关。

完了漫长的一生。

刘腾家族衰落之后，文罗气的刘姓丈夫情况不明。文罗气的墓志中根本没有提到他，这让人有些难以理解。合理的推测是，营造墓志铭的并非刘家后人，而是文罗气前夫雷氏之子，即墓志中专门提到的“魏伏波将军、园池丞晅”。景明之末，尚未成年的雷晅与母亲同坠宫禁，应是“下蚕室”成了宦官。北齐长秋寺“领中黄门、掖庭、晋阳宫、中山宫、园池、中宫仆、奚官等署令、丞”[1]，除了晋阳宫和中山宫，其他诸职皆承袭自北魏，雷晅后来担任的就是其中的园池丞。在文罗气晚年，应是雷晅与文翘共同承担了照顾她的责任。也正因此，雷晅主持刻写的墓志中，用较多篇幅写了父亲雷亥郎的事迹，且对母亲的二次婚姻表达得十分隐晦。志题中“魏故长秋雷氏”即指雷亥郎，他是否担任过这一官职已无法求证，大长秋是宦官中的最高官职，此处更有可能是墓志中常出现的虚构。

与其说文罗气的一生见证了北魏洛阳时代，不如说是这个时代塑造了她曲折的人生。历史学家在关注宏大时代脉络之余，驻足体味一下那些远离历史舞台中心的普通人的人生，或能对遥远的时代增加一份了解之同情。最后以大事年表的形式，简要列出文罗气的一生，作为本文的结束：

[1] 《隋书》卷二七《百官志中》，第 757 页。志中所记是北齐制度，但“北齐制度，多循后魏”（同卷，第 751 页），亦可认为是魏末之制。

（约）471年，文罗气生于鲁阳，献文帝禅位孝文帝。

473年4月，父文稚清卒。

500年，文罗气三十岁，夫雷亥郎任鲁阳郡中正，充向导，鸦左信服。

502—503年，文罗气三十二至三十三岁，夫雷亥郎卷入鲁阳蛮乱，罗气与儿雷暄坠入宫禁（洛阳）。

504—508年，文罗气三十四至三十八岁，其间某年再嫁，第二任丈夫属“谯国刘氏”。

520—525年，正光之世，文罗气五十至五十五岁，女刘贵华被聘为孝明帝淑仪。

539年，文罗气六十九岁，弟尝食典御翘卒于邺城。

（约）541年，文罗气卒于邺城，终年七十一岁。

547年，文罗气葬于邺城西豹寺之南。

附 录

一、《文罗气墓志》录文

魏故长秋雷氏文夫人墓志铭记/

夫人姓文，字罗气，南阳人也。其先禦护之苗裔，曾祖/钦，晋司徒公。祖虎龙，魏太武皇帝太延三年秋七月，/帝以龙承勋望胄，文武超群，诏除冠军将军、梁城镇/将、鲁阳侯。真君五年春三月，帝以龙镇捍有方，威名/肃振，诏迁洛州刺史，在任薨殂。嘉其诚绩，谥粤恭公。父稚清，献文皇帝延兴三年夏四月不幸早终。夫人/望斑乡鼎，贞节昭著，礼从降适雷亥郎为妻，时郎太和廿四年鲁阳太守石公辟为中正，令充乡道，鸦左/信服，远近祗肃。世宗宣武皇帝景明之季，因乡人逆/乱，横染徒党，文唯与儿魏伏波将军、园池丞暄，携抱/孤遗，俱坠宫禁。女刘贵华挺胄谯国，窈窕美称，正光/之世，孝明皇帝聘为淑仪。嫔敬上抚下，光扬椒闺，不/幸花叶早落。文弟翘，圣世尝食典御，遇病殒丧，元象/二年九月从龙骧将军，诏赠广州刺史。文春秋七十/有一，殒于邺都德宫里。大魏武定五年岁次丁卯二/月戊辰朔十七日甲申，窆于邺城西豹寺之南公田/之际。龙輴将引，方相启途，亲朋痛切，号感行云。见者/流泪，闻者酸心，送尸而往，迎神而来。呜呼窀穸，恒夜/□□，其词曰：○墓门一闭，地户永关，深灯绝灭，有去不还。

二、《问度墓志》录文

故中常侍、中尝食典御问度，字延度，广州鲁阳石台人也。导/源江汉，分粤嵩华，盖周姬之苗胄。汉骠骑大将军、散骑常侍、/使持节、司豫二州刺史、汝南公敞之后。汉昭帝使持节、前军/将军、兖州刺史、源阳侯彻之玄孙。曾祖定能，魏天兴年中，瀼/沔搔扰，扇连中夏，祖率领乡酋以安静之，私厌世荣，保壁自/固，潜居不仕。高祖盛兴，真君年中，鲁阳之民险如难御，祖乃/乘彼轩輶，秉兹耄节，亟陈成败，押如伏之。祖虎龙，正平年中，/以祖英略有闻，文成皇帝召赴平城都。帝问左俗之事，答诏/有能。上甚嘉辩，尔可心膂驱使，戎威若举，委以前驱。释褐直/阁将军。祖勤恭帝侧，除龙骧将军、雍州刺史。后除冠军将军、/梁城镇将、鲁阳侯，在任身丧。帝思忠节，赠使持、洛州刺史，谥/曰恭侯。父猛，除大都督李崇下千人军主。蠢尔蛮荆，大邦之/仇，恐更充斥，合乡拥移晋阳。景明年初，伯父石他思恋乡廛，/率领移徒，安尔还乡。为国以无旨放，拟比逆节，没为官人。小/心敬公，永熙年中，释褐为黄门丞。兴和年末，为慕容献牒为/中兵参军。武定年中，献武皇帝召为郎中令，帝嘉劳止。天保/年中，除中尝食典御，在公勤恪。皇建元年，除中常侍，仍典御。/而六龙难顿，再中无感，春秋六十四，大宁元年十二月廿七/日，卒于晋阳。帝念勤劳，长随物化，其年闰月十七日诏曰：故/中常侍、中尝食典御问度，历侍四帝，恭有闻，不幸早丧，朕甚/悼惜。可除冠军将军、赠假节、督东徐州诸军事、东徐州刺史。/□蹈履忠贞，干橹仁义，弘远之量，发自□年，慷慨之心，笃于/壮岁。冀穷遐祲，毕一生之意气，有志无□，奈何命也。

三、《文罗气墓志》与《问度墓志》记载的文虎龙家族世系图

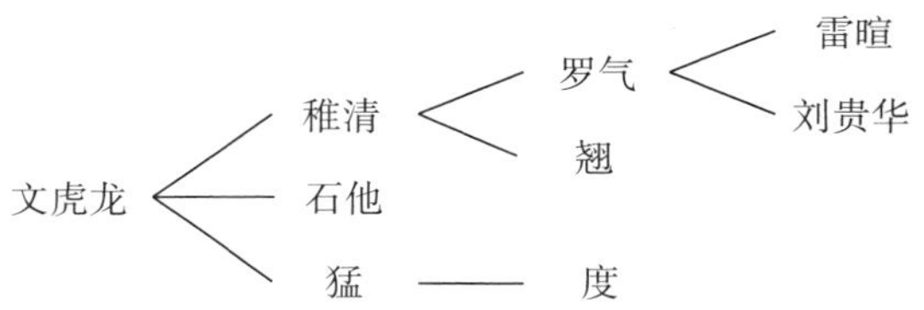

崔巨伦其人

罗　新

崔巨伦是北魏后期的一个普通官员，《魏书》有传，没有什么特别的事迹。本文写他，是因为他为家人（姑母和姐姐）写的两方墓志近年出土，而这两方墓志在我看来堪称北朝墓志的顶级作品。

墓志这种文体获得文学地位是比较晚的，而且唐代中期以前对墓志文学性的认可也不完整、不均衡，一开始只认可铭辞部分。如果墓志由多人撰写，铭辞通常由地位更高或文名更大者执笔。《文选》辟有墓志门，可是只收一篇任彦升（昉）的《刘先生夫人墓志》，而且只是其铭辞部分（甚至铭辞部分也非全文）。[1] 这种风气南北皆然。其实北魏后期墓志序辞部分的撰写已比较讲究，特别是由文学名士操刀的墓志，往往用典丰富，辞义兼美。不过，因为序辞主要叙述志主生平，近乎人物小传，撰写者通常对死者并不熟

[1] 《文选》卷五九，李善注，上海：上海古籍出版社，1986 年，第 2568—2569 页。

悉，更谈不上有感情，仅仅依据丧家提供的仕履年代（所谓“状”）敷衍成文而已。这样的文字即使再典雅再奥博，以后世信奉的文学标准来看，也难有多高价值。

今人重北朝墓志，几乎与文学无关，唯在其史料价值而已。然而崔巨伦所写的两方墓志大大不同，他与两个志主非同寻常的亲密关系，他直抒胸臆的记事抒情风格，以及不顾墓志格套、突破文体局限的写作，赋予他这两篇作品很高的文学水平。因此，本文综合文献与石刻史料，考察崔巨伦的生平，尝试以现代史学方法为他写一篇小传。

一、从一则神怪故事说起

《太平广记》引《三国典略》有一条神怪故事：

> 齐崔子武幼时，宿于外祖扬州刺史赵郡李宪家。夜梦一女子，姿色甚丽，自谓云龙王女，愿与崔郎私好。子武悦之，牵其衣裾，微有裂绽。未晓告辞，结带而别。至明，往山祠中观之，傍有画女，容状即梦中见者，裂裾结带犹在。子武自是通梦，恍惚成疾。后逢医禁之，乃绝。[1]

[1] 《太平广记》卷三二七，北京：中华书局，1961 年，第 2592 页。杜德桥、赵超《三国典略辑校》亦收此条，台北：东大图书公司，1998 年，第 226 页。

这个故事又见于《太平御览·方术部》，文字小异，首句作“崔子武，（崔）季舒之族孙也”，并称所引史源为《北齐书》。[1] 陈连庆认为此条不应出自《北齐书》：“此条荒诞离奇，绝类小说，或系他书误入。”[2]

故事讲北齐的崔子武幼时（青春期早期?）住在外祖父李宪家，与自称龙王之女的神怪通梦结好，时日稍久，恍惚成疾，幸遇某医师“禁之”（禁指的是古代医术中的祝由、咒禁、书禁，类似后世道士的符咒法术），这一连续剧般的艳梦才得终止。

故事中的崔子武实有其人，见于《北史》和《隋书》。《隋书》记李孝贞在北齐时，“与从兄仪曹郎中骚、太子舍人季节、博陵崔子武、范阳卢询祖为断金之契”。[3] 据《北史》，崔子武的父亲是崔巨伦。《北史》卷三二《崔辩传》附《崔巨伦传》：“（崔巨伦）后除光禄大夫，卒，子子武袭。”[4] 不过《魏书》记崔巨伦死后，“子武袭（爵），武定中，怀州卫军府录事参军”，[5] 以崔巨伦

[1] 《太平御览》卷七三七《方术部十八·禁》，北京：中华书局影印商务影宋本，1960 年，第 3267 页。

[2] 陈连庆：《标点本〈北齐书〉校议》，载《中国历史文献研究集刊》第 3 集，长沙：岳麓书社，1983 年，第 399 页。

[3] 《隋书》卷五七《李孝贞传》，北京：中华书局点校修订本，2019 年，第 1581 页。

[4] 《北史》卷三二《崔辩传》附《崔巨伦传》，北京：中华书局点校本，1974 年，第 1164 页。

[5] 《魏书》卷五六《崔辩传》附《崔巨伦传》，北京：中华书局点校修订本，2017 年，第 1368 页。

之子名为武。很显然，《魏书》的崔武就是《北史》的崔子武。当然不一定是《魏书》夺了一个“子”字，也许他的确名为武，字子武，并且以字行。崔子武的从兄弟崔彭，就是“字子彭”，制名取字的方式是一样的。[1] 这种结构的名和字，也许因名取得很早，家里叫他时在名前加一个“子”，形成了小名，子者，小也，有昵称的意思。如果是这样，那么崔彭与崔武的字，就是从小名发展而来的。

《三国典略》说崔子武的外祖是“扬州刺史赵郡李宪”。李宪（470—527）在北魏孝明帝后期曾担任扬州刺史，《魏书》有传，[2] 且其墓志早已出土。[3] 赵超《汉魏南北朝墓志汇编》有李宪墓志录文，提到李宪“第三女叔婉，适兖州刺史渔阳县开国男博陵崔巨，父逸，廷尉卿”。[4] 显然崔巨即崔巨伦。[5] 这样我们知道，崔子武的母亲，亦即崔巨伦的妻子，就是李宪的第三女李叔婉。

也因此，李宪之子李希宗便是崔子武的舅舅。据李希宗妻崔幼

---

[1] 《隋书》卷五四《崔彭传》，第 1541 页。

[2] 《魏书》卷三六《李顺传》附，第 925—926 页。

[3] 李宪墓志现藏河北赵县文物保管所，见李金波《就考古发现谈赵郡李氏家族》，《文物春秋》1991 年第 2 期，第 37—46 页。

[4] 赵超：《汉魏南北朝墓志汇编（修订本）》，北京：中华书局，2021 年，第 416—419 页。

[5] 拓片图版见赵万里：《汉魏南北朝墓志集释》，北京：科学出版社，1956 年，第 4 册，图版二九二，叶一八六。据图版，巨字下空一格，但按照该墓志的书写格式，在“父”字上应空一格，所以巨字下所空一格并非漫漶不可识读的一个字。可见原墓志刻写时就把崔巨伦的名字刻写成了崔巨。

李宪墓志（来源：《北京图书馆藏中国历代石刻拓本汇编》）

妃的墓志，崔幼妃乃崔楷之女，也就是崔巨伦的堂妹、崔子武的堂姑。[1] 北齐文宣帝的李皇后李祖娥是李希宗与崔幼妃所生的第二女。正是因为这个李皇后，赵郡李氏的李宪这一支在天保时期的十年间，与北齐皇室有相当复杂的联姻关系，所谓“与帝室姻媾重叠”。[2] 崔子武的亲戚中有这么多皇家姻戚，至少在一段时间内对他多少是会有一定帮助的。也正是因为文宣帝的李皇后这层关系，魏收在《魏书》里对李皇后的父母两家，即赵郡李氏和博陵崔氏，有相当细密的记录，大多数算得上“佳传”。

《三国典略》这个神怪故事的时间是崔子武“幼时”（已进入青春期），地点是崔子武的外祖李宪家，因附近有“山祠”，祠中有画（可能是壁画），画里有崔子武梦中自称龙王女的那个女子。看起来这里说的“李宪家”并不在洛阳，而是指赵郡李氏在河北的老家。另外，故事中崔子武与龙王女的接触不止一次两次，而是持续了相当长的时间，这意味着他在外祖父家住的时间不短。如果崔巨伦健在，他妻子不大可能带着孩子回娘家住那么长时间。孝昌三年（527）李宪五十八岁时被灵太后赐死。这一年崔巨伦三十一岁（考证见后），崔子武当已出生，但未必到了可以做艳梦的年纪。崔子

---

[1] 石家庄地区革委会文化局文物发掘组：《河北赞皇东魏李希宗墓》，《考古》1977年第6期，第382—390页。李宪墓志也说：“希宗妻博陵崔氏，父楷，仪同三司。”崔幼妃墓志录文，又请参看赵超：《汉魏南北朝墓志汇编》，第595—598页。据墓志，崔幼妃死于北齐后主武平六年（575），春秋七十有四，则其生年在魏宣武帝景明三年（502）。

[2] 《北史》卷三三《李顺传》附《李孝贞传》，第1218页。

崔幼妃墓志（来源：中国文物研究所、河北省文物研究所编《新中国出土墓志·河北［壹］》，北京：文物出版社，2004 年）

武随母亲李叔婉到外祖家长住，很可能在永安三年（530）崔巨伦去世之后，而那时外祖父李宪早已不在人世了。

那么李宪的老家在哪里呢？崔子武的故事中，离李宪家不远的地方，有个“山祠”，看来是当地一处名胜，崔子武前来游玩过。这个山祠内的壁画中有个女子，在崔子武的梦里自称龙王女。那么，这所山祠是不是龙王祠呢？如果是龙王祠，为什么还要称山祠呢？

北朝的赵郡李氏，有很多房支都住在赵郡和南赵郡西部的太行山东麓，其中最有名的是李鱼川。《北史》记李显甫开李鱼川，是读史者都非常注意的材料：“（李显甫）豪侠知名，集诸李数千家于殷州西山，开李鱼川方五六十里居之，显甫为其宗主。”[1] 李鱼川，很可能就在今赞皇县西的李川沟，李川沟旧名鲤鱼川。[2] 魏斌围绕李鱼川有一篇非常精彩的文章《李鱼川推理》，讨论涉及几个重要的史学问题，读来很受启发。[3] 文中还引了《魏书》里的一条史料，与我们这里讨论的崔子武故事应该是有关的。《魏书·恩倖·王叡传》记王叡之子王椿“后以老病，遂辞疾，客居赵郡之西鲤鱼祠山”[4]。王椿客居的“鲤鱼祠山”，以鲤鱼祠得名。这个鲤鱼祠，我认为就是崔子武故事中的“山祠”。

大概李鱼川本名鲤鱼川，因赵郡李氏开发，且居民以李氏为

---

[1] 《北史》卷三三《李灵传》附《李显甫传》，第 1202 页。

[2] 李延青：《鲤鱼川随记》，北京：人民文学出版社，2009 年，第 1 页。

[3] 魏斌：《李鱼川推理》，《读书》2019 年第 5 期。

[4] 《魏书》卷九三《恩倖传》，第 2161 页。

主，后来就习称李鱼川了。鲤鱼川与鲤鱼祠，究竟谁得名在前，当然是无法确证的。正如魏斌所说，王椿晚年离开他父子声称的故乡太原晋阳，客居于赵郡西山，是因为他妻子出自巨鹿魏氏，而魏氏家族中也颇有人移居西山，这个讨论似乎是在暗示，王椿移居赵郡是来跟妻子的亲族住在一起。

值得注意的是，王椿的妻子，就是魏收的姑母。《魏书》说王椿非常富有，他妻子魏氏“存拯亲类，所在周洽”，大概是指她在赵郡西山居住时对娘家亲族有很多帮助。当然更重要的是她与魏收的特殊关系，“抚兄子收情同己子”。[1] 王椿没有子息，妻子魏氏在家很有发言权（《魏书》说“椿名位终始，魏有力焉”），这或许是他们离开太原、搬家到赵郡的原因。魏收说姑母待他“情同己子”，可能也包括他们一起生活（在故乡，在洛阳）的那些时光。

李鱼川山上有鲤鱼祠，住在李鱼川及左近的人都知道并且可能都去过。魏收一定也去过，正如稍晚的崔子武去过。鲤鱼祠理应有神位、雕塑以及壁画，画里大概是人形的鲤鱼神，那个与崔子武通梦的女子，大概是画中鲤鱼神的家小之一。为什么她要自称“龙王女”呢？这是因为，鲤鱼祠很可能是另一种形式的龙王祠。鲤鱼与龙，有种神秘关系，是为古代神话的常见题材。《太平广记》引《三秦记》：“龙门之下，每岁季春有黄鲤鱼，自海及诸川争来赴之。一岁中，登龙门者不过七十二。初登龙门，即有云雨随之，天火自

[1] 《魏书》卷九三《恩倖传》，第 2162 页。

后烧其尾，乃化为龙矣。”[1]《太平御览》引《列仙传》叙赵人琴高“入涿水中取龙子”，后“果乘赤鲤出”。[2]画中鲤鱼神的女儿，当然可以自称“龙王女”。

父亲去世后，崔子武跟着母亲到李鱼川的外祖李宪家生活过一段时间，虽然那时李宪已死，家中还有外祖母邢氏，以及众多舅舅和表兄弟，还是相当热闹的。

不过本文要讲的中心人物不是崔子武，而是他的父亲崔巨伦。以上算是一个引子吧。

二、崔巨伦的家世

据《魏书》，崔巨伦的祖父是崔辩，崔辩三子逸、模、楷，崔巨伦就是崔逸之子。崔辩儿孙和崔挺儿孙是博陵崔氏在北朝比较重要的两支，按照《魏书》列传的体例，这两支博陵崔氏的人物传记都分别附在崔辩和崔挺的本传之下。崔辩子孙诸传中，除了崔楷传理所当然（作为北齐文宣帝李皇后的外祖父）篇幅最大外，崔巨伦传文字最多，[3]因此相对来说是比较翔实的。而其祖崔辩、父崔逸，都只有非常简略的小传。[4]

---

[1] 《太平广记》卷四六六《水族三 · 龙门》，第 3839 页。又见刘庆柱：《三秦记辑校》，西安：三秦出版社，2006 年，第 95—96 页。

[2] 《太平御览》卷九三六《鳞介部八 · 鲤鱼》，第 4160 页。

[3] 《魏书》卷五六《崔辩传》附《崔巨伦传》，第 1367—1368 页。

[4] 《魏书》卷五六《崔辩传》及附《崔逸传》，均在第 1367 页。

按照唐代定型的崔氏房支说法，北朝博陵崔氏除所谓“博陵安平房”外，均溯祖至十六国后燕的崔懿。[1]《北史·崔鉴传》：“（鉴）六世祖赞，魏尚书仆射；五世祖洪，晋吏部尚书；曾祖懿，字世茂，仕燕，位秘书监；祖遭，字景遇，位巨鹿令。”[2]北朝以后博陵崔氏追溯祖先的标准版本就是从魏晋的崔赞、崔洪，到十六国的崔懿。[3]唐人习称的博陵崔氏六房，皆崔懿之后。《新唐书·宰相世系表》记其大房、二房和三房，大房（即北魏崔鉴兄弟之后）溯至崔懿长子崔遭，二房（即崔辩之后）溯至崔懿次子崔琨，三房溯至崔懿第三子崔格。《宰相世系表》记第二房云：“琨字景龙，饶阳令，行本郡太守。二子：经、郁。经生辩，字神通，后魏武邑太守、饶阳侯，谥曰恭。二子：逸、楷。”[4]可见崔辩的父亲是崔经，崔经即崔琨之子。

崔巨伦祖父崔辩的父祖家世不见于《魏书》，可能魏收觉得不说人们也知道，到唐人李延寿编纂《北史》时，世代已远，大概

[1] 唐李华《唐赠太子少师崔公神道碑》以“博陵崔懿之八子”概括唐代博陵崔氏，见《文苑英华》卷九〇〇，又见《全唐文》卷三一八。唐高宗时禁山东著姓互婚，博陵崔氏即以“前燕（当作后燕）博陵崔懿”之子孙为限，见《资治通鉴》卷二〇〇唐高宗显庆四年十月，北京：中华书局，1956年，第6318页。又见《新唐书》卷九五《高俭传》，北京：中华书局点校本，1975年，第3842页。

[2] 《北史》卷三二《崔鉴传》，第1159页。

[3] 《新唐书》卷七二下《宰相世系表二下》，第2778—2779页。表中崔懿长子崔遭误为崔连，见赵超：《新唐书宰相世系表集校》卷二，北京：中华书局，1998年，第378页。

[4] 《新唐书》卷七二下《宰相世系表二下》，第2792页。

就有必要详细罗列了。《北史·崔辩传》:“崔辩字神通,(崔)鉴之从祖弟也。祖琨,字景龙,行本郡太守。父经,赠兖州刺史。”[1]但还是遗漏了崔经的字。据崔辩第三子崔楷墓志志盖上所记崔楷父祖子女信息,第一句即是“祖经,字道常”,可见崔经字道常。[2]崔经、崔辩父子二人,一个字道常,一个字神通,而崔标、崔鉴兄弟二人,一个字洛祖,一个字神具,很可能反映了佛教信仰的影响。

据《魏书》本传,崔辩“学涉经史,风仪整峻”,在北魏献文帝时“征拜中书博士”。征召中原各州郡的士族高门人士到平城,充任主要负责普通文书工作的“中书博士”,一方面控制,一方面笼络,还以此提供北魏政权需求量越来越大的、能够熟练从事文书行政的人才,这是平城时代北魏的基本国策。博陵崔氏的代表人物崔辩就是这样进入北魏政权的。崔辩没有做什么大官,主要在平城做文书服务,只外任过武邑太守,“政事之余,专以劝学为务”。《魏书》记崔辩死时六十二岁,但没有说是哪一年。根据崔巨伦为姑母崔宾媛所写的墓志,崔辩死于孝文帝太和九年(485),可见他的生年是北魏太武帝始光元年(424)。由此可知,他被征召到平城担任起点不高的中书博士时,已经四十多岁了。《魏书》记崔辩死后“赠安南将军、定州刺史”,没有说赠官时间。崔宾媛墓志志盖上所记

[1] 《北史》卷三二《崔辩传》,第1163页。

[2] 田韶品:《曲阳北魏崔楷墓》,《文物春秋》2009第6期。

家族人员中，称崔辩为“武邑太守、平东将军、定州刺史、饶阳恭侯”。可见获得定州刺史的赠官时间是比较早的，很可能在崔辩刚死之时。

崔辩在魏朝做官的经历虽然谈不上很成功，却为他的儿孙继续仕进打下了基础，特别是下一代可以较早启动这一过程，从而可以爬上更高位置，为他们的下一代准备更好的基础。崔巨伦的父亲崔逸是崔辩的长子。《魏书》说他“梗正有高风，好古博涉”，和父亲一样征拜中书博士，历任御史、主文中散，参与接待萧齐使者萧琛和范云。[1] 萧、范二人使魏，在齐武帝永明十年（北魏孝文帝太和十六年，492）。[2] 可能就是在这个接待南使的场合，一心复古（其实是学习南方）的孝文帝认识了崔景儁，赐名逸，从此改为崔逸。崔宾媛墓志志盖：“夫人长弟逸，字景儁，廷尉卿，领国子博士。”可见景儁是崔逸的字，但也有可能景儁是他的本名，孝文帝之所以给他赐名，就是嫌双名不雅，赐予单名，以原名为字。当然还存在另一种可能，就是崔逸的本字和父、祖一样颇有宗教色彩，孝文帝赐名的同时，也赐了新的字。

据本传，崔逸在参与接待齐使之后，“后为员外散骑侍郎，与著作郎韩兴宗参定朝仪”。崔逸为员外散骑侍郎，又见孝文帝吊比干碑碑阴题名，题名第三列有“员外散骑侍郎臣博陵郡

[1] 《魏书》卷五六《崔辩传》附《崔逸传》，第 1367 页。

[2] 《南齐书》卷五七《魏虏传》，北京：中华书局点校修订本，2017 年，第 1097—1098 页。

崔逸”。[1] 孝文帝吊比干墓，在太和十八年（494）。参定朝仪事又见《魏书·韩显宗传》：“后与员外郎崔逸等参定朝仪。”[2] 时在迁洛之后，韩显宗官著作佐郎。韩兴宗是韩显宗长兄，没有担任过著作郎，且死于太和十四年（490），[3] 不可能参与迁洛之后的事务，可知《崔逸传》中的韩兴宗为韩显宗之误。[4]

《魏书》称崔逸“雅为高祖所知重，迁国子博士，每有公事，逸常被诏独进。博士特命，自逸始”。《魏书·礼志》记太和十九年十一月孝文帝与臣下议“以鼓集众”之当否，崔逸有过发言，他那时的头衔还是“员外郎”。[5] 可见崔逸迁国子博士，应该在太和十九年十一月之后。本传记他后来的仕履，“转通直散骑常侍、廷尉少卿”，即死于任上，“赠以本官”，但没有记他死亡的时间和年岁。据崔巨伦在崔宾媛墓志序文中所说，崔逸死时，崔巨伦尚未出生。据《魏书·崔巨伦传》，崔巨伦死于孝庄帝永安三年（530），时年四十四岁，那么其生年就应该是太和十一年（487）。然而，这显然是不对的。关于崔巨伦生年最可靠的证据来自他为姐姐崔徽华

---

[1] 王昶：《金石萃编》卷二七，西安：陕西人民美术出版社 1990 年影印扫叶山房 1921 年石印本。吊比干碑的拓片图版可见“‘中研院’史语所数位典藏资料库整合系统”，网址：https://ihparchive.ihp.sinica.edu.tw/ihpkmc/ihpkm_op?!!aaacad^SEAR^46413d3030353831。

[2] 《魏书》卷六〇《韩麒麟传》附《韩显宗传》，第 1465 页。

[3] 《魏书》卷六〇《韩麒麟传》附《韩兴宗传》，第 1456 页。

[4] 据韩显宗墓志，韩显宗死于太和二十三年，年三十四岁，见赵超《汉魏南北朝墓志汇编（修订本）》，第 59 页。

[5] 《魏书》卷一〇八之一《礼志一》，第 3005 页。

所写的墓志。[1]墓志称崔徽华“春秋卅有六，孝昌三年七月十七日戊寅卒”。据此，崔徽华生于太和十六年（492）。墓志说崔逸死时崔徽华只有五岁，而崔巨伦稍后才出生。由此可知崔逸死在太和二十年（496）。《魏书》所记的崔巨伦死时年岁误增了十年，也就是说，崔巨伦死时只有三十四岁，而不是四十四岁。

崔宾媛墓志志盖对崔氏家族人物的记录，包含非常宝贵的联姻信息，多有不见于他处者，如崔经娶河间邢邃之女，崔辩娶赵郡李祥之女，崔逸娶荥阳郑羲之女。可见崔巨伦的母亲就是郑羲之女，他后来娶李宪第三女李叔婉，生崔子武。而李宪的祖父李顺，与崔巨伦祖母的父亲李祥是从祖兄弟。博陵崔氏与赵郡李氏重重叠叠的互婚联结，早有研究者指出。[2]随着更多墓志的出土和解读，在一定范围内深入观察中古某些家族或家庭之间复杂的通婚关系，已经具备了越来越好的史料条件。不过本文只讨论与崔巨伦有关的史事与人物，博陵崔氏的联姻问题留待异日。

[1] 崔逸之女名徽华，而崔逸弟崔楷也有一个女儿名徽华，见于崔楷墓志盖文字（见后）。兄弟二人的女儿似不应重名，奇怪难解。陆路《北朝赵郡李氏家族婚姻考》指出，崔楷墓志写刻时间较晚，崔家记忆已不可靠，所以写错了名字，崔楷的女儿实是崔宣华。文见《四川大学学报》2019 年第 2 期。崔宣华墓志见于赵超：《汉魏南北朝墓志汇编》，第 524—525 页。

[2] 伊沛霞（Patricia B. Ebrey）：《早期中华帝国的贵族家庭——博陵崔氏个案研究》（*The Aristocratic Families of Early Imperial China, A Case Study of the Po-ling Ts'ui Family*），范兆飞译，上海：上海古籍出版社，2011 年，第 75—77 页。

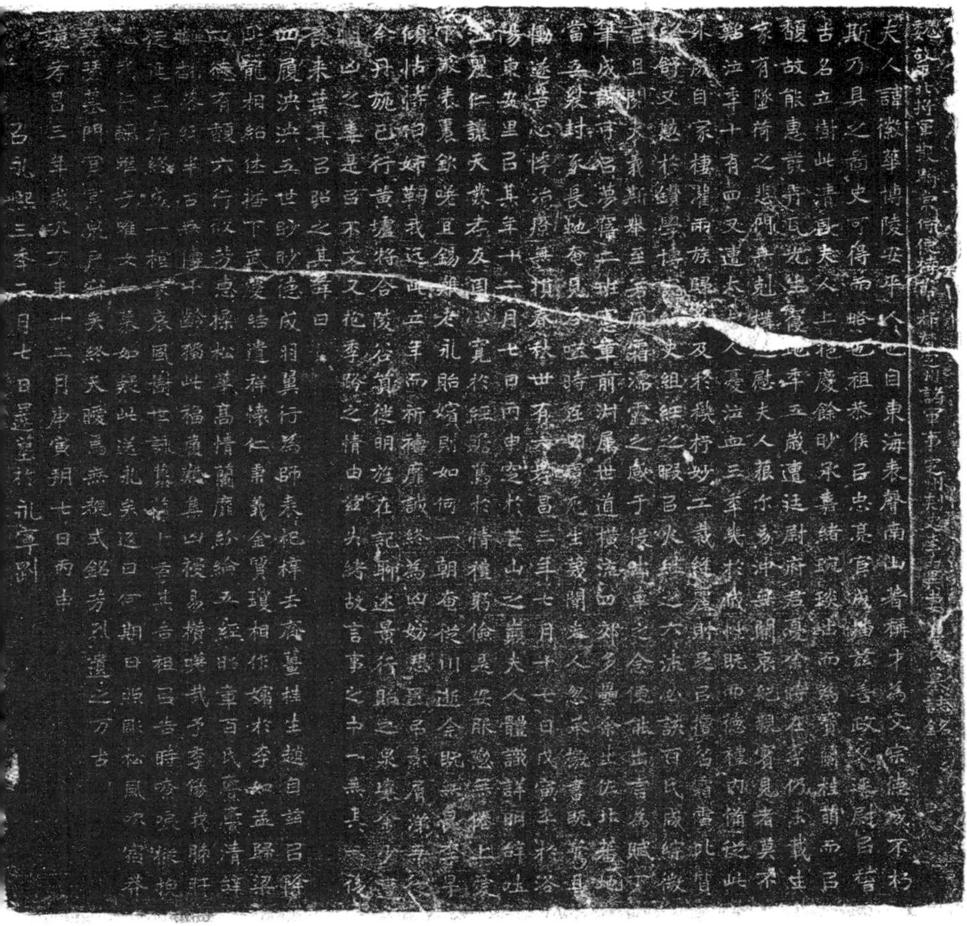

崔徽华墓志（来源：北京大学考古文博学院、河北省文物考古研究所编著《赞皇西高北朝赵郡李氏家族墓地——2009～2010年北氏发掘报告》，北京：科学出版社，2021年）

三、崔宾媛墓志的出土地

《魏书·崔巨伦传》的传末有如下一段：

> 初，巨伦有姊，明惠有才行，因患眇一目，内外亲类莫有求者，其家议欲下嫁之。巨伦姑赵国李叔胤之妻，高明慈笃，闻而悲感曰："吾兄盛德，不幸早世，岂令此女屈事卑族！"乃为子翼纳之，时人叹其义。崔氏与翼书诗数十首，辞理可观。

崔巨伦的姐姐因病盲了一只眼，这当然是极大的缺陷，到了婚嫁年龄，那些与崔氏世代通婚的家族，也就是与崔氏社会地位相当的家族，都不来提亲，所以"其家议欲下嫁之"。所谓"下嫁之"，就是把她嫁给社会地位比崔氏低的家族。对于崔巨伦的姐姐来说，这不仅意味着名誉损失，还意味着她未来子女的社会地位天生就低一等（或数等），仕进、婚姻、社会活动都明显降了级。对于迎娶她的那些低等级的家族来说，因为攀上了这么一位崔家女儿，等于在自己原来社会等级的墙壁钻出一条裂缝、一眼洞孔，自家后代挣脱社会阶层的局限就有了一定的可能。因此，在婚姻市场上，出自博陵崔氏的一个独眼女子，对低等级家族来说，也有一定的吸引力。当然这对崔家亲人来说，并不是什么好消息。这时崔逸早已去世，崔逸的寡妻郑氏也已去世，崔巨伦尚幼，主持家庭事务的应该是崔逸的两个弟弟崔模、崔楷，大概就是他们“议欲下嫁之”。消息传到崔巨伦姐弟二人的姑母（李叔胤之妻）那里，事情发生了极大的反转。眼见自己不幸早逝的兄弟的女儿要“屈事卑族”，这位姑母完全不能接受，就为自己的儿子李翼娶了娘家侄女。那时李叔胤已死，她在崔家又是长姊，有足够的权威决定此事。这当然是相当不寻常的决定，所以“时人叹其义”。

因为墓志出土，我们现在知道，这位“高明慈笃”的姑母就是崔宾媛。墨香阁收藏的近两百种北朝墓志里，就有一件志题为“魏故南赵郡太守李府君夫人崔氏墓志铭”，墓志第二行称“夫人姓崔，字宾媛，博陵安平人也，赵郡府君李叔胤之夫人”，清楚地交代了她的名字和家世背景。根据墓志，崔宾媛于北魏孝明帝神龟元年十一月二十五日（519 年 1 月 11 日）病死在洛阳，次年四月十二日（519 年 5 月 26 日）与先已去世的丈夫合葬。据《魏书》，崔宾媛的丈夫李叔胤，是李均之子李璨的第三子，任本郡南赵郡的太守长达九年，死于宣武帝景明三年（502），[1] 早于崔宾媛十七年。李叔胤应该是死在南赵郡太守的任上[2]，死后葬于家族墓地。崔宾媛既与叔胤合葬，其墓志必定出于他们的合葬墓。

《魏书》记崔宾媛的话称崔逸为兄，显然是错误的。崔宾媛是

[1] 《魏书》卷四九《李灵传》附《李叔胤传》，北京：中华书局标点本，1974 年，第 1103 页。

[2] 《新唐书》卷七二上《宰相世系表二上》误以李叔胤为南郡太守，是夺一赵字，见第 2504 页。

李翼墓志（来源:《赞皇西高北朝赵郡李氏家族墓地——2009～2010年北区发掘报告》）

崔辩子女中最年长的，崔逸是她的长弟。崔宾媛墓志记崔宾媛“春秋六十有一，神龟元年……薨于洛阳东安里”，那么生年当在太安四年（458）。后文将会论证，《魏书》记她丈夫李叔胤死时“年三十六”，其实是“年四十六”之误。如此，则李叔胤的生年应当是文成帝太安三年（457）。夫妻二人年岁相若，李叔胤年长一岁。崔逸比崔宾媛小，那么他在太和二十一年去世时最多也不过三十八九岁。崔宾媛出生时，其父崔辩已三十四岁，在那个时代是很晚了，不知是因为晚婚，还是因为此前另有妻室不育或不见记录。

李叔胤夫妇的合葬墓，是北魏赵郡李氏家族墓地的一部分，该墓地位于北魏定州赵郡房子县县城西北，即今河北省赞皇县西高村南约两公里岗地上的北朝古墓群。2004 年为配合南水北调工程，文物考古工作者在调查中发现这一古墓群。2009—2010 年中国社科院考古所和北大考古文博学院组成联合考古队，对该墓群进行了抢救性发掘，共发掘九座墓葬，出土墓志 11 方，除编号为 M1 的墓葬未出墓志外，其他各墓都有墓志出土，其中三座墓出夫妇墓志各一。根据墓志，可知这是郡望为南赵郡柏人（仁）县、实际居住在赵郡平棘县的赵郡李氏李均一支的家族墓地，已发掘各墓的墓主都属李均之子李璨的儿孙两辈。[1]

崔宾媛的丈夫李叔胤的砖质墓志，出于编号为 M51 的墓葬，说

[1] 北京大学考古文博学院、河北省文物考古研究院编著：《赞皇西高北朝赵郡李氏家族墓地——2009 ～ 2010 年北区发掘报告》，北京：科学出版社，2021 年，第 1—42 页。

明这也就是崔宾媛与李叔胤的合葬墓。可是该墓早经盗掘，正式发掘时不见崔宾媛墓志。据近年所编的《延康村志》，李叔胤夫人崔氏墓志前些年已为盗墓者取出，辗转流失，未知所在。[1] 虽然《延康村志》附有该墓志拓本的照片与录文，但图版模糊不清，录文错讹甚多，难以利用。后崔宾媛墓志入藏墨香阁，墨香阁藏北朝墓志的拓版及录文均已整理出版。[2] 由此，以正史相关记录为基础，参读崔宾媛墓志及西高墓群其他赵郡李氏人物的墓志，崔宾媛和她家人的信息终于显豁起来。

西高墓地已发掘的李氏墓志，据我所知，除崔宾媛的丈夫李叔胤的砖志之外，还有：李叔胤的长兄李元茂的墓志一方、李叔胤的弟弟李仲胤与妻邢僧兰的墓志各一方、李元茂之子李秀之和李子云的墓志各一方、李叔胤的次兄李宣茂之子李藉之的墓志一方、崔宾媛长子李弼与妻郑氏墓志各一方、崔宾媛次子李翼与妻崔徽华墓志各一方。[3] 其中只有葬于宣武帝时期的李叔胤志是砖质，文字简略，同样葬于宣武帝时期的李仲胤墓志为长方形石质墓志，其他都是大型方形石质墓志，反映了北魏后期墓志越来越讲究、越来越规

[1] 延康村村志编委会：《延康村志》，展峰辰主编，2006 年印刷。

[2] 叶炜、刘秀峰主编：《墨香阁藏北朝墓志》，上海：上海古籍出版社，2016 年，第 15—16 页。

[3] 赵郡李氏家族西高墓地所出墓志，见于前引《赞皇西高北朝赵郡李氏家族墓地——2009 ～ 2010 年北区发掘报告》，以及北京大学考古文博学院 2013 届硕士毕业生朴南巡的硕士论文《赞皇北朝李氏家族墓葬的初步整理和研究》。

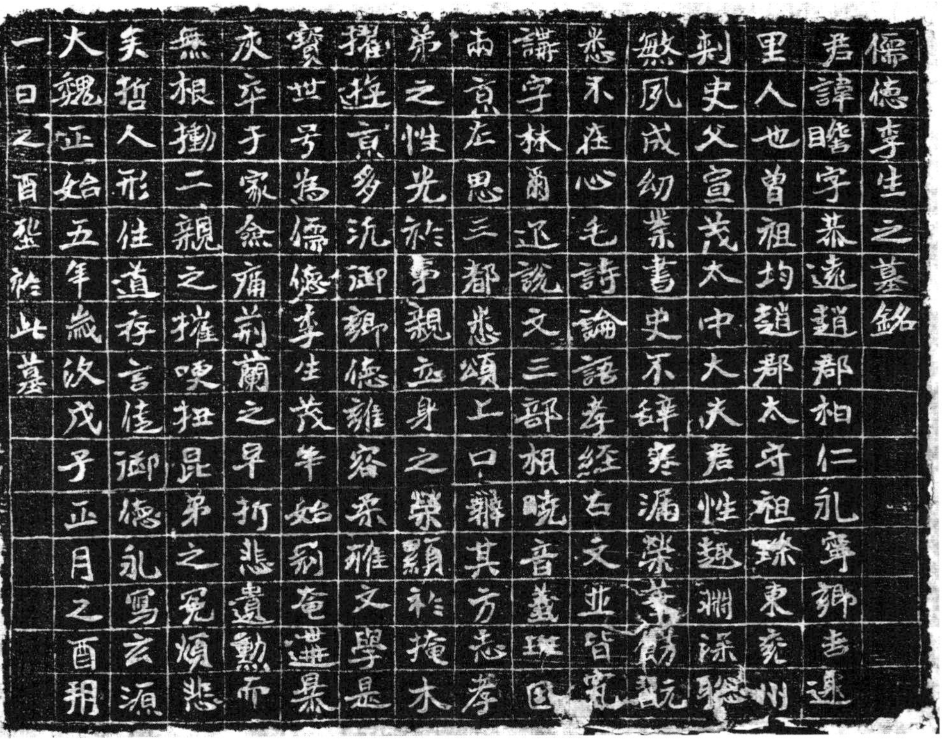
儒德李生之墓銘
君諱瞻字恭遠趙郡柏仁永寧鄉孝邁
里人也曾祖均趙郡太守祖琛東兖州
刺史父宣茂太中大夫君性趣淵深聰
敏夙成幼業書史不辭寒漏榮華蔚龍
悉不在心毛詩論語孝經古文並皆寬
講字林爾疋說文三部根曉音義斑固
兩京左思三都悉頌上口辯其方志孝
弟之性光於事親立身之榮顯於掩木
播遊京多流御鄉德雍容柔雅文學是
寶世号為儒德李生茂年始弱奄遷暴
疚卒于家僉痛荊蘭之早折悲遺勲而
無根擲二親之摧哽扭昆弟之冤煩悲
矣哲人形往道存言佳御德永寫玄源
大魏正始五年歲次戊子正月之酉朔
一日之酉瘗於此墓

李瞻墓志（来源：《墨香阁藏北朝墓志》）

整的发展倾向。也许正因为李叔胤墓志过于寒酸，当初才为盗墓者所弃，只取走了崔宾媛的墓志。

墨香阁藏北朝墓志中，还有一方李瞻墓志，记志主李瞻“曾祖均，赵郡太守；祖璨，东兖州刺史；父宣茂，太中大夫”。《魏书》记李宣茂之子三人：李藉之，字修远；李志，字敬远；李幼远（幼远是字，其名已不存）。[1]李瞻墓志记李瞻字恭远，字中亦有远字。李瞻不得载于《魏书》，也许因为死得早，全无功名可记。墓志称李瞻“奄遘暴疾，卒于家”，下葬时间是宣武帝正始五年正月（八月改元永平，508），应该也是葬在赞皇西高家族墓地的。李瞻比他父亲早死六七年，比叔父李叔胤晚葬六年，墓志的制作已远为精致讲究。李瞻比叔父李仲胤晚葬仅一年，两墓志虽然规模已相当大，但都存在形制不规整、刻写较草率的特点，反映了这个时期墓志的一般发展状况。

李叔胤墓志一共五行，试录文如下：

大魏故试守南赵郡惠君
东兖州刺史第三子继叔
父秀才之后赵郡柏仁李
叔胤之铭
景明三年十二月十二日

[1] 《魏书》卷四九《李灵传》附《李宣茂传》，第1214页。

墓志称李叔胤出继叔父，不见于《魏书》和《北史》，两书也没有记李璨有一个弟弟。另外，《魏书》记李叔胤“景明三年卒，年三十六”[1]，与墓志所记卒年相合。但《魏书》所记“年三十六”似乎有误。如果景明三年（502）李叔胤三十六岁，则其生年当在献文帝皇兴元年（467）。而李仲胤墓志记仲胤死于宣武帝正始三年（506），年四十三，则其生年当在文成帝和平五年（464），竟早于其兄叔胤三年，年代不合。通常墓志记死者享年应该可信，故《魏书》所记的叔胤年岁肯定是不对的。《魏书》又记李叔胤的次兄李宣茂“延昌二年卒，年五十九”，[2] 知其生年当在文成帝太安元年（455）。可见李叔胤的生年必在太安二年（456）与和平四年（463）之间。疑《魏书》记李叔胤“年三十六”当作“年四十六”，因卅、卌二字形近致讹。

赵郡李氏的赞皇西高墓地，各墓志中也有较为明确的描述。李仲胤墓志称宣茂“葬本郡房子界之西岗”。李子云墓志则描述得更为精确：“葬于本国茔次，房子城西北廿里，五马山东，道南大岗上。”此五马山即今赞皇县城东五公里处的五马山，宋代史料中已屡见，可是过去在中古史料中尚未见其名。李子云墓志证明五马山得名早在北朝之前。所谓“道南大岗”之“道”，应该指从房子县

---

[1] 《魏书》卷四九《李灵传》附《李叔胤传》，第 1215 页。

[2] 《魏书》卷四九《李灵传》附《李宣茂传》，第 1214 页。

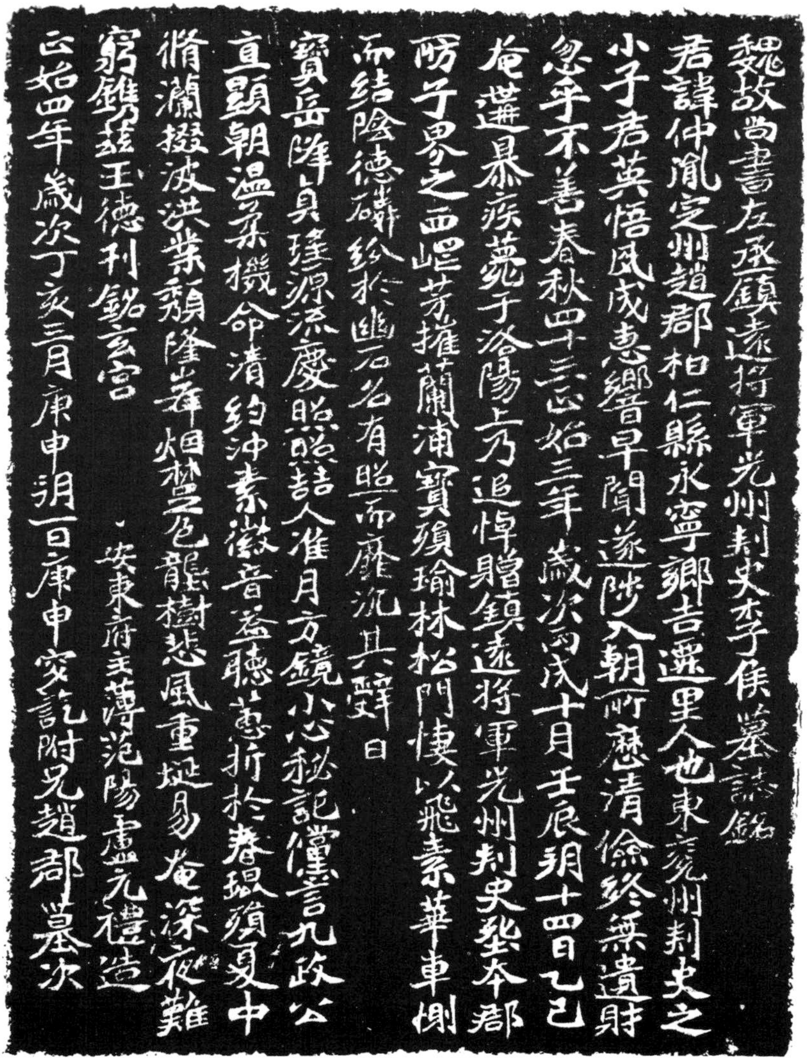
魏故尚書左丞鎮遠將軍光州刺史李侯墓誌銘
君諱仲胤定州趙郡柏仁縣永寧鄉吉遷里人也東莞州刺史之
小子君英悟夙成惠響早聞遂陟入朝所歷清儉終無遺財
忽年不善春秋四十三正始三年歲次丙戌十月壬辰朔十四日乙巳
奄遘暴疾薨于洛陽上乃追悼贈鎮遠將軍光州刺史埏本郡
所子界之西崿芳摧蘭浦寶殞瑜林松門悽以飛素華車輀
而結陰德隣終於幽石名有照而靡沉其辭曰
寶岳降貞璞源流慶照照喆人准月方鏡小心秘記讜言允政公
直顯朝溫柔機命清約沖素徽音遙聽蕙折於春瑤殞夏中
脩瀾擬波洪業頹隆岸埒烟楚色飄樹悲風重埏易奄深夜難
窮鐫茲玉德刊銘玄宮　安東府主簿范陽盧元禮造
正始四年歲次丁亥三月庚申朔一日庚申窆記附兄趙郡墓次

李仲胤墓志（来源：《赞皇西高北朝赵郡李氏家族墓地——2009～2010年北区发掘报告》）

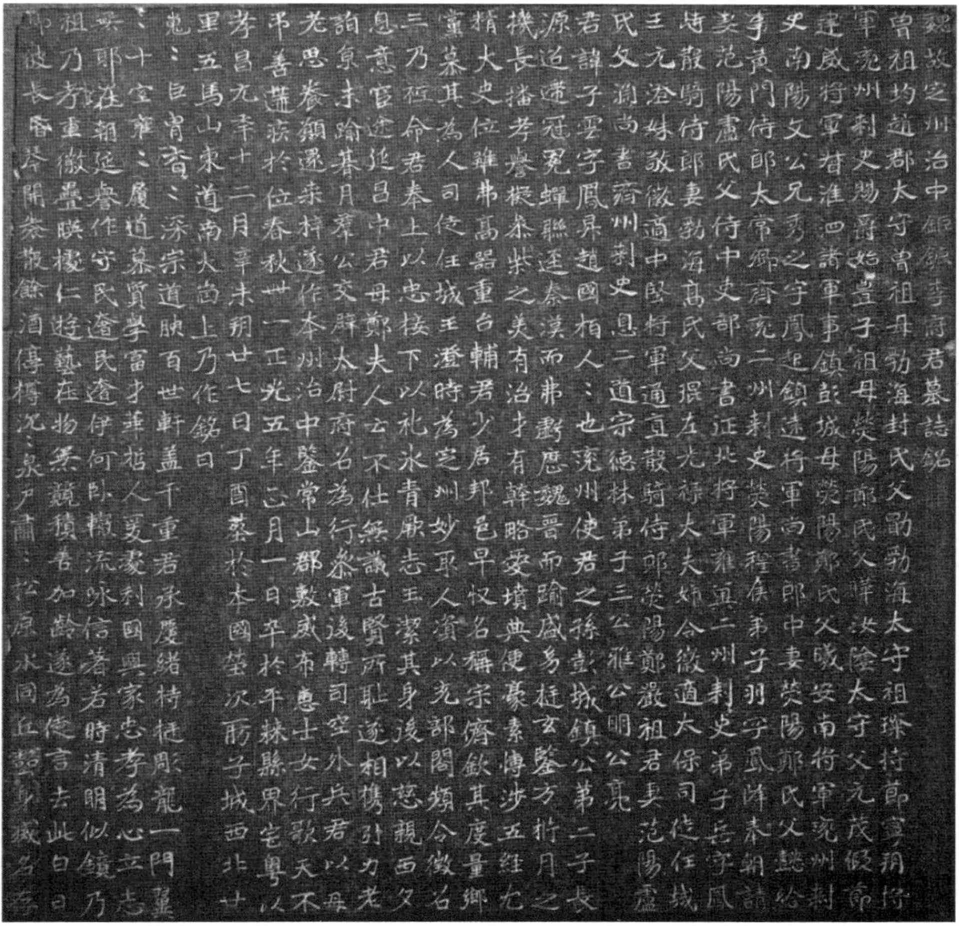

李子云墓志（来源：《赞皇北朝李氏家族墓葬的初步整理和研究》）

回车城到赵郡郡治平棘县之间的驿道。[1]而这个大岗，应该也有自己的名称。李翼妻崔徽华墓志的末行记曰："以永熙三年二月七日还葬于永宁罚。""罚"或"堽"在北朝石刻铭文中常用作"岗"的通假字。所以，李仲胤墓志所说的"房子界之西岗"，还是一个泛称，到北魏末年崔徽华还葬时有了一个特定的名称，就是永宁岗，而在宣武帝时似乎尚无此称。这个名称的获得，可能与李氏郡望及著籍的乡名有关。据李仲胤墓志，李氏的乡贯是"赵郡柏仁县永宁乡吉迁里"，可见永宁是李氏著籍的柏仁（人）县的一个乡名。而墓葬所在地属于房子县，此岗地得名永宁，或与李氏家族墓的建立有直接的关系。可见，今日称作西高墓群的这一片高岗，北魏后期的正式名称是永宁岗。

四、墓志所见崔宾媛的一生

崔宾媛墓志叙其父崔辩之死，是这样说的："太和九年，余祖使君薨于京代。"叙崔宾媛之弟崔逸之死，又说："余殃罪夙积，衅极未形。亡考国子府君，东光遽奄。……于时之际，余孕未育。"后来又有这样的话："余幼罗穷罚，天地崩离，夫人训抚，慈矜备笃，余之姊又妇事焉。"在北魏墓志中，以墓志撰写者的第一

[1] 回车城，在房子县西境。据墨香阁藏隋王沙弥墓志，同属赵郡李氏家族某位担任过（或获赠衔）东豫州刺史的李某的夫人王沙弥，"开皇十年四月十九日卒于回车城"，可见这一家的居址是回车城。赵郡李氏住在房子县境内的似乎相当多。

人称进行叙述，是罕见的。这个“余”称崔辩为“祖”，称崔逸为“考”，那么当然就是博陵崔氏的子弟，是崔宾媛的娘家侄儿，是她的长弟崔逸的儿子。墓志铭辞之后，最后一行留下了墓志者撰写的姓名：“文夫人长弟故廷尉卿国子博士息本州茂才巨伦孝宗造。”如此，则崔宾媛墓志的撰写者就是崔巨伦。

墓志一开始是这样写的：

> 魏故南赵郡太守李府君夫人崔氏墓志铭　岁次己亥四月庚戌朔十二日辛酉
>
> 夫人姓崔，字宾媛，博陵安平人也，赵郡府君李叔胤之夫人。世绪纷纶，基源隐映，故昭烛图史，羌得而略。夫人体上才之叔质，艳韡世之芳姿，通悟拔群，崇监出俗，举动成则，进退应规。故能独秀诸姬，粲彼众媛。

在志题“魏故南赵郡太守李府君夫人崔氏墓志铭”之下，有刻写墓志的时间（也许是下葬时间）“己亥四月庚戌朔十二日辛酉”，即公元 519 年 5 月 26 日。序辞正文从志主姓名、郡望、家世开始，继之以志主天生的品行和资质。描述崔宾媛“体上才之叔质，艳韡世之芳姿，通悟拔群，崇监出俗”，是说她天资不凡，德貌才具应有尽有，因而“举动成则，进退应规”，“故能独秀诸姬，粲彼众媛”，在同龄女性中是非常突出的。具备了这样的个人条件，当然就会有与之匹配的婚姻。于是墓志转入崔宾媛嫁为人妇的人生新阶段，以

崔宾媛墓志（来源：《墨香阁藏北朝墓志》）

及她在新妇岗位上的表现：

> 年十有八，嫔于李氏。御己卑冲，接事抝顺。逮事王姑封氏，肃恭妇道，朝夕匪懈，偏蒙爱念，衣服安之。同室娣姒，班列于三，事长谦柔，临下庄敬，闺门无间，穆如清风。聪明多艺，女工妙绝，劬劳杼纴，未尝云已。虽马姬自强，焉能斯匹，敬姜不息，故何足论。

崔宾媛“年十有八”嫁给李叔胤，在北魏孝文帝延兴五年（475）或承明元年（476），那时崔辩已五十二三岁。墓志先用“御己卑冲，接事抝顺”来总叙崔宾媛婚后的为人，然后分三个方面具体描述：伺候丈夫的祖母，处理妯娌关系，以及家务劳动。

关于伺候丈夫的祖母，墓志说：“逮事王姑封氏，肃恭妇道，朝夕匪懈，偏蒙爱念，衣服安之。”王姑是指丈夫的祖母。[1]李叔胤的祖父李均之妻是勃海封氏，见于李叔胤之侄李子云墓志所记“曾祖均，赵郡太守；曾祖母勃海封氏，父勖，勃海太守”。李均可

[1] 虽然《尔雅》卷四《释亲》有“王父之姊妹为王姑”之语，但这是就夫方而言的，不是妻方的称呼。《释亲》云：“父之考为王父。”又云：“妇称夫之父曰舅，称夫之母曰姑。”故夫之祖母得称王姑。见郭璞注，邢昺疏《尔雅注疏》，北京：中华书局影印清阮元校刻本《十三经注疏》，1980 年，第 2592—2593 页。又《礼记》载孔子回答曾子的话：“不迁于祖，不祔于皇姑。”皇姑是丈夫的祖母，皇姑即王姑。见郑玄注，孔颖达疏《礼记正义》，北京：中华书局影印清阮元校刻本《十三经注疏》，第 1392 页。

能死得较早，而其妻封氏到太和初年还健在。按照墓志的说法，封氏对崔宾媛比较满意，“偏蒙爱念”。为什么不提她与公公婆婆之间的关系呢？《魏书》记李叔胤之父李璨“延兴元年，年四十卒”，[1]可见崔宾媛嫁入李家时，李璨已离开人世六年多了。而墓志同样没有提到李璨的妻子郑氏（荥阳郑晔之女，郑羲的姊妹），大概她那时也已不在了。墓志要表彰作为新妇的崔宾媛“肃恭妇道”、孝敬尊长，就只有她和老祖母之间的关系可写。

墓志接下来赞美她对妯娌关系的处理：“事长谦柔，临下庄敬，闺门无间，穆如清风。”李叔胤在兄弟四人中排行第三，因而崔宾媛在妯娌中也排在第三，即所谓“同室娣姒，班列于三”。根据李叔胤长兄李元茂第二子李子云的墓志，李元茂之妻是荥阳郑曦女，郑曦即郑羲，是元茂兄弟的舅舅。[2]李叔胤之弟李仲胤的妻子邢僧兰，其墓志与李仲胤墓志同出于赞皇西高墓地 M52。邢僧兰墓志叙其家世云：“祖定州康侯，父南河镇将。”定州康侯，指邢峦的祖父邢颖。《魏书》记邢颖死于太武帝时，“赠冠军将军、定州刺史，谥

[1] 《魏书》卷四九《李灵传》附《李璨传》，第 1213 页。

[2] 李子云墓志云：“母荥阳郑氏，父曦，安南将军、兖州刺史、南阳文公。”《魏书》记郑羲“出为安东将军、西兖州刺史，假南阳公”，死后谥为“文灵”。见《魏书》卷五六《郑羲传》，第 1353—1355 页。故知郑曦即郑羲。墓志记郑羲的将军号为安南将军而不是安东将军，郑羲碑作安东，也许墓志是对的。墓志记郑羲的谥号，只说“文公”，故意漏了“灵”，因为灵为恶谥。李子云之兄李秀之墓志亦云：“母荥阳郑氏，父羲，兖州刺史，南阳公。”

曰康”。[1] 据邢峦墓志峦“父修年，南河镇将”。[2] 可见邢修年曾官南河镇将。据邢僧兰墓志，邢僧兰有“昆季六人，并盛名当世，千里未骋，相寻徂落”。邢峦恰好有五个弟弟，亦符合“昆季六人”之数。可见邢僧兰正是邢峦的妹妹。[3] 李叔胤次兄李宣茂之妻，虽不见载于宣茂二子李藉之和李瞻的墓志，不过，在邢僧兰墓志里透露了有关李宣茂夫人的信息。墓志称邢僧兰“与幽州简君夫人同嫔一族，譬如风叶，同彼霜翘，既分形共气，且代息共喘”。幽州简君就是李宣茂。从这句话，可以推测宣茂之妻与邢僧兰是姊妹关系。以上郑羲之女与邢峦的两个妹妹，就是崔宾媛的“同室娣姒”。墓志称崔宾媛“事长谦柔，临下庄敬”，所描述的即是这样一个妯娌环境。

家务劳动的技巧和勤勉，是绝大多数女性墓志不可或缺的内

[1] 《魏书》卷六五《邢峦传》，第 1563 页。

[2] 邢峦墓志据称 1972 年出土于河间南冬村邢峦墓，志石今藏河北省文物考古研究院。墓志拓片的图版与录文请参看田国福主编：《河间金石遗录》，石家庄：河北教育出版社，2007 年，第 186—187 页。

[3] 《魏书·邢峦传》记邢峦有四个弟弟：邢儒、邢伟、邢季彦、邢晏。所附《邢晏传》记晏“例得一子解褐，乃启其孤弟子子慎”，见《魏书》卷六五《邢峦传》，第 1575 页。可知邢峦兄弟共有六人，且都死于孝昌年之前，正是邢僧兰墓志所谓“昆季六人，并盛名当世，千里未骋，相寻徂落”。由此可以确定邢僧兰正是邢颖子邢修年之女。邢僧兰死于孝武帝太昌元年（532），年六十七，则其生年当在献文帝天安元年（466），小于其夫李仲胤两岁。而《魏书》记邢峦死于宣武帝延昌三年（514），年五十一，则当生于文成帝和平五年（464）。邢伟墓志称邢伟亦死于延昌三年，年四十五，则其生年为献文帝皇兴四年（470）。可见，邢峦是邢僧兰之兄，邢伟是邢僧兰之弟。邢僧兰的“昆季六人”，只有邢峦是兄，其余五人，都是邢僧兰之弟。

邢僧兰墓志（来源：《赞皇西高北朝赵郡李氏家族墓地——2009～2010年北区发掘报告》）

容，崔宾媛墓志自不会例外。墓志称扬她“聪明多艺，女工妙绝，劬劳杼纴，未尝云已”，看得出最重要的劳动技巧就是“杼纴”。在表彰了志主孝敬尊长（伺候老祖母）、和谐娣姒（接事三个妯娌）和勤于且善于家务劳作（杼纴女工）之后，墓志用与古之名媛进行比较的修辞手法，总结道：“虽马姬自强，焉能斯匹，敬姜不息，故何足论。”即便与古代名媛中的敬姜（春秋时公父文伯之母）、马姬（东汉明帝明德皇后）比较，志主崔宾媛亦未见得稍有逊色。这种话当然是墓志书写的老套路，不过在这里并不显得过分勉强。

墓志接下来讲述崔宾媛平生的几件大事，第一是失去父亲。孝亲与居丧，从来是墓志中表彰志主德性的标志。而崔巨伦写崔宾媛居父丧，写得具体、平实又感人。

> 太和九年，余祖使君薨于京代。于时夫人在赵，霖雨频仍，津梁泛绝。夫人以身限分违，不获临奉，衔疚泣血，跋涉斯遵，机危具践，方届乡国。遂乃躬执勤劳，亲开兆茔，辛劬备至，封隧克周。宗门邑里，莫不哀叹。夫人孝慕绝人，毁几至灭，母弟劝箴，仅乃全性。于时春秋廿有七，甫及终礼，玄发改素。

孝文帝太和九年（485），崔宾媛六十二岁的父亲崔辩死于平城。墓志说：“于时夫人在赵，霖雨频仍，津梁泛绝。”崔宾媛因交通条件的限制，未能赶到平城扶丧东归，只在崔辩丧还故乡之后，才从平棘赶回娘家，参与丧葬事务。墓志所谓“夫人以身限分违，不获临奉”，就是说不能亲至平城，而“衔疢泣血，跋涉斯遵，机危具践，方届乡国”，是说她历经千辛万苦，赶回娘家。这一年崔宾媛的长弟崔逸最多也只二十六七岁，最小的弟弟崔楷年方九岁，二弟崔模也不会太大。[1] 崔宾媛以长女地位，在丧事中自然要发挥重要作用。墓志说她“遂乃躬执勤劳，亲开兆茔，辛劬备至，封隧克周”，甚至亲自参与了开土挖穴的工作，引得“宗门邑里，莫不哀叹”。葬事之后就是守丧，墓志称“夫人孝慕绝人，毁几至灭，母弟劝箴，仅乃全性”，悲痛欲绝，全亏了母亲和弟弟们的开导劝解，才没有闹出人命来。经此一场悲伤哀慕，青春方富、正当茂年的崔宾媛，一下子显出了老态。墓志说她“于时春秋廿有七，甫及终礼，玄发改素”，满头青丝，倏然披上了霜雪。

第二件大事是崔宾媛长弟崔逸的去世：

> 余殃罪夙积，衅极未形。亡考国子府君，东光遽奄。夫人以弟德茂一时，仁华万古，家国之属，佥为盛寄。于时之际，余孕未育，既悲倾宝，又痛无传，友于之哀，实深恒恸。蔬食再周，面垢三稔，当时见者，咸以酸怆。笃性过

[1] 据《魏书》卷五六《崔辩传》附《崔楷传》，崔楷死于孝昌三年（527），年五十一，则其生年当在孝文帝太和元年（477），其父崔辩去世时他才九岁。

人，率其如此。

前面已称崔辩“余祖使君”，这里称崔逸“亡考国子府君”，作者直接以第一人称进入墓志叙事，在北朝墓志中是罕见的。崔巨伦为姑母撰写墓志，不顾文体局限，大胆破格，更见真情。他把父亲之死说成“余殃罪夙积，衅极未形”，沉痛之外，还有命运的感慨。太和二十一年，崔逸以三十多岁的盛壮之年，肩负支撑崔氏门户的重任，恰逢孝文帝锐意改革，正在重用中原名族士人，可以说前路开阔，可是他突然去世，对于亲人的打击是非常大的。墓志写三十九岁的崔宾媛眼看弟弟连个男孩都没有（崔巨伦在孕未育，时不知男女），所谓“既悲倾宝，又痛无传”，因而“友于之哀，实深恒痛”。这些文字应该真实地反映了崔宾媛的心情。墓志说她因长弟之死而在两三年的时间里戒食荤腥、不事修饰，所谓“蔬食再周，面垢三稔”，以至于“当时见者，咸以酸怆”，应该崔巨伦幼年就听说过，大概也是实录。墓志总结说崔宾媛“笃性过人，率其如此”，至少读起来是有说服力的。

墓志接下来讲述崔宾媛人生遭遇的又一个重大伤痛，那就是失去丈夫。

李府君作守本畿，剖符乡路，惠政载敷，仁风允塞。虽冰情霜操，本自怀抱，夙夜警戒，预有力焉。年始壮茂，奄婴鳌毒。

崔宾媛成年以后，经历了北魏历史发生重大转折的时期。最大的变化就是首都从代北的平城迁到中原的洛阳，与此相伴的是许多政策调整，其中对崔宾媛娘家及夫家来说，影响最大的就是魏晋以来的华北士族格局得到北魏朝廷前所未有的尊重，博陵崔氏与赵郡李氏都得以入选第一等高门。《资治通鉴》云："时赵郡诸李，人物尤多，各盛家风，故世之言高华者，以五姓为首。"[1] 虽然孝文帝初定姓族时可能本没有考虑把博陵崔氏和赵郡李氏列入最高一等，[2] 但这两大家族人物殷盛、树大根深的现实，使他们最终与清河崔氏、范阳卢氏、荥阳郑氏和太原王氏并列为"四海大姓"。[3] 这个地位有助于从制度上保障这些家族垄断州郡纲纪，并从较高的起点、以较快的速度进入朝官的选拔体系。

和崔宾媛的娘家博陵崔氏一样，她的夫家赵郡李氏当然也是这一重大变化的受益者。墓志说："李府君作守本畿，剖符乡路，惠政载敷，仁风允塞。"《魏书》记李叔胤最早的官职是著作佐郎，应该在迁都之前，也许那时崔宾媛要跟随夫君到平城生活。后来李叔胤"历广陵王谘议、南赵郡太守，在位九年"。在担任广陵王元羽

[1] 《资治通鉴》卷一四〇齐明帝建武三年春正月条，北京：中华书局标点本，1956 年，第 4395 页。

[2] 参看陈爽《世家大族与北朝政治》第二章《"四姓"辨疑：北朝门阀体制的确立过程及其历史意义》，北京：中国社会科学出版社，1998 年，第 42—80 页。

[3] "四海大姓"见《隋书》卷三三《经籍志二》："其中国士人，则第其门阀，有四海大姓、郡姓、州姓、县姓。"见第 1119 页。

的谘议参军之后，他回到赵郡李氏郡望所在的南赵郡担任太守（按李叔胤砖志的说法是“试守南赵郡”），时间长达九年，也就是从孝文帝太和十七年（493）一直到宣武帝景明三年（502）。回到著籍或郡望所在的州郡担任刺史、太守，通常是一种荣誉，更不用说实际意义上对家族利益还意味着保障与光大。此即墓志所谓“作守本畿，剖符乡路”。墓志强调这个时期崔宾媛发挥了贤内助的作用：“虽冰情霜操，本自怀抱，夙夜警戒，预有力焉。”说明这九年崔宾媛主要是在南赵郡度过的。

墓志和《魏书》都记李叔胤死于景明三年，应该还在南赵郡太守任上。崔宾媛墓志记其事曰：“年始壮茂，奄婴鳌毒。”这一年李叔胤四十六岁，崔宾媛四十五岁，中年丧夫之痛，自是强烈而深切，不过墓志没有在此多费笔墨，而是笔锋一转，描述李叔胤死后崔宾媛面对的艰难以及她的应对。

> 二男三女，眇然孤遗。夫人抚复载怀，训诫周悉，断织之诲，日夜每勤，辍食之箴，终年不歇。故能使二子名扬，连华邹母。

前已指出，《魏书》记李叔胤死时年三十六，应该是四十六之讹。时长子李弼二十四岁，次子李翼二十岁，俱已成人。墓志说“眇然孤遗”，不是指他们，而是指他们的三个妹妹。墓志说“二男三女”，二男指李弼、李翼，三女指崔宾媛的三个女儿。据崔宾媛墓志志盖文字，这三个女儿是李令仪、李敬仪和李幼芷。[1]李幼芷墓志记李幼芷死于永安元年（528），年三十三岁，可知她出生于太和二十年（496）。李叔胤去世时，李幼芷才六七岁。她的两个姐姐李令仪和李敬仪也不过十几岁，墓志说“眇然孤遗”也不算太夸张。

对崔宾媛来说，人生的确就此发生转变，她以后要带着女儿跟随儿子一起生活了。墓志颂扬崔宾媛的抚育教诲使得两个儿子终得成才，也许适用于十多年前孩子们都还年幼时，但不能用来说明李叔胤去世后崔宾媛的家庭生活，因为这时诸子已渐渐年长，反倒是一个老母亲要依随孩子了。崔宾媛似乎一直和两个儿子在一起，一开始全家都在赵郡老家，后来又一起到洛阳，直到去世。墓志写她晚年的生活，主要表彰她对外宽厚仁恕、乐于助人，同时自己的生活则相当朴素节俭：

> 性怀恩愍，志抱仁恕，节素为本，赈施居先，笥辍绮罗，箧无停服。四方慕德，远近钦风。

可以参看的是崔宾媛长子李弼的墓志。李弼墓志叙父亲去世之后，先说：“太夫人孝义慈仁，德冠母仪，九族式瞻，六姻谐敬。”接着讲李弼如何孝养他广受尊敬的母亲：“君温清色养之高，珍羞服

[1] 陶钧：《北魏崔宾媛墓志考释》，《收藏家》2012 年 6 月号，第 25—34 页。

玩之御，世莫能比。”这是为了表彰李弼奉养母亲如何尽心周到，不过对照崔宾媛墓志所说的“笥辍绮罗，箧无停服”，似乎是相矛盾的。两方墓志各自表扬志主的需要，在这里引起了难以调和的矛盾。

丈夫去世之后，崔宾媛和子女在家乡一起生活了大约三五年。这段时间长子李弼到了寻求出仕机会的时候，按照传统，首先在本州（定州）担任上佐。李弼墓志称：“延昌年中，刺史杨公乃礼辟君行本郡事”。这个杨公就是杨椿，《魏书》记杨椿“复以本将军除定州刺史”，[1] 时间正在宣武帝末年。杨椿以李弼行本郡事，就是让他以州上佐（主簿）身份代理赵郡太守职务。李弼所行之郡并不是他父亲李叔胤“试守”的南赵郡，而是赵郡，是李氏真正的居住地，因南赵郡在相州，赵郡在定州。接下来的一两年，李弼应该一直留在本郡。据李弼妻郑氏墓志，郑氏死于延昌三年（514）。大概在夫人去世之后，李弼就和弟弟一起带着母亲（以及尚未出嫁的妹妹）到了洛阳。

李弼、李翼兄弟到洛阳，并不是因为李弼得到了在洛阳做官的机会。那么是不是因为李弼的弟弟李翼在洛阳入仕了呢？也不是的，李翼那时候还没有获得任何官职。李弼墓志云：“弟翼，以正光二年入仕为左右，官尚书郎中。”李翼墓志记李翼出仕从斋帅（即左右）开始，后来历任员外散骑侍郎、尚书右主客郎中（带

[1] 《魏书》卷五八《杨播传》附《杨椿传》，第 1407 页。

魏故太尉府行參軍李君墓誌

君諱弼字延軌趙國平棘人也石氏之亂六世祖損丘府君勗自柏仁遷於此邑兗州使君之孫南趙郡府君之元子多履孝敬少重名節禮賢愛士矜施恤之州國懷其義燕趙慕其風季十六刺史馮翊公辟爲主薄操韻昂然獨秀僚輩季十八刺史陽平王重君風度大見禮任兼別駕督博陵郡轉護鉅鹿郡治去害馬禮刑肅穆季廿一刺史城陽王聞君名辟爲主薄景明三年遭南趙郡府君艱至性幾滅扶而後起太夫人孝義慈仁德冠母儀九族式瞻六姻諮敬君溫清色養之高珎蕃服訖之御世莫能比延昌年中刺史楊公乃禮辟君行本郡事遂登車視傷下恤民瘼五絝之歌重興止吠之頌弃結神龜元年丁太夫人憂廬於墓側號戀不歸長妹盧氏令儀吕孝毀致滅而君吕至性見稱朝廷哀嘉謚儀曰貞孝女宗改標君里爲孝德里每至忌日君水漿不入口哀思不止雖州治之罷祖子龍之去食方之未加君年登強仕無復宦情遂敦睦宗親禮致鄉老室延邦彥門集車馬信德並歸美聲四布弟翼吕正光二年入仕爲左右官尚書郎中君兄弟二人友愛之性偏篤常棣之義特隆同氣相戀遂便入洛正光五年　旨除太尉府行參軍值四方多壘恒隴妖霧君慨然有濟世志於時徵兵三趙未戰皆亡州郡臺使莫能禁止君名著河北信服一方　天子乃命君持節收兵趙魏傳車入境百姓翕然望風已集大小樂從鄴城　重鎮國之北門形勝之寄任隆恒日又北海蕃弟親王愛子蘭佐唯良　帝難其選除相州平北府錄事參軍未及赴府翼嬰重疾君友念之性人倫所無行泣坐歎曉夜不息憂熱內結疽發於背遺誡薄葬文義高炳王楊士安北之則跡然明雖達類之則怨孝昌二年八月八日甲戌終于洛陽東□里春秋卌有八含識載悲類懷佇愴君英偉閑儁之風孝友仁矜之留連愛德之和接物推誠之義故吕聲邁前識名冠後進吕其年十二月八日壬寅葬於芒首杜鎮南預墓東隔一峯方岸上

孝昌二年歲次丙午十二月乙未朔八日壬寅

李弼墓志（来源：《赞皇西高北朝赵郡李氏家族墓地——2009～2010 年北区发掘报告》）

魏故大丞相太師司徒冀州刺史楊公墓誌銘
公諱椿字延壽弘農華陰潼鄉習仙里人也十一世祖震漢太尉六世
祖珧晉侍中尚書令高祖結石中山相曾祖琁上谷太守祖真清河太
守洛州刺史弘農簡公懿之第二子高祖以晉室分崩流官石朝大魏
兆基曾祖歸化公以太和元年在代都出身内行内小五年除内行給
事十五年除宮輿卿十六年除安遠將軍北豫州刺史十八年除冠軍
將軍濟州刺史景明元年除梁州刺史三年轉平西將軍餘如故正始
二年徵拜銀青光祿大夫五年除太僕卿本州大中正三年除朔州刺
史安北將軍延昌三年遷撫軍將軍都官尚書熙平元年除定州刺史
正光五年除南秦州刺史六年除岐州刺史孝昌元年除衛尉卿二年
領右衛將軍左衛將軍征西將軍兼侍中兼尚書僕射衛將軍雍州刺
史尋遷侍中車騎大將軍開府儀同三司仍雍州刺史建義元年除司
徒公其年拜太保侍中永安二年致仕乞骸骨還鄉 詔賜安車机杖
侍中蟬珥朝服扶侍傳詔二人虎賁廿人所在州郡四時存問幽鞱肆
毒濫禍所及以普泰元年六月廿九日薨于鄉第時年七十八太昌革
運贈使持節大丞相太師都督冀定殷相四州諸軍事冀州刺史以太
昌元年十一月十九日歸窆於華陰舊塋乃言盛德以刊玄石其詞曰
穹隆懸象旁薄載形風雲發氣嶽瀆流精四祖導烈七葉聯英道融漢
室德踵魏京惟公命世實濟天機仁孚孝敬義祖宣慈篤誠自本忠信
為期藝昭習禮志廣傳詩給事金馬納言紫極乇衛是警開路斯職頻
煩寅亮左右匡翼允正允平惟清惟直七督軍部九擁州麾惠績西偃
咸綱北馳民和政理俗易風移儔鴈非遠浮虎在斯朝簡上德帝欽遺
老貽我話言變此論道五教克訓八刑茲擾替古是式清吏更紹位登
阿保禮盛懸輿長違絳闕高逝舊都蟬冕凡杖駟馬安車榮光暢矣徽
音穆如家國板蕩朝野淪剝釁起阜蒂禍成澆涅命隨事盡身與巢覆
何運之圮何寃之酷四罪咸服三階載平恩隆封墓禮極哀榮依依白
日鬱鬱佳城誌彼陵谷勒我英聲

杨椿墓志（来源：浙江大学中国历代墓志数据库）

建威将军号）等职，一直保留左右的身份。《魏书》则说他“初为荡寇将军、斋帅，又除员外郎，迁尚书郎，仍斋帅”。[1] 虽各有详略，但大致就是李谞墓志所说的“为左右，官尚书郎中”。可见在正光二年（521）之前，李翼还没有做过官。李谞兄弟之所以要奉母辞乡，奔赴居大不易的洛阳，我以为就是为了等待和寻觅做官的机会。

州郡纲纪上佐为著姓所垄断，是数百年来的传统，随着州郡层级悬殊的固化，郡级上佐已不在“四海大姓”的眼中，他们的起点都是州级上佐。以李谞为例，他从十六岁（太和十八年，494）开始[2]，就一直担任本州（即定州）上佐。李谞墓志云：“年十六，刺史冯翊公辟为主簿，操韵昂然，独秀僚辈。年十八，刺史阳平王重君风度，大见礼任，兼别驾，转护钜鏕郡，治去害马，礼刑肃穆。年廿一，刺史城阳王闻君名，辟为主簿。”“刺史冯翊公”是指穆泰。据《魏书》，穆泰先得赐爵冯翊侯，后进爵为公，例降为侯（太和十六年春），出刺定州当在太和十八年。虽然他已“改封冯翊县开国侯”，[3] 当时习惯，可能仍以其旧封冯翊公相称，李谞墓志是一个例证，另一个例证是《南齐书》称穆泰为“伪定州刺史

[1] 《魏书》卷四九《李灵传》附《李翼传》，第 1215 页。

[2] 李谞墓志记李谞死于孝昌二年（526），年四十八，故知其生年当在太和三年（479）。他十六岁第一次出任定州主簿，正在太和十八年，十八岁任别驾，在太和二十年，二十一岁再为主簿，在太和二十三年。

[3] 《魏书》卷二七《穆崇传》附《穆泰传》，第 743 页。

冯翊公目邻”。[1]穆泰辟十六岁的李弼为州主簿，当然主要是因为赵郡李氏该当出任本州上佐。阳平王元颐于太和二十年出任定州刺史，不见于《魏书》，赖此墓志而见载。[2]元颐刺定州时，以李弼为州别驾，这大约也是出于定州不成文的规则。“刺史城阳王”指元鸾，《魏书》记他“世宗初，除平东将军、青州刺史，后转安北将军、定州刺史”。[3]元鸾刺定州，再以李弼为主簿。可见定州上佐对于赵郡李氏（以及博陵崔氏）子弟来说，实在是唾手可得。

然而，这个时期的州郡纲纪已经远远不能与魏晋时期相比。由于州郡长官都带将军号，军府佐吏都得自朝命，他们才是真正协助刺史太守掌握州郡权力的佐官，后来这种形式上是军府佐官、实际上是地方政府主要佐吏的官员，就被称为府官。[4]《通典》明确说：“其刺史僚佐，州吏则自署，府官则命于朝廷。”[5]由州郡长官辟举的所谓纲纪只是地方政治结构的摆设和装饰，自然也就谈不上他们所期待的尊严、体面和好处。与府官相对，地方辟举的州郡职

[1] 《南齐书》卷五七《魏虏传》，第 1102 页。

[2] 时元颐因主动告发穆泰、陆叡而免于被追究谋叛大罪，但毕竟嫌疑极大，被从朔州刺史任上内调，两三年间，辗转于定州和青州，在孝文帝死后不久也不明不白地死在青州了。

[3] 《魏书》卷一九下《景穆十二王传下》，第 582 页。

[4] 杜佑《通典》卷三二《职官十四》“总论州佐”条：“自魏晋以后，刺史多带将军，开府则州与府各置僚属，州官理民，别驾、治中以下是，府官理戎，长史、司马等官是。”王文锦等点校本，北京：中华书局，1988 年，第 889 页。

[5] 杜佑：《通典》卷一四《选举二》，第 342 页。

司被称作乡官，《隋书》所谓“不知时事，直谓之乡官”。[1]更致命的是，这种乡官的经历，无助于吏部选官时对候选人资格的积累和计算。因此，政治上的发展必须走朝命铨选之路。而北魏迁洛之后不久，官职作为朝廷最重要的政治资源，迅速呈现短缺和枯竭的趋向。正是这一时代背景，可以帮助我们理解李弼、李翼兄弟何以要来到洛阳。虽以赵郡李氏清华上门之尊，要争取朝命一官半职的机会，也必须住在洛阳，走关系，攒资格，排长队。

崔宾媛一家在洛阳的住址是东安里。崔宾媛墓志记她死在东安里。据李弼墓志，孝昌二年八月八日（526年8月30日）李弼亦“终于洛阳东安里”。又据李翼妻崔徽华墓志，再过一年，即孝昌三年七月十七日（527年8月29日），崔徽华同样“卒于洛阳东安里”。可见崔宾媛家在东安里有自己的宅子。东安里位于洛阳内城以外，外郭城以内，属于东郭城的范围，是宣武帝初年在魏晋“九六城”以外扩建的京师三百二十坊之一。[2]东安里在建春门外御道以南，东阳门外御道以北。《洛阳伽蓝记》云：“庄严寺在东阳门外一里御道北，所谓东安里也。北为租场。”[3]说明东安里在租场以南。租场，就是曹魏和西晋时期的常满仓。《洛阳伽蓝记》城

[1] 《隋书》卷二八《百官志下》，第883页。

[2] 森鹿三：《北魏洛阳城的规模》，辛德勇译，载刘俊文主编《日本学者研究中国史论著选译》第9册，北京：中华书局，1993年，第665—682页。

[3] 范祥雍：《洛阳伽蓝记校注》卷二庄严寺条，上海：古典文学出版社，1958年，第93页。

东明悬尼寺条称“寺东有中朝时常满仓，高祖令为租场，天下贡赋所聚蓄也”。[1] 北魏孝文帝改常满仓为租场，大概是要利用谷水的航运之便。据森鹿三的研究，北魏扩建的外郭城在东西方向各延伸了七里，东安里既在“东阳门外一里御道北”，可见较为靠近内城的东城墙，而离东郭门（所谓“三门”）较远。[2]《洛阳伽蓝记》载东安里住户只提到驸马都尉司马悦（当作司马悦）、济州刺史介宣（当作刁宣）、幽州刺史李真奴和豫州刺史公孙骧，不及官位不显的李弼、李翼兄弟。不过由墓志可以肯定，崔宾媛一家在孝明帝时期是住在东安里的。

崔宾媛在东安里大概生活了三四年时间。不幸的是，这几年并不全是好时光，甚至也许主要不是好时光。她在这里走完了人生最后的几年。

> 勤于思感，笃于哀戚，亲姻殒丧，每至伤摧。及履母忧，殆不胜性，号慕过毁，遂婴心疾。

墓志说崔宾媛很重感情，娘家、夫家以及其他姻亲之家常有熟识者过世的消息传来，都使她遭受情感和身体的打击。其中打击最大、

[1] 范祥雍：《洛阳伽蓝记校注》卷二明悬尼寺条，第 73 页。

[2] 《洛阳伽蓝记》卷二：“七里桥东一里，郭门开三道，时人号为三门。离别者多云：‘相送三门外。’京师士子，送去迎归，常在此处。”见范祥雍《洛阳伽蓝记校注》，第 90 页。

留下病根的是她母亲的辞世。当然这并不是说崔宾媛的母亲李氏之死发生在崔宾媛住在洛阳时期，而是说崔宾媛在为母亲服丧期间“号慕过殷，遂婴心疾”，留下了病根。不过如果李氏的确活到宣武帝末年或孝明帝初年，那她一定也居住洛阳，是能够与崔宾媛时常见面的，身后的丧事也在洛阳举行。崔宾媛墓志后文记崔宾媛病危时，她的两个弟弟也在洛阳，间接地证明她的老母亲此时和两个儿子一起生活在洛阳。也就是说，崔宾媛的母亲李氏可能就是在洛阳去世的。这位老太太在丈夫崔辩死后三十多年才去世，算得上高寿，不过崔宾媛还是因伤悼过度而留下了病根，大概她的健康情况从此就非常不好。

> 至若借露兴怀，履霜增思，莫不摇动旧疹，机致忧危。度日匝旬，且时或止。

“度日匝旬”一语，暗示或明示了崔宾媛缠绵病榻的晚景。这样，墓志就进入到崔宾媛人生的最后时刻：

> 至神龟元年十一月十日，故疾弥流，床枕余笃。夫人临危爽悟，辞瞩坚明，敕诲两儿，爰及二弟，发用闵室在言，动以陈门居诰，又命以时殡，勿加文彩，送终礼仪，必存俭约。可谓颠沛靡违，没而余显。兰菊有摧，川流无歇，朝露溘矣，晻光长窆。春秋六十有一，神龟元年岁次戊戌十一月

壬午朔廿五日，薨于洛阳东安里。粤以神龟二年四月，合葬赵郡李府君墓。

神龟元年十一月十日（518 年 12 月 27 日），崔宾媛再次发病，“故疾弥流，床枕余笃”。幸运的是，到了最后的时刻，“夫人临危爽悟，辞瞩坚明”，神志清醒。更幸运的是，她挂念关心的人，除了远嫁的女儿，竟然都在身边。墓志说她“敕诲两儿，爰及二弟”，不仅李弼、李翼在侧，崔模、崔楷也赶来探视。她的临终嘱托里包括如何处理后事，比如“命以时殡，勿加文彩，送终礼仪，必存俭约”，等等。墓志赞美她“颠沛靡违”，是说她的美德有始有终。墓志遵从惯例，在这里有几句对于死亡来临的描述：“兰菊有摧，川流无歇，朝露溘矣，崦光长窆。”崔宾媛在病床上一共十五天，十一月二十五日（519 年 1 月 11 日）“薨于洛阳东安里”。

按照那时墓志的写作程式，到这里再加几句对死者的总结性表彰，序辞部分就告结束，开始文学性最强、史料性最弱的铭辞部分。可是崔巨伦再次突破格套，用简短却无比真挚的几句话讲自己与死者的关系：

余幼罗穷罚，天地崩离，夫人训抚，慈矜备笃。余之姊又妇事焉。理艰鞠养，恩深罔极，顾覆之仁，绝世莫有。鲁之义姑，蔑以为喻。何虑幽寂，奄见今辰，仰慕慈颜，痛贯骨髓。

崔巨伦再次以第一人称直接入场，自叙父亲崔逸和母亲郑氏去世之后，姑母崔宾媛对自己姐弟二人的抚养之恩，所谓“夫人训抚，慈矜备笃”。前引《魏书》记崔巨伦的姐姐崔徽华因盲一目难以出嫁，幸得姑母出手解救，让自己次子李翼娶她。这个故事似乎不适合直接讲述，但崔巨伦在说明“余之姊又妇事焉”之后，以感恩的语气暗示了这个背景：“理艰鞠养，恩深罔极，顾覆之仁，绝世莫有。”之后借譬于刘向《列女传》中的鲁义姑姊（春秋时的鲁国义女，危急时刻放弃自己的孩子而救兄长之子），说明崔宾媛之举堪称义薄云天。有了这样的铺垫，崔巨伦写自己因姑母之死而“仰慕慈颜，痛贯骨髓”，可谓水到渠成，一字一句皆发自肺腑，近乎实录，绝不是泛泛的套话。

然后再回到墓志书写的一般程式，说明墓志铭因何而写，由此引出墓志铭（铭辞部分从略）：

> 于是伤陵谷之贸迁，怀金石之无灭，敢勒玄涂，式昭余列。其辞曰……

墓志记“粤以神龟二年四月，合葬赵郡李府君墓”，下葬的具体时间是四月十二日（519 年 5 月 26 日）。可以想象，李弼、李翼兄弟和别的家人一起，从洛阳扶柩东归，来到赵郡房子县李氏家族墓地（即今赞皇西高墓地）。神龟二年（519）四月，他们打开李叔胤的墓，把崔宾媛的棺柩放进去，完成合葬。这时去李叔胤之死已经十七年了。李叔胤下葬时只刻了一块砖志，十分草率，这次重启墓葬，一定可以看见的。不过主持合葬事务的人（多半是李弼、李翼兄弟），没有替李叔胤重刻一块墓志，尽管这种做法在当时并不少见。他们只是为母亲崔宾媛刻了一块石、文俱美的墓志，执笔者崔巨伦应该和他的姐姐崔徽华一样，参与了丧事的全部过程。李叔胤、崔宾媛夫妻二人的墓志差别如此之大，以至于一千五百年后的盗墓者只取走了崔宾媛的墓志，而把李叔胤的砖志遗弃在搜刮一空的墓室中。

五、崔宾媛的大女儿李令仪

崔巨伦不仅在洛阳参与治丧，而且也随同李弼兄弟护柩还乡，因为墓志撰写于下葬之前。不过今存崔宾媛墓志既有志石，也有志盖，更重要的是，志盖上还写满了文字，都是志主的家人信息。论史料价值，这些信息当然都是极为宝贵的。志石文字是崔巨伦所写，那么，志盖上的文字是不是同样由崔巨伦执笔？照说志盖文字只是人名和宗亲关系，不必劳动崔巨伦出手，所以很可能不是他写的。值得注意的是，这些家人信息中有一条是关于崔宾媛大女儿李令仪的：

> 夫人长女字令仪，适征南府法曹参军范阳卢元礼。礼父洪，高阳王谘议。夫人弃背八十九日，仪不胜号慕，遂至毁灭，远近悲嗟。

李令仪嫁到华北高门范阳卢氏，丈夫卢元礼，是卢洪的儿子。崔宾媛去世，李令仪奔丧，哀恸太甚，竟悲伤而死，时间在其母辞世的第八十九天，即神龟二年二月二十五日（519 年 4 月 10 日），距崔宾媛下葬还有一个半月。《魏书·列女传》载其事较详，谨备录于下：[1]

> 贞孝女宗者，赵郡柏仁人，赵郡太守李叔胤之女，范阳卢元礼之妻。性至孝，闻于州里。父卒，号恸几绝者数四，赖母崔氏慰勉之，得全。三年之中，形骸销瘠，非人扶不起。及归夫氏，与母分隔，便饮食日损，涕泣不绝，日就羸笃。卢氏合家慰喻，不解，乃遣归宁。还家乃复故，如此者八九焉。后元礼卒，李追亡抚存，礼无违者，事姑以孝谨著。母崔，以神龟元年终于洛阳，凶问初到，举声恸绝，一宿乃苏，水浆不入口者六日。其姑虑其不济，亲送奔丧。而气力危殆，自范阳向洛，八旬方达，攀榇号踊，遂卒。有司以状闻。诏曰："孔子称毁不灭性，盖为其废养绝类也。李既非嫡子，而孝不胜哀，虽乖俯就，而志厉义远，若不加旌异，则无以劝引浇浮。可追号曰'贞孝女宗'，易其里为孝德里，标李卢二门，以惇风俗。"

[1] 《魏书》卷九二《列女传》，第 2151—2152 页。

据上引《魏书》，李令仪在范阳接到母亲去世的消息，举声号哭，即昏厥一整夜，苏醒后连续六天不吃不喝。这时她的丈夫卢元礼已经去世，没有人陪她南来奔丧，她的婆婆、卢元礼的母亲只好自己陪儿媳奔波。这位婆婆是谁呢？崔宾媛墓志志盖文字有一条："夫人妹字兰宾，适高阳王谘议参军范阳卢洪。"原来就是崔宾媛的大妹妹崔兰宾，崔宾媛的大女儿李令仪嫁给了崔兰宾的儿子卢元礼。崔兰宾陪同李令仪南来奔丧，既有关心照顾儿媳的考虑，也有自己赴吊姐姐的动机。

这趟奔丧因李令仪身体虚弱，走得很慢，从范阳到洛阳走了八十天（不过所谓"八旬方达"，可能包含了从消息传到范阳直至一行人最终抵达洛阳的时间，并不单指从范阳到洛阳的旅程）。到洛阳东安里，见到母亲的棺柩，李令仪趴在棺材上大哭，竟一恸而绝。根据崔宾媛志盖文字，这时去崔宾媛去世已八十九天。

东安里一下子有了两场丧事，李家正在安排送崔宾媛回赵郡，卢家也得安排送李令仪回范阳（与卢元礼合葬）。可想而知，李令仪下葬时会有墓志，今虽不见，未来或可现世。

如果崔宾媛、李令仪母女二人的棺柩同日离开洛阳，她们还可以一起走很长一段路，一起过黄河，一起到邺城，一起北行至赵郡，然后李令仪继续北行。如果真是这样，那么陪母亲到赵郡，也算李令仪最后一次回到故乡，虽然只是短暂路过。

六、崔巨伦出仕之初

崔宾媛去世时，崔巨伦年方二十二岁，他在崔宾媛墓志末尾自署其名时称自己的头衔是“本州茂才”。《魏书·崔巨伦传》：“（崔逸）子巨伦，字孝宗。幼孤，及长，历涉经史，有文学武艺。以世宗挽郎，除冀州镇北府墨曹参军、太尉记室参军。”两个参军之职都不见于墓志末尾的称衔，可见当崔宾媛安葬之时，崔巨伦还没有获得这些官职，他那时的政治性身份只是定州秀才，而那时秀才对策的道路已经非常狭窄，不足以保障他获取朝命职官。本传说他后来出仕所依据的资格，是曾在宣武帝丧葬大典中充过挽郎。前文提及，迁洛之后不久，北魏政府在官职资源的分配方面就遇到了资源不足的麻烦，供给远远不能满足需求。崔巨伦能够出仕，靠的是他拥有宣武帝挽郎的资格。要想当上挽郎，大概还得住在洛阳。[1] 挽郎既已成为重要的出仕起点，[2] 如崔巨伦一样居住洛阳以等候做官机会

[1] 六品及以上官员的子弟才拥有被选为挽郎的资格。《宋书》卷一五《礼志二》记东晋“成帝咸康七年，杜后崩……有司又奏依旧选公卿以下六品子弟六十人为挽郎”，北京：中华书局点校修订本，2018 年，第 438—439 页。此事又见《北堂书钞》卷五六所引《晋要事》，称“公卿六品清官子弟”，北京：中国书店，1989 年，第 182 页。既称“依旧”，可见在六品及以上官员子弟中选挽郎，是西晋以来的旧制。关于挽郎的数量，《世说新语》记晋武帝崩，“选百二十挽郎，一时之秀彦”，见余嘉锡《世说新语笺疏》，北京：中华书局，2007 年，第 1069 页。是否皇后山陵时用六十人，皇帝则用一百二十人，待考。

[2] 和崔巨伦一起充任世宗宣武帝挽郎的，以目前所知，除了《魏书》卷三三《谷浑传》所载谷浑的曾孙谷士恢（第 868 页），还有宗室子弟元贤真和元洪敬，前者见元贤真墓志（贾振林编著：《文化安丰》，郑州：大象出版社，2011 年，第 224—225 页），后者见元洪敬墓志（罗新、叶炜：《新出魏晋南北朝墓志疏证 [修订本]》，北京：中华书局，2016 年，第 169—171 页）。

的人想必甚多，于是皇帝、皇后的死亡也成为他们的机会之一。

宣武帝死时，崔巨伦刚刚十九岁，正适合当挽郎。不过僧多粥少，洛阳城膏腴子弟众多而挽郎名额有限，要挤进挽郎队伍也是不容易的，一定得有点硬关系。崔巨伦的幸运在于，直到孝明帝在位之初，他的两个叔父崔模、崔楷还是颇有影响力的。《魏书·崔模传》："起家奉朝请，历太尉祭酒、尚书金部郎中、太尉主簿，转中郎，迁太子家令。以公事免。神龟中，诏复本资，除冠军将军、中散大夫。"[1] 崔模在宣武帝时期顺风顺水，怎么会突然"以公事免"，且要到孝明帝即位四五年以后才"诏复本资"?

再看崔楷，本传记他在宣武帝时一路升迁，"后为尚书左主客郎中、伏波将军、太子中舍人、左中郎将"，可是到孝明帝即位后立即遭遇挫折，"以党附高肇，为中尉所劾"。[2]《魏书·高聪传》："寻以高肇之党，与王世义、高绰、李宪、崔楷、兰氛之为中尉元匡所弹，灵太后并特原之，聪遂停废于家。"[3] 御史中尉元匡在孝明帝即位之初为胡太后掌权听政立下汗马功劳，得封东平王（当然，用过之后也不会有好下场，神龟二年八月元匡即被"削除官爵"）。[4] 他秉承胡太后的意思出面打击宣武帝时与宣武帝的舅舅

[1] 《魏书》卷五六《崔辩传》附《崔模传》，第 1368—1369 页。

[2] 同上书，第 1369 页。

[3] 《魏书》卷六八《高聪传》，第 1655 页。

[4] 《魏书》卷九《肃宗纪》，第 269、274 页。

高肇走得较近因而得势的一批官员，时在熙平元年初。[1]这批官员中既有崔巨伦的叔父崔楷，也有他的岳父李宪。当然，李宪把女儿嫁给崔巨伦，固然有崔李两族世代联姻的背景，但李宪与崔巨伦之父崔逸的个人联系也应该起了很大作用。据《魏书·李宪传》，李宪和崔逸一起参与接待了太和十六年的齐国来使。[2]

元匡弹劾的官员名单中没有崔模，但崔模"以公事免"显然是因同样的权斗形势，具体原因是什么呢？文献中全无线索可寻。幸亏在崔宾媛墓志的志盖上记下了崔模的妻室信息："（崔）模妻荥阳郑氏；继室范阳卢氏；继室渤海高氏，宣武皇帝后姊。"原来崔模有三任妻子，前两任荥阳郑氏和范阳卢氏可能早死，续娶了第三任高氏，这位高氏竟然是宣武皇帝高皇后的姐姐。《北史·后妃传》："宣武皇后高氏，文昭皇后兄偃之女也。"[3]据高皇后的墓志，高皇后名英，被胡太后强逼出家后法名慈义，是"文昭皇太后之兄女"，文昭皇太后就是宣武帝的生母高照容。据《北史·外戚传》，

[1] 元匡弹奏太后的政敌，清除所谓高肇余党，应该是从最上层开始的。《魏书》卷三一《于栗磾传》附《于忠传》记元匡弹劾于忠，在"熙平元年春"，见第828页。《魏书》卷四八《高允传》附《高绰传》，记"御史中尉元匡奏高聪及绰等朋附高肇"，在高绰随元遥讨平冀州"大乘贼"之后，见第1201页。据《北史》卷一七《景穆十二王上》附《元遥传》，冀州"大乘贼"是指延昌四年在冀州发动武装暴乱的沙门法庆，见第634页。据《魏书》卷九《肃宗纪》，元遥讨平法庆，在延昌四年九月。可见高绰在延昌四年冬从冀州返回洛阳，次年春即与高聪等人一起遭到元匡弹劾。

[2] 《魏书》卷三六《李顺传》附《李宪传》，第925页。

[3] 《北史》卷一三《后妃传上》，第502页。

高偃是高肇的二哥，高英是高偃的女儿。[1]而崔模的第三任妻子，就是皇后高英的姐姐，也就是高肇的侄女。崔模不顾博陵崔氏的门第传统，愿意与门第来历不清不楚的高肇一家结亲，显然有所图，后来被视为党附高肇，是一点也不冤枉的。《魏书》记他在宣武帝死后“以公事免”，只怕是魏收等撰史者有意为他遮掩。由此也可以理解，为什么崔楷会成为元匡的弹奏对象。[2]

宣武帝后期，崔模、崔楷兄弟大概算得上春风得意。宣武帝死后的一两个月内，虽高肇被杀，高皇后的皇太后地位还没有明显的危险，那么太后的姐姐为夫家侄儿谋个挽郎位置，应该也不会有什么困难。可以说，崔巨伦就是靠着这个关系得以充任挽郎。不过形势发展非常快，宣武帝下葬后不到一个月，立足渐稳的胡太后就逼迫高太后出家为尼（一年后予以杀害），开启了对高氏残余政治势力的大清洗。崔模“以公事免”，应该就发生在这个时期。不久元匡弹劾高聪、崔楷等，胡太后虽假意宽大，没有按照元匡启奏的那样对他们严厉惩罚，但“停废”几年总是不可避免的。因此，到崔宾媛下葬的神龟二年四月，尽管崔巨伦充任世宗挽郎已经四年多过去了，他却仍然没能凭挽郎资格获得一官半职，究其缘由，只能说是受到了两个叔父的连累。

---

[1] 《北史》卷八〇《外戚传》，第 2686 页。

[2] 值得注意的是，不仅崔模打破了家族传统娶高肇侄女（皇后姐姐）为妻，而且崔楷也娶妻于新近暴发的陇西李氏（李冲之侄李韶之女）。

《魏书·崔巨伦传》说他“以世宗挽郎，除冀州镇北府墨曹参军、太尉记室参军”，崔巨伦释褐为参军，可能在正光年间。这时当年因被归入高肇一党而遭遇挫折的，大多已再获起用，崔模、崔楷也不例外，因而崔巨伦终于可以凭挽郎资格参与铨选。不过，正光年间（520—524）正是北魏内外危机大爆发之时，此时踏入仕途，可说是凶险万状。很快，崔巨伦就卷入动荡之中。

七、崔巨伦在河北

《魏书·崔巨伦传》：“叔楷为殷州，巨伦仍为长史、北道别将。”据《魏书·崔楷传》，崔楷为殷州刺史，所带的将军号是后将军，崔巨伦担任的是后将军军府长史。孝昌二年（526），葛荣作为前怀朔镇将，参与了内徙至定州的六镇流民的反叛，不久夺取领导权，建齐国，称天子，屡次击败前来讨伐的魏军，摆出与魏朝争夺天下的架势。崔巨伦跟随叔父崔楷前往广阿，就是在魏军屡战屡败、河北州郡接连失陷，败象显著、胜利无望之时。对于匆匆北上的崔楷、崔巨伦一行来说，葛荣大军在攻陷定州、瀛州之后，呼啸而来，几乎无法抵抗。葛荣不出意外地于孝昌三年（527）初南下，攻陷了刚刚设立的、由崔楷担任第一任刺史的殷州。

北魏分定相二州的郡县设殷州，大约在孝昌二年九月元渊、元融所率北魏大军被葛荣所率六镇流民军击溃前后。朝廷本指望北征大军扑灭葛荣，收复定州和瀛州，随着北征失败，不得不改进攻为防守，于是在相州与定州之间设立殷州以为缓冲。《魏书·崔楷传》："分定相二州四郡置殷州，以楷为刺史。"[1] 四郡，《魏书》卷一〇六上《地形志上》作三郡，即定州的赵郡、巨鹿郡，加上相州的南赵郡。[2] 如四字实不误，则设州之始还另有一郡，后来归于原所领之州了（我猜应该是定州的常山郡）。然而，博野之战以后，葛荣的军队已经推进到滹沱河以南，巨鹿、常山和赵郡事实上已经落入葛荣的控制，北魏的殷州实际领有的只是一个南赵郡而已，而且南赵郡也立即面临着葛荣大军的包围态势。由此可知，北魏朝廷设置殷州，可能主要是为了安置由定、瀛避难南来的流民，以及给镇守广阿的崔楷一个刺史的名义而已。

崔楷到任后上表朝廷，对殷州危急万分的形势有一个全面的分析。[3] 他认为殷州（其实就是南赵郡）缺乏地理上的险隘屏障，"地实四冲，居当五裂，西通长山（即太行山），东渐巨野（即华北平原）"，军事防守的劣势十分明显。由于南边的相州最近动荡频仍，北边葛荣的军队卷地南下，殷州已陷入南北夹击的军事态势，所谓"定州逆虏，趑趄北界，邺下凶烬，蚕噬腹心"，在这两股力量夹击之下，殷州全部的军政实力很快就会龟缩到广阿孤城之内，而遭受残酷的围城之战，所谓"城下之战，匪暮斯朝"。然而殷州草创，

[1] 《魏书》卷五六《崔辩传》附《崔楷传》，第 1371 页。

[2] 《魏书》卷一〇六上《地形志上》，第 2708—2709 页。

[3] 《魏书》卷五六《崔辩传》附《崔楷传》，第 1371—1372 页。

“升储尺刃，聊自未有”，粮食和军械储备有如白纸，守城御敌实无从谈起。崔楷自己虽然表决心要“析骸煮弩”，即析骨为炊，煮弩为食，以“固此忠节”，但实力如此，势难侥幸。所以他上表说：“虽欲竭诚，莫知攸济。”崔楷上表的目的，当然是为请求军需后勤的支持，“谨列所须兵仗，请垂矜许”。可是，洛阳并没有满足他的要求，“诏付外量，竟无所给”。这就注定了殷州失陷的命运。

崔楷赴任时“合家赴州”。有人劝他别带家口，他回答说：“食人之禄，忧人之事，如一身独往，朝廷谓吾有进退之计，将士又谁肯为人固志也?”[1] 他的子女中，只有长子崔士元已经出仕（曾任平州录事参军），其他都还幼小或尚未出仕。[2] 根据这个时期出镇诸将携带子弟赴职的惯例，我猜想崔士元所任仍是防城都督，隶属崔楷的当州（殷州）都督府。当时带子弟赴州镇，一个考虑大概是为他们出仕或升职寻找机会、积累资格。不过崔楷此时携家带口来到广阿，风险实在太大。到孝昌三年（527）正月初，“贼势已逼，

[1] 《魏书》卷五六《崔辩传》附《崔楷传》，第 1372 页。

[2] 据《北史》，崔楷长子士元，士元弟士逊、士约。见《北史》卷三二《崔辩传》，第 1165—1168 页。据《周书》，崔谦（字士逊）“孝昌中解褐著作佐郎”，应该是孝昌三年从殷州返回洛阳后，因父崔楷死国而得解褐为著作佐郎，此前并未出仕。崔谦死于北周武帝天和三年（563），年岁不详，故不能知其生年。见《周书》卷三五《崔谦传》，北京：中华书局标点本，1971 年，第 611—614 页。据同传附《崔说传》，崔谦弟士约，死于北周武帝建德四年（575），年六十四，则其生年当在北魏宣武帝延昌元年（512）。孝昌三年殷州陷落时，崔说（士约）才十六岁。《周书》称崔谦“少丧父”，可见孝昌三年他的年龄并不大，大概不到二十岁。

或劝减小弱以避之”。[1] 这个奉劝崔楷遣送小弱的“或”里面，自然有他的长史和侄儿崔巨伦。

崔楷一开始听从了这个劝告，“乃遣第四女、第三儿夜出”。可是他随后就后悔了，召集僚属商议。僚属都说：“女郎出嫁之女，郎君小未胜兵，留之无益，去复何损。且使君在城，家口尚多，足固将士之意，窃不足为疑。”从这个对话看，崔楷的第四女已经出嫁，叙述顺序在第三儿前，则年长于第三儿，二人年龄应较为接近。崔楷的第三儿是崔士约（后在西魏被宇文泰赐名说），这时刚刚十六岁，说“小未胜兵”也还差不多。不过崔楷说：“国家岂不知城小力弱也，置吾死地，令吾死耳！一朝送免儿女，将谓吾心不固。亏忠全爱，臧获耻之，况吾荷国重寄也。”于是又把已经送出的两个孩子追回来了。守城将士感动道：“崔公尚不惜百口，吾等何爱一身！”

这个舍家为国的故事如此备载于史籍，当然与魏收乐于为博陵崔氏“作佳传”有很大关系，[2] 而这个故事最早和最权威的讲述人应该是从河北逃归洛阳的崔巨伦。不过，事实也许是那时广阿已经被葛荣的大军所包围，护送崔楷孩子的人出城后就知道无路可走，

[1] 这里叙崔楷事皆引据《魏书》卷五六《崔辩传》附《崔楷传》，第 1372 页。

[2] 魏收因私惠而为人“作佳传”，屡见于《北史》：卷四八《尔朱荣传》附《尔朱文略传》称“文略尝大遗魏收金，请为父作佳传，收论荣比韦、彭、伊、霍，盖由是也”，见第 1764 页；卷五六《魏收传》记魏收对阳休之说“无以谢德，当为卿作佳传”，见第 2031 页。

不得不折返。葛荣大概在正月十二日（527 年 2 月 28 日）左右开始攻城，那么此前数日应已兵临城下。“了无备御之具”的广阿城在崔楷领导下抵抗“锋不可当”的葛荣，《魏书》称“连战半旬，死者相枕”。守城战只坚持了大约五天，据《魏书·肃宗纪》，殷州“力竭城陷”的时间是孝昌三年正月辛巳（527 年 3 月 5 日）。崔楷的长子崔士元大概是在广阿城被攻陷时为敌所杀，故《魏书》记作“战殁”。崔楷本人被俘，“执节不屈，贼遂害之”。

崔巨伦和崔楷的其他几个孩子自然都在被俘之列，不过，大概因崔巨伦投降了（哪怕是假装的），他有机会草草地收殓崔楷，并照顾崔楷的几个孩子。

《魏书》称崔巨伦“有文学武艺”，自然是称赞他文武双全。他的文学修养，从他为姑母和姐姐所撰的墓志约略可窥一斑。而他的“武艺”，则可见于他在被葛荣俘虏之后传奇般的南逃行动。

《魏书·崔巨伦传》记他“在州陷贼，敛恤亡存，为贼所义”。[1] “敛恤亡存”即敛亡恤存，也就是埋葬死难者并救济幸存者，死难者中最重要的当然是他的叔父崔楷，幸存者中最重要的是崔楷的儿女。崔巨伦以殷州最重要佐官的身份，被俘虏后竟然还有一定的自由做这些事，且“为贼所义”，说明他至少在表面上是投降葛荣了。因此，《魏书》记已经称帝的葛荣想任命崔巨伦作黄门侍郎，而崔巨伦“心恶之”，很想躲避。在五月五日百官节庆集会

[1] 《魏书》卷五六《崔辩传》附《崔巨伦传》，第 1368 页。

上，[1]葛荣让他写诗，他故意写了一首俗俚不文的诗：

五月五日时，
天气已大热。
狗便呀欲死，
牛复吐出舌。

这是一种自晦策略，装痴扮傻，让文化不高的葛荣读后都替他难为情，决定放弃这个人选，崔巨伦从而得以“获免”。过了一段时间，崔巨伦“潜结死士数人”，找到机会趁夜南逃。《魏书》在这里有一段生动的描写：

夜中南走，逢贼游骑数百，俱恐不济。巨伦曰：“宁南死一寸，岂北生一尺也！”便欺贼曰：“吾受敕而行。”贼不信，共爇火观敕。火未然，巨伦手刃贼帅，余人因与奋击，杀伤数十人，贼乃四溃，得马数匹而去。夜阴失道，惟看佛塔户而行。[2]

---

[1] 五月五日是重要的传统节日，唐代称为端午节，宋代称为天中节，东晋南朝江南的五月五日风俗，具见《荆楚岁时记》。十六国北朝时期，各地则有不同的名称和风俗。《太平御览》引陆翙《邺中记》云：“并州俗以介子推五月五日烧死，世人为其忌，故不举食饲，非也。北方五月五日，自作饮食饲（祀）神，及作五色缕，五色辛盘，相问遗。不为介子推也。”见《太平御览》卷三一《时序部十六·五月五日》，北京：中华书局影印涵芬楼影宋本，1960 年，第 146 页。

[2] 《魏书》卷五六《崔辩传》附《崔巨伦传》，第 1368 页。

就这样回到洛阳，当然就得到了朝廷嘉奖。这样的英雄事迹，理应是崔巨伦自己向朝廷报告的，《魏书》的描写应该是间接地基于他的报告。

八、崔巨伦为崔徽华所写的墓志

对于年方三十一岁的崔巨伦来说，孝昌三年是一个无比黑暗的年份。首先是在殷州失去了他的三叔崔楷，其次是在失去崔楷的同时或稍早（前一年的秋冬），他的二叔崔模亦战死于关西。崔模死于西征"行岐州事"的任上，和他一样战死关西的伊盆生也是死于"行岐州事"任上。两人都是西征大军中的重要将领：伊盆生"每战频捷"，是名声仅次于崔延伯的猛将；[1] 崔模"挫敌持重，号为名将"。[2] 两人都在"行岐州事"的任上战死，伊盆生死于孝昌二年八月，[3] 显然两人并非死于同一场战斗，谁先谁后似乎难以考明。不过，考虑到伊盆生资历较高且成名已久，他应该会先于崔模被授予"行岐州事"的职务。也就是说，更可能的情况是伊盆生比崔模先战死。由此知道崔模战死的时间在孝昌二年八月以后至孝昌三年初。崔模本传记他"击贼入深，没于阵"，似在强调，崔模的确是英勇战死的。两个叔父前后脚分别在北魏最吃紧的两个战场战

[1] 《魏书》卷四四《伊馛传》附《伊盆生传》，第 1093 页。

[2] 《魏书》卷五六《崔辩传》附《崔模传》，第 1369 页。

[3] 《魏书》卷九《肃宗纪》孝昌二年八月条："都督伊瓫生讨巴，失利战殁。"见第 244 页。瓫即盆。"巴"，大概指万俟丑奴军中的巴人。

死，带给崔巨伦的伤痛自是难以想象。

然而还有更大的伤痛在洛阳等着他。崔巨伦的姐姐、李翼的妻子崔徽华，于孝昌三年七月病逝。据崔巨伦为姐姐所写墓志，当他失陷在葛荣军中时，姐姐因为担心而患病不起："时在囚虏，死生蔑闻。夫人忽承檄书，既惊且恸，遂苦心悸，治疗无损。"因此"迁延三折，终成一棺"。当然我们难以确知，崔徽华是在崔巨伦回到洛阳之前还是之后去世的，若是之后，那么她死时毕竟看见了弟弟平安归来。墓志记"体识详明，辞吐盛丽"的崔徽华死于孝昌三年七月十七日（527 年 8 月 29 日），极大的可能是她未能看到弟弟。无论如何，崔巨伦至少赶上了姐姐的安葬仪式，为姐姐写了墓志。和崔宾媛墓志一样，崔徽华墓志同样突破格套，作为撰写者的崔巨伦多次以第一人称参与叙述。

> 魏故平北将军散骑常侍使持节都督定州诸军事定州刺史李翼妻崔氏墓志铭
>
> 夫人讳徽华，博陵安平人也。自东海表声，南山著称，才为文宗，德成不朽。斯乃具之图史，可得而略也。祖恭侯，以忠亮宦成，播兹善政，父廷尉，以稽古名立，树此清风。

遵照墓志格套，志题之后的第一部分都是介绍氏姓家族悠久荣耀的历史。崔巨伦以"斯乃具之图史，可得而略"，匆匆省略，直接从祖父和父亲说起，没有上溯六世祖五世祖之类，而且祖父和父亲也只是一句带过，未费笔墨。这样聚光灯就全在志主崔徽华身上。

> 夫人上挹庆余，眇承嘉绪，琬琰出而为宝，兰桂萌而以馥。故能惠发弄瓦，光生寝地。年五岁，遭廷尉府君忧，余时在孕，仍未载生，家有坠荷之悲，门无克构之慰。夫人藐尔幼冲，无阙哀纪，亲宾见者，莫不叹泣。年十有四，又遭太夫人忧，泣血三年，几于灭性。

先说崔徽华天生丽质，幼而奇卓，接着说父亲崔逸去世时（太和二十年），她才五岁（说明她生于太和十六年）。而那时“余”（即崔巨伦）还“在孕”，尚未出生。家无男儿，丧事缺了孝子。五岁的崔徽华“无阙哀纪”，就是一举一动都能遵照丧礼要求，前来吊丧的中外亲戚和宾客友邻看在眼里，“莫不叹泣”。再过九年，崔徽华十四岁时（正始二年，505），母亲郑氏也去世了，那时崔巨伦刚刚九岁。姐弟二人早早失去双亲，从此相依为命（当然，老祖母李氏还健在，他们一定是生活在一起的）。墓志写崔徽华为母亲守孝，“泣血三年，几于灭性”。中古墓志表彰志主孝德，通常会用“几于灭性”这样的话，早成一种格套。不过如前所述，在洛阳东安里的李宅的确发生过“灭性”的事，所以读崔巨伦这样写姐姐时，竟然不让人觉得虚假。

接下来叙述崔徽华的婚姻生活：

既而德礼内备，从此外成，自家栖濯，两族归美。及于机杼妙工，裁缝丽则，足以擅名霜雪，比质望舒。又勤于钻学，博究□史，组纴之暇，以火继之。六流必该，百氏咸综，微言且阅，大义斯举。至于履霜濡露之感，于役出车之念，便能出言为赋，下笔成诗。所以梦痞二班，宪章前淑。

前引《魏书·崔巨伦传》的末尾一段，述崔徽华因盲一目而险些婚姻失类，幸得姑母崔宾媛把她招入李家，嫁给自己的小儿子李翼。据李翼墓志，李翼死于河阴之变（528），年四十六，可知李翼生于太和七年（483），比崔徽华年长九岁。崔徽华嫁到李家，应在宣武帝永平二年（509）之后，也就是在崔徽华完成为母亲三年守孝之后。婚后崔徽华一直和姑母兼婆婆崔宾媛生活在一起，先在房子县，后到洛阳。崔宾媛死后，大概崔徽华也参与了扶柩回乡，之后又返回洛阳，最终也死在洛阳东安里。崔巨伦把重点放在崔徽华的才德明慧上，赞她的女工只用了一句，赞她的文学才能则不惜笔墨。

前引《魏书》说“崔氏（徽华）与（李）翼书诗数十首，辞理可观”，可知崔徽华与李翼所写的诗文，大概到编纂《魏书》时还能看数十篇，那么原先二人写作的数量应该不小。李翼墓志说李翼爱好诗文，“败冢每访，毁壁斯寻”，到处探访古碑，故能“摛春华于笔下，析秋豪（毫）于舌端”，有相当的文学造诣。而崔徽华墓志则说她特爱读书，白天织纴，夜晚读书，所谓“组纴之暇，以火继之”。她阅读的范围很广，“六流必该，百氏咸综，微言且阅，大义斯举”。墓志叙述的重点落在诗文写作上：“至于履霜濡露之感，于役出车之念，便能出言为赋，下笔成诗。”按照墓志书写的惯例，在表彰了志主某一品德之后，要与古之名贤相比较，强调志主并不逊色，甚至更优。当然，这样的段落通常都是夸大其词的套语。因而崔巨伦在给他姐姐所写的墓志中，也有“所以梦寤二班，宪章前淑”的话。不过，基于《魏书》所说崔徽华夫妇留有“辞理可观”的“书诗数十首”，墓志的这一点点夸张似乎也可以理解。

墓志通篇没有讲述崔徽华作为母亲的角色，看不出她是否育有子女。据发掘简报，崔徽华墓志与李翼墓志同出一墓，两志共用一盖，志盖列有世系家人的信息，文字漫漶，约略可以看到左侧几行介绍子女情况，说明崔徽华应该是育有子女的。[1]

墓志接下来讲崔徽华之死，崔巨伦再次以第一人称出场，说明她是因担心弟弟安危而骤受惊吓，终于不治。

> 属世道横流，四郊多垒，余出佐北蕃，地当五裂，封豕长蛇，奄见吞噬。时在囚虏，死生蔑闻。夫人忽承檄书，既惊且恸，遂苦心悸，治疗无损。春秋卅有六，孝昌三年七月十七日戊寅，卒于洛阳东安里。以其年十二月七日丙申，窆于芒山之巅。

[1] 中国社会科学院考古研究所河北工作队：《河北赞皇县北魏李翼夫妇墓》，《考古》2015 年第 12 期，第 74 页。

崔巨伦以“世道横流，四郊多垒”概括正光末年以来的北魏形势，反映了他自己对时局的认识与感受，这种感受很可能不止是他这样曾深陷重围、战败被俘、屈辱降敌又死里逃生者所独有的，洛阳朝野大概弥漫着同样的不祥情绪。“余出佐北蕃”是指崔巨伦自己以长史身份随同崔楷据守广阿城，而当时的军事形势是极为不利的，所谓“地当五裂”，实力相差悬殊，果然就被封豕长蛇般的敌军所吞噬。殷州陷落后，崔楷父子被杀，崔巨伦被俘投降，而洛阳得到的消息必定是混乱模糊的，可想而知家人是何等惊惶忧惧。以崔徽华与弟弟的特殊亲情，她无法承受这样的坏消息，“既惊且恸”，似乎诱发了心脏病，“遂苦心悸”，无法救治。三十六岁的崔徽华死于七月十七日，因家乡仍在战乱中，等了几个月不见形势好转，李翼只好把她暂时葬在北邙山，下葬时间是年底的十二月七日（528 年 1 月 14 日）。

按照墓志体例，在序辞的最后要有一段对志主的整体评价，类似正史纪传之末的史臣评论。崔巨伦先简要地写了一段概括性赞美感叹之词：

> 夫人体识详明，辞吐盛丽，仁让天发，孝友因心。宽于经赡，笃于情礼，躬俭是安，服勤无倦，上爱下敬，表里钦嗟。宜锡难老，永贻嫔则，如何一朝，奄从川逝。

然后，和崔宾媛墓志一样，崔巨伦以第一人称讲述自己与志主的独特关系，以及这种关系对墓志写作的影响：

> 余既无昆季，早倾怙恃，伯姊鞠我，迄此立年。而祈祷靡诚，终为凶妨，诉风吊影，屑涕无从。今丹旐已行，黄垆将合，陵谷贸徙，明旌在记，聊述景行，贻之泉壤。余少遭悯凶之毒，是以不文，又抱季路之情，由兹失绪。故言事之中，十无其一，后昆来叶，其以昭之。其辞曰（略）

崔巨伦自陈无兄无弟，父母去世早，只有一个姐姐。“伯姊鞠我，迄此立年”是说自己靠着姐姐抚养，直至如今的而立之年（这一年崔巨伦三十一岁）。姐弟相依为命的经历，使得崔巨伦在姐姐去世后格外悲伤，“愬风吊影，屑涕无从”，这种文字竟然一点夸张的感觉都没有。之后，说明为什么要写墓志。“丹旐已行，黄垆将合”是说棺柩离家前往墓地，一旦下葬，墓室将长久封闭。“陵谷贸徙，明旌在记”指世有沧海桑田之变，不定哪一天墓室会被打开，为让后人知道这是谁人之墓，一方墓志成为必要。因此“聊述景行，贻之泉壤”，粗略地写下死者的品德才艺，并安放于九泉之下（以待后世）。当然这也是中古墓志的老格套，不过崔巨伦接下来表现出自己独有的写法。

他写道，因为我自幼失去父母，没有受到好的教育，文章写得不好（“少遭悯凶之毒，是以不文”），加上为姐姐写墓志（“季路之情”借用《礼记·檀弓》所记子路为死去的姐姐服丧逾制的典故，说明自己和子路一样别无兄弟，只有一个姐姐），悲伤太甚，脑子不大清楚（“又抱季路之情，由兹失绪”），不容易写好。因此，墓志文字对姐姐品行德性的记叙非常简略，完全不足以反映实际（“故言事之中，十无其一”）。未来的读者读到这篇墓志文，请一定要予以谅解（“后昆来叶，其以昭之”）。写到这里，才以“其辞曰”引出铭辞韵文部分。

崔徽华墓志的铭辞部分共有七行，铭辞结束，墓志左侧还有两行：

> 魏孝昌三年岁次丁未十二月庚寅朔七日丙申
> 以永熙三年二月七日还葬于永宁蜼

和崔宾媛墓志不一样，崔徽华墓志的最后一行没有署上造文者的姓名，若非从序辞文字内容推断，看不出墓志作者是谁。而且，最后一行的内容与前面并无关联。照理，孝昌三年十二月北邙安葬所用的墓志，墓志最后一行是和崔宾媛墓志一样写明造文者姓名的。今存墓志见于房子县李氏家族墓地的李翼夫妇合葬墓，大概她死后六年李家把崔徽华与李翼（大概同样暂时葬在北邙山）送回房子县安葬，当初刻写好的墓志也照旧使用。从图版推断，崔徽华墓志的首行有剜去重刻的痕迹，但缺乏志末墓志造文者的信息，也许一开始就漏刻了。李翼墓志没有补刻迁葬时间，可能是因为既然原墓志文字本来不提下葬时间，迁葬后也就不必补刻新的下葬时间，尽管墓志左侧还剩有足够的空间。大概从洛阳到赵郡的迁葬非常匆忙，如此权宜处理倒也可以理解。据崔徽华墓志末行补刻文字，在房子县李氏家族墓地（永宁岗墓地，即今赞皇县西高墓地）的下葬时间，是永熙三年二月七日（534 年 3 月 7 日）。

在那时的文体观念里，墓志这种文体只有铭辞部分才具有某种程度的文学性，然而我们读崔宾媛、崔徽华这两方墓志的序辞部分，会强烈地感受到后世文学观念所推崇的那种品质与力量。崔巨伦与死者的情感联系促成了他对于墓志书写格套的突破，正是这种突破带来了两篇墓志文学性的升华。崔巨伦大概排不进那时最优秀的文人之列，但文学史早已昭示，最优秀的文学作品不必出自最著名的文学之士，墓志铭尤其如此。

九、崔巨伦的最后时光

《魏书》所记崔巨伦的事迹，主要发生在他三十岁之后，从孝明帝孝昌三年（527）到孝庄帝永安三年（530）短短四年之间，这也是他人生的最后时光。

崔巨伦从葛荣军中逃回洛阳，可能在七八月间，那时姐姐崔徽华刚刚去世，东安里李宅正在办丧事，而崔巨伦自家所在的洛阳某里（我们目前还不知道里名）的崔宅更是愁云惨雾，正在为崔楧、崔楷和崔士元办丧事。然而这还不是伤心事的全部。正在这时候，崔巨伦的岳父李宪被朝廷杀害。一年前李宪以扬州刺史镇守彭城，为萧梁大军围攻，城破之后被俘，梁武帝萧衍予以释放。李宪回到洛阳后下廷尉狱待罪。孝昌三年七月，李宪的另一个女婿安乐王元鉴受命以相州刺史北讨葛荣，军情吃紧之时，他却据州叛降葛荣，造成北魏在河北诸州镇的全面溃败。元鉴娶赵郡李季嫔，李季嫔就是崔巨伦之妻李叔婉的妹妹，李宪的第四女。气急败坏的胡太后怀疑李宪与元鉴的叛降有关联，下令予以处死。可想而知，千辛万苦从河北逃回洛阳的崔巨伦面对如此密集的亲人丧亡，该是何等悲伤。

不过崔巨伦这一次在洛阳没有停留多长时间，在朝廷紧急用人的当口，他这样熟悉河北形势的中层官员会被立即送回前线。《魏书·崔巨伦传》："到洛，朝廷嘉之，授持节、别将北讨。"于是，崔巨伦回到与葛荣争战的河北前线。从孝昌三年下半年的河北形势看，崔巨伦这次是参与救援冀州的，冀州失陷后，可能又受命配合源子邕的北征大军。既然是"别将北讨"，说明他没有与主力大军一起行动，这使他得以避开注定会失败的大规模决战。大概在魏军大败、源子邕战死之前，崔巨伦已仓皇南撤，再次逃回洛阳。[1]

"别将北讨"不仅使崔巨伦避开了危险的决战，而且让他有机会自行决定（或擅自调整）行军路线。据《魏书》，崔巨伦这一次

---

[1] 据《魏书》卷九《肃宗纪》，孝昌三年"十有二月戊申（528 年 1 月 26 日），都督源子邕、裴衍与葛荣战，败于阳平东北漳水曲，并战殁"，见第 247 页。孝昌三年即梁武帝普通八年，梁十二月己丑朔，见陈垣《二十史朔闰表》，北京：古籍出版社，1956 年，第 74 页。不过北魏十二月是庚寅朔。崔徽华墓志记"以其年十二月七日丙申（528 年 1 月 14 日），窆于芒山之巅"。该墓志倒数第二行云："魏孝昌三年岁次丁未十二月庚寅朔七日丙申。"因此，阳平之战当在十二月十九日。崔巨伦为崔徽华写墓志并参与了葬事，下葬时间是十二月七日，说明他早在阳平之战前已回到洛阳。

河北之行，虽没有参与重大战事，却为自家私事冒了极大风险：“初，（崔）楷丧之始，巨伦收殡仓卒，事不周固，至是遂偷路改殡，并窃家口以归。”所谓“偷路改殡”，就是不遵守主帅指定的行军路线，擅自行动，到前次草草埋葬崔楷父子的地方，重新予以安葬。所谓“并窃家口以归”，是指他派人把沦陷在葛荣军中的崔楷子女悄悄接出来，然后直接回到洛阳。可以说，他这次参加北征唯一的成就，便是改葬崔楷父子，并把崔楷的子女家人都带回洛阳。以当时形势，崔楷父子不可能归葬家乡的家族墓地，葬礼大概也不可能隆重，比如很可能没有墓志。当然，改殡时如果配有墓志，其撰写人一定是崔巨伦。[1]

崔巨伦回洛阳后不久，北征大军战败，魏军主要将领都战死了。也许就是因此，也没有人追究崔巨伦违令之责。不久朝政惊变，孝明帝暴死，洛阳内外人心惶惶。再过两个月，尔朱荣率军在黄河北岸的河阳拥立孝庄帝，之后渡河南来。武泰（建义、永安）元年四月十三日（528 年 5 月 17 日），尔朱荣的军队有计划有组织地在河阴渡口大肆屠杀前来迎驾的洛阳百官，崔巨伦的姐夫李翼就

[1] 北京大学图书馆藏墓志拓片有一方志题为“大魏殷州刺史崔公墓志”。拓片显示该墓志下方早已残损，但从墓志文字“公讳楷”以及多处文字与《魏书》之《崔楷传》雷同看，志主是崔楷无疑。可是墓志称崔楷为“河南济源人”，不仅与崔氏郡望不合，且与北朝之行政区划亦不合（河南郡下怎会有济源县）。墓志又称崔楷“字模之”，亦与史不合。拓片钤有“南皮张氏柳风堂藏金石文字”印。北大图书馆有关该拓片的收藏说明是：“河南洛阳出土，于右任旧藏，现藏西安碑林。”可以肯定这是一方伪志，伪造者使用了《魏书》文字，但书写粗劣，不可据信。该伪志的参考录文，亦请见赵超：《汉魏南北朝墓志汇编（修订本）》，第 640 页。

是两千多名被害官员之一（李翼只比崔徽华晚死了九个月）。《魏书·崔巨伦传》叙崔巨伦从河北回洛阳后的任职，先说："寻授国子博士。"然后说："庄帝即位，假节、中坚将军、东濮阳太守，假征虏将军、别将。"据此，授国子博士在河阴之变前。我怀疑授国子博士在河阴之变后。孝庄帝初入洛阳，为安慰洛阳官贵阶层，特别是在河阴之变中失去宗亲的那些官贵及其子弟，曾滥授滥封。崔巨伦应该是在这种情况下得授国子博士，否则，他若先有国子博士身份，理应前往河阴迎驾。崔巨伦当时虽在洛阳，因暂时没有朝官身份，未能加入迎驾的官员队伍，竟然幸运地躲过一劫。

《魏书·孝庄纪》："（建义元年）五月丁巳朔（528 年 6 月 3 日），加大将军尔朱荣北道大行台。"[1] 这是尔朱荣自己承担起了恢复河北秩序的重担，做出这一决定之后，他立即北还晋阳，要在那里集结军队，然后东下太行。与这一安排相配合的其他军事人事安排一定很多，崔巨伦担任东濮阳太守和别将（两个职务又各带将军号），应该就是这一系列安排的一部分。东濮阳属西兖州，大概与西兖州一样设立于孝昌三年。[2] 设立西兖州的目的是应对河北

[1] 《魏书》卷一〇《孝庄纪》，第 305 页。

[2] 《魏书》卷一〇六中《地形志中》："西兖州，孝昌三年置，治定陶城，后徙左城。"见第 2779 页。又据卷一〇六上《地形志上》，濮阳郡"孝昌末又属西兖"，见第 2697 页。这其实是指东濮阳。大概为了应对河北的动荡局面，北魏朝廷割兖州济阴郡、济州濮阳郡和徐州谯郡设立西兖州，其中濮阳郡可能只割了一部分，因此留在济州的仍为濮阳郡，割属西兖州的便称东濮阳郡。东魏以濮阳属司州，东濮阳当复并于濮阳，此后西兖州只领济阴郡和沛郡。

葛荣咄咄逼人的南向态势，任命崔巨伦为东濮阳太守，更是看重了他在河北与葛荣周旋的经历。而这个时候沿河州郡面对的最大问题，并不是南渡来犯的葛荣军队，而是河北诸州奔涌而至的难民潮。[1] 六镇流民在河北诸州的战乱给河北社会造成自十六国后期以来最大的伤害，所谓“齐方全赵，死如乱麻，于是生民耗尽，且将大半”。[2] 大量难民渡河而南，给黄河南岸诸州带来相当沉重的压力。《魏书》记崔巨伦到任东濮阳，“时河北纷梗，人士避贼，多住郡界，岁俭饥乏，巨伦倾资赡恤，务相全济，时类高之”。[3] 可见他那时最主要的工作就是接济和安抚难民，而他所“倾资赡恤”的难民，大概主要是和他有同样社会背景的“人士”，即河北大族。

崔巨伦在东濮阳时，发生了梁武帝派陈庆之率军协助元颢北进以夺取北魏统治权的重大事件。从永安元年（元颢孝基元年，528）十月出兵，到次年（529）五月二十五日元颢入洛，北魏朝廷顷刻间便有易主之势，地方军政官员面临着是否接受元颢为皇帝的艰难抉择。崔巨伦“据郡不从”，即拒绝了元颢的合法性，这一选择很快证明是明智的，因为元颢和陈庆之一个多月后就被尔朱荣的军队

---

[1] 孝庄帝永安元年（528）七月，“光州人刘举聚众数千反于濮阳，自称皇武大将军”，八月，“诏大都督宗正珍孙率南广州刺史、都督郑先护讨刘举于濮阳，破平之”，见《魏书》卷一〇《孝庄纪》，第 307—308 页。这个濮阳，应该并不是东濮阳。

[2] 《魏书》卷一〇六上《地形志上》，第 2691 页。

[3] 《魏书》卷五六《崔辩传》附《崔巨伦传》，第 1368 页。

赶出洛阳，几天后元颢被杀，陈庆之狼狈逃回江南。崔巨伦的忠诚自然得到了回报，《魏书》说“庄帝还宫，行西兖州事，封渔阳县开国男，邑二百户，寻除光禄大夫”。[1] 崔巨伦从郡太守升为行州事，看上去是朝廷的一个奖赏，不过，这个变化其实是崔巨伦自己强力争取来的。《魏书·裴粲传》：“后元颢入洛，以（裴）粲为西兖州刺史，寻为濮阳太守崔巨伦所逐，弃州入嵩高山。”[2] 崔巨伦不仅不接受元颢，而且还拒不承认、积极抵抗元颢派来的西兖州刺史裴粲。把裴粲赶走了，西兖州自然就落入崔巨伦的掌握。可见孝庄帝朝廷任命他“行西兖州事”，只是对既成事实的承认而已。[3]

《魏书》说崔巨伦“寻除光禄大夫”，可能只是加官，并不是解除西兖州之任返回洛阳。本传接着说：“三年卒，时年四十四（前已论证，四十四为三十四之误）。”崔巨伦是死在西兖州的，这个“三年”，就是永安三年（530）。没有任何证据显示，崔巨伦的死，与这一年孝庄帝诛杀尔朱荣，以及尔朱氏反过来痛惩孝庄帝一党的重大政治转折有关。这时去崔徽华之死也只有三年。

---

[1] 《魏书》卷五六《崔辩传》附《崔巨伦传》，第 1368 页。

[2] 《魏书》卷七一《裴叔业传》附《裴粲传》，第 1708 页。

[3] 行州事是代理刺史，职、位都不及正式的刺史。这时朝廷本欲以崔孝芬为西兖州刺史，因崔孝芬固辞（可能就是为了照顾崔巨伦），故崔巨伦得以继续“行州事”。崔巨伦不能升任刺史，可能跟他年资尚浅有关。永安三年崔巨伦死，次年（普泰元年）朝廷复以崔孝芬为西兖州刺史，孝芬乃赴任。见《魏书》卷五七《崔挺传》附《崔孝芬传》，第 1386 页。

崔巨伦死时，其子崔子武应该还非常幼小，崔家在洛阳不再有成年男性。可以理解，崔子武和母亲李叔婉已没有必要住在洛阳，他们很可能会返回定州老家。而崔家所在离李叔婉的娘家也不远，崔子武一定常常随母亲回李家探亲（外祖母邢氏还健在），有时候不免长住，于是就发生了本文一开始讲到的他与李鱼川鲤鱼祠壁画上龙王女之间的艳遇故事。

北魏最著名的比丘尼僧芝

——僧芝墓志考释 *

王　珊

北魏僧芝墓志，2000年春出土于今洛阳市孟津区平乐镇朱仓村西南约1500米处的一所营房内，原志石已佚，仅存拓片一张，图版见于赵君平、赵文成所编《河洛墓刻拾零》。[1] 首题“魏故比丘尼统法师僧芝墓志铭”。据称志石长70厘米，宽67.5厘米。据墓志可知，志主僧芝出身安定胡氏，是北魏孝明帝朝长期控制政权的胡太后的姑母。尽管“僧芝”之名不见于史籍，但史书提到了胡太后之姑。《北史·后妃传》：“后姑为尼，颇能讲道。宣武初，入讲

---

* 编者按：王珊这篇文章原题《北魏僧芝墓志考释》，发表于《北大史学》第13辑（北京：北京大学出版社，2008年），收入本书时由张宇宁使用后出资料及最新研究做了较大修订，特此说明。

[1] 赵君平、赵文成编：《河洛墓刻拾零》，北京：北京图书馆出版社，2007年，第20页。

禁中，积岁，讽左右称后有姿行。帝闻之，乃召入掖庭，为充华世妇。……太后性聪悟，多才艺，姑既为尼，幼相依托，略得佛经大义。”[1] 由此可知，胡后入宫得力于僧芝引荐，而且胡后入宫后长期得到这位姑姑的教诲和照顾，并因此学习了佛教知识。

僧芝生前曾任“比丘尼统”，这一职务应是当时北魏僧官系统中比丘尼的最高统领，且孝文冯皇后、宣武高皇后和王肃的前妻谢氏等不少政权高层人物，都是这位僧芝的弟子。解读这一方墓志，有助于深化我们对安定胡氏家族的世系和居住地、北魏孝文帝以后的佛学倾向、比丘尼在北魏宫廷的活动以及北魏比丘尼管理制度等问题的认识。下面先移录墓志全文，并加标点，之后从以上述几个方面入手对墓志进行考释。

魏故比丘尼统法师释僧芝墓志铭

法师讳僧芝，俗姓胡，安定临泾人也。虞宾以统历承乾，胡公以绍妫命国，备载于方册，故弗详焉。姚班督护军、临渭令、勃海公谘议参军略之孙，大夏中书侍郎 、给事黄门侍郎、圣世宁西将军、河州刺史、武始侯渊之女，侍中、中书监、仪同三司、安定郡开国公珍之妹，崇训皇太后之姑。禀三才之正气，含七政之淑灵，道识发于生知，神情出于天性，洗耶素里，习教玄门。十七出家，戒行清纯，暨于廿，德义渊富。安

[1] 《北史》卷一三《宣武灵皇后胡氏传》，北京：中华书局，1974 年，第 503 页。

魏故比丘尼統法師釋僧芝墓誌銘
法師諱僧芝，俗姓胡，安定臨涇人也。虞賓以統曆承乾，胡公以紹媯命國，備載於篇
冊。故弗詳爲姚班督護軍臨渭令勃海公諮議參軍略之孫，大夏中書侍郎給事黃
門侍郎、聖世寧西將軍河州刺史武始侯淵之女，侍中中書監儀同三司安定郡
開國公珍之妹。
崇訓皇太后之姑。稟三才之正氣，含七政之淵靈，道識叢於生知，神情出於天性，洗
耶素里，習教玄門，十七出家，戒行清純，暨於廿，德義淵富，安禪屆於六通，靜讀幾於
一聞。誦涅槃、法華、勝鬘廿餘卷，乃為大衆所推。講經法師雅韻一敷，慕義者如雲，妙
音轉唱，歸道者如林，故能聲動河渭，德被岐梁者矣。以太和之初，
文明太皇太后聖鏡域中，志超俗表，傾服徽猷，欽崇風旨，爰命驛車，應時徵辟，及至
京都，敬以殊禮。
高祖孝文皇帝道隆天地，明踰日月，傾誠待遇，事絕常倫。
世宗宣武皇帝信心三寶，弥加弥寵，引內閑旅，蒙訓六宮。
皇上登極，
皇太后臨朝，尊親之屬，既隆名義之敬，踰重而法師謙虛在己，千刃不測其高，容眷
為心，万頃無擬其廣。
孝文□皇后、宣武高太后，逮諸夫嬪廿許人，及故車騎將軍尚書令司空公王肅
之夫人謝氏，乃是齊右光祿大夫吏部尚書莊之女，誠自金陵歸蔭天闕，以法師道
稱宇宙，德兼造物，故捐捨華俗，服膺法門，皆為法師弟子。自餘諸比丘尼□□□□
高座者，不可勝紀。春秋七十有五，熙平元年歲次丙申正月戊辰朔十九□丙戌□
終於樂安公主寺。哀慟聖衷，痛結緇素。其月廿四日辛卯，遷窆於洛陽北芒山
之陽。大弟子比丘尼都維那法師僧和、道和，痛靈蔭之長徂，戀神儀之永隔，論慕餘
芬，式述芳猷。若陵谷有遷，垂美無昧。乃作銘曰：
般若無源，神理不測，孰詮至道，爰在妙識。猗歟上仁，允鍾冥極，從心入淨，照智融色。
輪轉三有，周流六道，獨善兼濟，為功幽鏡，森藏玄悟，苦空懷彼，昭曠落此，塵封。
洞鑒方等，深苞律藏，微言斯究，奧旨咸達。寶座既昇，法音既唱，耶觀及正，異習數鄣。
德重教尊，行深敬久，貽禮皇帝，逮顧二后，物以賢歸，我以虛受，東叢若木，西迎細柳。
力行不倦，新故相遣，無常即化，厭世還栽，慧炷潛輝，琴宗罔依，悲結緇素，遷慟
聖慈神遊淨域，體附崇芝，幽闕深窮，宿罷荒涼，丹塋且遷，龍花未央，聯誌玄石，式慕
餘芳。循階暴道，酹花四盈，道盤俄俄，真俗悲傾，梵響入雲，哀感殿聲，衆于歸兆，而奉
送彌孫寬而單，悲山水為之歛色，陽春觸草而不榮，哀哉往也，痛矣無還。

僧芝墓志（来源：《河洛墓刻拾零》）

禅届于六通，静读几于一闻。诵《涅槃》《法华》《胜鬘》廿余卷，乃为大众所推讲经。法师雅韵一敷，慕义者如云；妙音暂唱，归道者如林。故能声动河渭，德被岐梁者矣。

以太和之初文明太皇太后圣镜域中、志超俗表，倾服徽猷，钦崇风旨，爰命驿车，应时征辟。及至京都，敬以殊礼。高祖孝文皇帝道隆天地，明逾日月，倾诚待遇，事绝常伦。世宗宣武皇帝信心三宝，弥加珍宠，引内闱掖，导训六宫。皇上登极，皇太后临朝，尊亲之属既隆，名义之敬逾重，而法师谦虚在己，千仞不测其高，容养为心，万顷无拟其广。孝文冯皇后、宣武高太后逮诸夫嫔廿许人，及故车骑将军、尚书令、司空公王肃之夫人谢氏，乃是齐右光禄大夫、吏部尚书庄之女，越自金陵，归荫天阙，以法师道冠宇宙，德兼造物，故捐舍华俗，服膺法门，皆为法师弟子。自余诸比丘尼服义而升高座者不可胜纪。春秋七十有五，熙平元年岁次丙申正月戊辰朔十九日丙戌夜分，终于乐安公主寺。哀恸圣衷，痛结缁素，其月廿四日辛卯，迁窆于洛阳北芒山之阳。大弟子比丘尼都维那法师僧和、道和，痛灵荫之长徂，恋神仪之永翳，号慕余喘，式述芳猷，若陵谷有迁，至善无昧。乃作铭曰：

般若无源，神理不测。熟诠至道，爰在妙识。猗欤上仁，允臻寘极。凝心入净，荡智融色。转轮三有，周流六道。独善非德，兼济为功。幽镜寂灭，玄悟若空。怀彼昭旷，落此尘封。洞鉴方等，深苞律藏。微言斯究，奥旨咸鬯。宝座既升，法音既唱，耶观反正，异旨辍鄣。德重教尊，行深敬久。贻礼三帝，迎顾二后。物以实归，我以虚受。东发若木，西迫细柳。力行不倦，新故相违。无常即化，厌世还机。慧炷潜耀，攀宗曷依。慕结缁素，嗟恸圣慈。神游净域，体附崇芒，幽关深寂，宿陇荒凉。舟壑且游，龙花未央。聊志玄石，试纂余芳，修播界道，馚花四盈。洹轝俄俄，真俗悲倾。梵响入云，哀感酸声。众子号咷而奉送，称孤穷而单茕。山水为之改色，阳春触草而不荣。哀哉往也，痛矣无还。

一、僧芝墓志所见胡国珍家族的居住地

墓志叙述僧芝“俗姓胡，安定临泾人也”，其祖父为“姚班督护军、临渭令、勃海公谘议参军”胡略，父为“大夏中书侍郎、给事黄门侍郎、圣世宁西将军、河州刺史、武始侯”胡渊。而《北史·胡国珍传》记载胡国珍之祖父胡略“姚兴渤海公姚逵平北府谘议参军”，父胡渊为“赫连屈丐给事黄门侍郎”，在太武帝始光四年（427）平赫连夏之后，胡渊以降款之功受封“武始侯”，后拜“河州刺史”。[1] 虽然《胡国珍传》记世系和僧芝墓志稍有详略出

[1] 见《北史》卷八〇《外戚传·胡国珍传》，第 2687 页。《北史》避讳改“渊”为“深”，参考《魏书》卷八三下《胡国珍传》，北京：中华书局，2018 年新修订点校本，第 1981 页。

入，但基本吻合。根据墓志，僧芝熙平元年（516）薨时年七十五岁，生年约在太平真君三年（442）。而据《北史》，胡国珍薨于神龟元年（518）四月十二日，年八十，当生于北魏太武帝太延五年（439），二人乃是兄妹。

胡略在姚秦应当只是中下层官员。[1] 大夏凤翔三年（415），赫连勃勃“攻姚兴将姚逵于杏城二旬，克之。执逵及其将姚大用、姚安和、姚利仆、尹敌等，坑战士二万人”。[2] 姚逵全军覆没时，胡略大概正在其军府谘议参军任上，因此被俘，胡氏家族可能从此进入赫连夏。而胡渊在赫连夏政权先后担任中书侍郎、给事黄门侍郎，应当居住在统万城。大夏凤翔五年（417），赫连勃勃攻下长安，虽然曾议迁都，但是最终仅在灞上举办了称帝的仪式，以长安为南都，仍定都统万。身为中书侍郎、给事黄门侍郎等中央官员的胡渊更可能留在统万城。[3] 据《魏书》，“世祖克统万，渊以降款之功赐爵武始侯”，[4] 知胡渊很可能是从统万城入魏的。

据墓志，僧芝十七岁出家，时当在太安四年（458）。墓志又称

---

[1] 班督护军一职史籍无载，不过晋都督护军位第五品，见杜佑撰，王文锦等点校：《通典》卷三七《职官十九·秩品二》，北京：中华书局，1988 年，第 1004 页；而参考北魏前期县令长八品的规定，临渭令一职也是中下级职官，见《魏书·官氏志》载天赐二年（405）制“县置三令长，八品者”，第 3234 页。谘议参军是参军中地位较高者，参考北魏太和前令，公府谘议参军为从第四品上，见《魏书》卷一一三《官氏志》，第 3243 页。

[2] 《晋书》卷一三〇《赫连勃勃载记》，北京：中华书局，1974 年，第 3206 页。

[3] 《晋书》卷一三〇《赫连勃勃载记》，第 3209 页。时间见李昉辑：《太平御览》卷一二七《偏霸部十一·夏赫连勃勃》，《四部丛刊三编》影宋本，第 6 页。

[4] 《魏书》卷八三下《胡国珍传》，第 1981 页。

僧芝二十岁时（和平元年，460）因善于讲诵经文，“声动河渭，德被岐梁”，河渭、岐梁均位于关中，可知僧芝在关中出家。北魏比丘尼有不少是婚后出家，尼寺与她们本人对此都并不避讳，[1]僧芝出家之时年龄尚小，墓志中又没有任何关于夫家的记载，可以判断她出家时很可能并未嫁人。一个未曾出嫁的十七岁少女应该是和父兄一起居住，而且也不太可能独自远赴外地出家，因此可以推断胡渊一家居住在关中。另一个证据是《魏书》追述胡太后出生时称“京兆山北县有赵胡者，善于卜相，国珍问之”，[2]这一灵验故事当为胡后发达后编造，但卜相需要见到面相，编制这一故事时需要选择附近的卜相者，因此胡太后出生地必在京兆山北附近，说明胡太后出生时胡国珍一家确实住在关中。或许胡略一家入夏后虽任官于统万，但家族根基仍在关中，降魏后未徙平城，而是继续居住关中。[3]

---

[1] 例如《慈庆墓志》就记录了慈庆二十四岁适杨兴宗之事。见赵超：《汉魏南北朝墓志汇编（修订本）》，北京：中华书局，2021 年，第 195—197 页。梁释宝唱编《比丘尼传》中所见比丘尼出家的一个重要原因就是婚姻当中的早寡、抗婚、离异等，见释宝唱著，王孺童校注：《比丘尼传校注・前言》，北京：中华书局，2006 年，第 8 页。

[2] 《北史》卷一三《后妃上・宣武灵皇后胡氏》，第 503 页。

[3] 《魏书・世祖纪》载始光四年（427）“五月，车驾西讨赫连昌……六月甲辰……昌将麾下数百骑西南走，奔上邽……乙巳，车驾入城，虏昌群弟及其诸母、姊妹、妻妾、宫人万数，府库珍宝车旗器物不可胜计，擒昌尚书王买、薛超等及司马德宗将毛修之、秦雍人士数千人，获马三十余万匹，牛羊数千万。”见《魏书》卷四上《世祖纪》，第 85 页。此处记载了太武帝入统万城后擒“秦雍人士数千人”，前田正名认为这些人被强制迁徙到平城，但胡渊以降款而受封侯，应当在城破前已经奔降太武帝，应当不属于这些“秦雍人士”，或许因“降款之功”获得爵位并且没有被强制迁徙。参考［日］前田正名著，李凭、孙耀、孙蕾译：《平城历史地理学研究》，上海：上海古籍出版社，2012 年，第 69—70 页。

另一种可能，是胡渊一家入魏后曾经从关中迁至平城，后又回到关中。[1]

中古时期家族墓地是反映一个家族所扎根的地方势力以及郡望的重要标志。自胡国珍晚年到其病危再到去世，崔光、胡太后等人就胡国珍死后归葬祖、父所葬“旧乡”，还是葬于洛阳的问题，曾进行了多次询问和讨论，对于探究胡国珍一家的族葬地和地方势力有重要价值。《魏书·胡国珍传》：

> 始国珍欲就祖、父西葬旧乡，后缘前世诸胡多在洛葬，有终洛之心。崔光尝对太后前问国珍：“公万年后，为在此安厝，为归长安?”国珍言：“当陪葬天子山陵。”及病危，太后请以后事，竟言还安定，语遂惛忽。太后问清河王怿与崔光等，议去留。怿等皆以病乱，请从先言。太后犹记崔光昔与国珍言，遂营墓于洛阳。太后虽外从众议，而深追临终之

[1] 太延元年（435）二月“诏长安及平凉民徙在京师，其孤老不能自存者，听还乡里”，虽然该诏适用对象被限制为“孤老不能自存者”，但可以推测迁入平城之人后期是有回归乡里的可能性的。见《魏书》卷四上《世祖纪上》，第 99 页。同时可供参考的还有与由夏入魏类似的平齐民，唐长孺在《北魏的青齐土民》中指出一度充当平齐民的豪强在太和时大都还到本乡并被选拔为官；此外唐先生也指出一些豪强如崔怀慎没有被迁走，并推测或许是由于他是降将之子，但是《魏书·崔玄伯附族子怀慎传》记载“怀慎因此入北，至桑乾”，可见崔怀慎应当一度徙北，只是因父亲的丧事才得以回到青州，不能作为没有被迁走的例子来考察。见唐长孺：《北魏的青齐土民》，《魏晋南北朝史论拾遗》，北京：中华书局，1983 年，第 107—109 页。

语，云："我公之远慕二亲，亦吾之思父母也。"[1]

胡国珍祖、父"西葬旧乡"，而这个旧乡的家族墓地的位置，以崔光与胡国珍的对话看，是在长安，以胡国珍弥留之际的话来看，是在安定。如果参考前文所述《僧芝墓志》关于僧芝在关中出家的记载，则更有可能在长安。此处的"前世诸胡"应当是安定胡氏中其他房支的胡氏成员，[2] 由于材料限制难以考证具体姓名，但至少说明在迁洛以后安定胡氏中一些人已经逐渐在洛阳定居、安葬。《北史》记载对胡国珍的追赠和所赐赗赙后，还记载了"诏赠国珍祖父、父、兄下逮从子，皆有封职"，并且"持节就安定监护丧事，灵太后迎太上君灵柩还第，与国珍俱葬"。[3] 关于"持节就安定监护丧事"一句，校勘记认为胡国珍卒、葬并在洛阳，不当就安定监护丧事，因而认为"安定"二字后有脱文，当为"持节就安定公第监护丧事"。但是，关于胡国珍的丧事，《魏书》在叙述胡国珍始薨时已记所赐赗赙并称"大鸿胪持节监护丧事"，因此这里的"持节就安定监护丧事"不应是再派人监护胡国珍的丧事。

结合灵太后迎秦太上君皇甫氏灵柩还第，"与国珍俱葬"一事，

[1] 《北史》卷八〇《外戚传·胡国珍传》，第2688—2689页。

[2] 如与胡渊一家一同从夏人魏的胡方回一家，见《魏书》卷五二《胡方回传》，第1263页。

[3] 《北史》卷八〇《外戚传·胡国珍传》，第2689页。《魏书》作"诏赠国珍祖父兄、父兄，下逮从子，皆有封职"，见《魏书》卷八三《外戚下·胡国珍传》，第1983页。

可知在胡国珍葬礼时还对皇甫氏进行了迁葬。秦太上君皇甫氏在胡国珍去世十七年前已经去世并安葬。《魏书·胡国珍传》在熙平二年（517）拜胡国珍为司徒、[1]追崇皇甫氏为秦太上君时，就追述皇甫氏去世事，称“太上君景明三年（502）薨于洛阳，于此十六年矣”。[2]胡后之母皇甫氏于景明三年在洛阳去世，说明胡国珍一家在此之前已经迁入洛阳居住。但是胡国珍于太和十五年（491）袭胡渊之爵、并例降为武始伯时，已经五十三岁，此外并无任何历官记载，直到孝明帝即位后才拜为光禄大夫。[3]上文也提及胡后出生时胡国珍一家在关中居住，笔者只能推测，或许孝文帝迁都时，胡国珍因有武始伯的爵位而迁入洛阳。[4]

---

[1] 《魏书》卷九《肃宗纪》，第 270 页。

[2] 《北史》卷八〇《外戚传·胡国珍传》，第 2687 页

[3] 同上。

[4] 其他无官职而迁入洛阳的例子，正始四年（507）《奚智墓志》记载：“故征士奚君，讳智，字洪筹者，恒州樊氏崞山浑人也……逯皇业徙嵩，更新道制，敕姓奚氏……兖州治中、卫将军府长史步洛汗之子……君秉直私闺，不求朝利，故无任焉。卒于洛阳，时年七十三矣。葬在廛泉之源。”虽然奚智之父有官职，但刻写墓志之前奚智已七十三岁，则奚智至晚出生于太延元年（435），其父大致出生在神瑞二年（415）或更早，且其父名“步洛汗”，很可能在孝文帝迁都前已经去世，因此奚智被迁到洛阳时并无爵位、官职，也并非跟随有官职的父亲迁洛，大概是因为出身于帝室十姓而迁洛的，仍有特殊性。见赵超：《汉魏南北朝墓志汇编（修订本）》，第 73—74 页。另一可供参考的是緱静，緱静祖上曾仕燕，另一先祖入魏后为平凉太守，但是墓志未记载其直系父祖，其墓志云“君当高祖孝文皇帝举天网于宇宙，张乾纲于六合。乃使尘静日南，风清月北。徙鼎中京，操符入洛。更练豪家，重开名胄。方思之选，唯清是举，旨授荡寇将军、殿中将军”，最终薨于洛阳景平里，可知緱静本人在迁洛前并无官职，并且此前或许并不住在平城，但也一同迁洛。王连龙：《新见北朝墓志集释》，北京：中国书籍出版社，2013 年，第 75 页。

胡太后临朝称制后着力提高其父母地位，一方面接连封拜其父胡国珍，另一方面追尊其母皇甫氏。同时胡太后对皇甫氏的墓园营建和管理也颇为重视，在延昌四年（515）九月临朝后便追崇皇甫氏为京兆郡君，为设守冢十户，熙平二年将其追封为秦太上君，更增广，为其茔域门阙碑表”，为设园邑三十户并立长、丞奉守。[1]这里并未提到皇甫氏的葬地，但是如果皇甫氏此前已经葬在洛阳，说明胡国珍早在十七年前就决定要葬在洛阳，那么就难以出现胡国珍晚年对于是否还葬旧乡的多次摇摆，也不再需要先将皇甫氏灵柩迁回胡国珍宅第再行迁葬。

因此，上文所述“持节就安定监护丧事”应当是指去胡国珍旧乡的家族葬地主持皇甫氏的迁葬。如果上文关于胡国珍家族墓地在长安的推测成立，这里的“安定”或许是“长安”之讹，综上可知，胡国珍一家在景明三年以前已经迁居至洛阳，皇甫氏卒于洛阳后归葬胡国珍旧乡长安的家族墓，在神龟元年将胡国珍安葬于洛阳时又派遣监护丧事的官员到长安开启皇甫氏旧墓，护送皇甫氏灵柩迁到洛阳与胡国珍合葬。[2]

同时，远赴胡氏家族旧墓地监护丧事的官员不仅要负责皇甫氏的迁葬事宜，或许还需要负责胡国珍已故父兄的追赠。据传出土于

[1] 《北史》卷八〇《外戚传・胡国珍传》，第 2687—2688 页。

[2] 《资治通鉴》直接记载此事为“又迎太后母皇甫氏之柩与国珍合葬”，见司马光编著，胡三省音注：《资治通鉴》卷一四八《梁纪四・高祖武皇帝四》天监十七年（518），北京：中华书局，1956 年，第 4635 页。

陕西三原县[1]的《胡国宝墓志》可以帮助我们一窥这一系列追赠事宜的具体情况。墓志称胡国宝为“安定临泾显扬里人”，为“苻勃海公谘议参军、魏使持节散骑常侍仪同三司，秦州刺史略之孙，赫连中书舍人、尚书郎、魏使持节侍中大将军、雍州刺史司空公渊之子”，[2]可知胡国宝为胡国珍的兄弟，[3]将姚逵勃海公谘议参军刻为“苻勃海公谘议参军”很可能是距离胡略时间较远、记忆不清导致撰文人的误写，但也说明这方墓志应当并不是刻写于靠近胡后的洛阳，而是在关陇一带，因此缺少对其谱系书写的细致核验。

《胡国宝墓志》墓志记述简略，并未述及其仕宦经历，末尾仅记刻铭时间而并未记载卒年。墓志铭辞称胡国宝“辞宦朱门，优游奇篇。乐玩琴书，守志保贤。澄心山水，静德以仁”，可知胡宝国长期不仕，是一名处士。而墓志题名称其为“魏故使持节车骑将军、冀州刺史、新平公胡国宝”，应当是胡太后对自己叔伯父的追赠。在胡国珍去世后，胡太后“又诏赠国珍祖父兄、父兄，下逮从子，皆有封职”，[4]《胡国宝墓志》的铭文也提到“既潜下土，圣

[1] 畅恒主编：《镇原地方文献概略》，北京：九州出版社，2018 年，第 126—127 页。志文未提及胡国宝葬地，李举纲、高波推测其很可能葬于安定临泾的胡氏家族墓地，见李举纲、高波：《新见北魏〈王国宝墓志〉考略》，《中国文物报》2008 年 9 月 5 日。

[2] 王连龙编撰：《南北朝墓志集成》（上），上海：上海人民出版社，2021 年，第 157 页。

[3] 胡国珍得以袭封胡渊之爵，说明他应当是嫡长子，胡国宝很可能是其弟，但也不排除是其庶兄的可能。

[4] 《北史》卷八〇《外戚传 · 胡国珍传》，第 2689 页。

泽降延。加荣泉壤，慰彼幽魂”，说明胡国宝是在已经下葬后又因胡国珍之葬而获得了朝廷追赠，大概也正因此在神龟元年十一月获得了如今为我们所见的这方墓志。相较于熙平元年（516）《僧芝墓志》，刻于神龟元年的《胡国宝墓志》中所叙述的胡略、胡渊职官已经增加了北魏的职官。或许是因为此次追赠胡国珍祖父兄、父兄活动中首先对其祖、父进行了追赠，并且在追赠和墓志刻写的过程中直接将追赠的官爵反映了出来。

《僧芝墓志》所提供的种种线索帮助我们厘清了胡国珍一家长期居住长安并在当地营造家族墓地的情况。结合史料则可以清楚，随着孝文帝迁洛，刚刚袭爵的胡国珍及其家人迁入洛阳。胡太后掌权后通过对胡国珍和皇甫氏的追崇、迁葬塑造其家族在洛阳的势力，同时也通过赴长安的家族墓地对叔伯父等家族成员进行追赠、改葬或改刻墓志，在长安也巩固了在地势力和声望。

二、僧芝的佛学背景与孝文以后的北魏佛学倾向

从僧芝比丘尼的身份出发，她本人的佛学修养是我们分析墓志时不能忽略的问题。僧芝墓志：“诵《涅槃》《法华》《胜鬘》廿余卷，乃为大众所推讲经。”僧芝二十岁时已经能够诵讲佛经，并在关中获取一定的声名，可见这三部经典构成了僧芝的佛学基础，亦可见这三部经典在北魏佛教中的重要地位。从僧芝习诵的经典出发，能够了解僧芝的佛学知识背景，并进一步管窥北魏佛学的风尚。

（一）僧芝佛学背景与北魏佛教义学的发展

有关《涅槃》《法华》《胜鬘》三经的翻译流传状况，僧祐《出三藏记集》有明确记载。依照时间顺序，大约在西晋太康年间，由竺法护在敦煌译出《正法华经》，[1] 据《新集撰出经律论录》载有十卷，[2] 此后鸠摩罗什于后秦弘始八年（406）译出《新法华经》八卷，广泛流传，并被讲解、注疏。《涅槃经》的经本则有多种：其一由法显自印度携回建康，东晋义熙十三年（417）至十四年间宝云和佛陀跋陀罗合作，译作六卷本《大般泥洹经》；[3] 其二由智猛从西域带到凉州，昙无谶在沮渠氏玄始十年（421）于凉州译出四十卷本《涅槃经》；[4] 其三由智猛翻译《般泥洹经》二十卷。[5]《胜鬘经》一卷，元嘉十二年（435）始由宝云和求那跋陀罗在建

[1] 《出三藏记集·正法华经记》："太康七年八月十日，炖煌月支菩萨沙门法护手执胡经，口宣出《正法华经》二十七品。"释僧祐撰，苏晋仁、萧炼子点校：《出三藏记集》卷八《正法华经记第六》，北京：中华书局，1995 年，第 304 页。

[2] 释僧祐撰，苏晋仁、萧炼子点校：《出三藏记集》卷二《新集撰出经律论录第一》，第 32 页。

[3] 释僧祐撰，苏晋仁、萧炼子点校：《出三藏记集》卷二《新集撰出经律论录第一》，第 55 页；《出三藏记集》卷八《六卷泥洹经记第十八》，第 316 页。关于《涅槃经》的传译参考圣凯：《〈涅槃经〉的传译与修治》，《佛学研究》2011 年第 1 期，第 167—180 页。

[4] 后于宋元嘉年间（424—458）传至南朝，经慧严、慧观、谢灵运等人加以修治成为三十六卷的南本。释僧祐撰，苏晋仁、萧炼子点校：《出三藏记集》卷二《新集撰出经律论录第一》，第 52 页；卷八《大涅槃经序第十六》，第 313 页。

[5] 释僧祐撰，苏晋仁、萧炼子点校：《出三藏记集》卷二《新集撰出经律论录第一》，第 59 页。

业译出。[1] 这三部经典翻译的时间虽有早晚，经本传入与翻译地点亦不尽相同，但同属大乘佛学的重要典籍，在魏晋南北朝时期受到义学僧人的广泛重视。[2] 此外，墓志铭文部分对此总结为“洞鉴方等，深苞律藏”，“方等”应是泛指大乘佛教经典，描述僧芝对大乘佛经以及为大乘僧人广泛重视的僧人戒律有所积累。

前文已经推测僧芝十七岁时在关中出家，此后用三年时间研习《涅槃》《法华》《胜鬘》三经。[3] 可知在僧芝出家的太安四年(458)，尽管北魏佛教有大批义学名僧已经纷纷南下，[4] 又经历了太武灭佛的沉重打击，但在自道安、鸠摩罗什以来长期为译经中心和义学重镇的长安及附近地区，仍然维持着一定的重视义学、诵读

[1] 释僧祐撰，苏晋仁、萧炼子点校：《出三藏记集》卷九《胜鬘经序第十七》，第348页。

[2] 对汉魏南北朝时期佛教典籍所属的流派，本文参考汤用彤《汉魏两晋南北朝佛教史》的分析。参见汤用彤：《汉魏两晋南北朝佛教史》（增订本），北京：北京大学出版社，2011年。

[3] 墓志称其能诵“廿余卷”，而如果僧芝学习的是昙无谶所译《涅槃经》则三经当有近五十卷，或许是她所学并非昙无谶译本，但法显、智猛都是在建康译经，长安流传更广的应当是昙无谶所译四十卷本《涅槃经》；另一种可能是僧芝尚未能完整地诵讲以上三部经文，但已经为大众所推讲经，或许侧面反映了此时经过太武帝灭佛的长安义学基础一定程度上受到了毁佛的影响、不复5世纪初之盛。考虑到墓志是几十年后书写并且带有褒扬、美化僧芝形象的功用，这里的“廿余卷”更可能意在强调僧芝能诵讲佛经之多。

[4] 长安在西晋已有竺法护译经，鸠摩罗什在姚兴弘始三年（401）至长安，之后长安聚集了大量义学沙门，而鸠摩罗什去世后刘裕、赫连勃勃相继占领长安，后又经过太武帝灭佛，大量义学僧人南下。据《高僧传》相关记载和汤用彤先生考证，大批义学名僧南下荆扬，多是在太平真君年间。

大乘经典的佛学传统，[1] 另外，元嘉十二年才在建康译出的《胜鬘经》，二十多年后已经在佛法刚刚复苏的关中被广泛传习，并出现了僧芝这样以通晓《胜鬘》著称的比丘尼，这足可证明南北佛教僧徒间存在着密切的佛学交流，关中地区的义学也在与南朝佛学的交流中有所发展。

汤用彤在讨论南北佛学差异时指出名僧南渡导致了玄风之南趋，此后形成了南方专精义理，北方偏重行业的差异。[2] 这一有关南北佛教特征的概括广泛为学界接受。玄风南趋的另一面是禅僧留北，无论是太武灭佛之前还是文成复佛之后，主持国家宗教活动的名僧，都具有比较鲜明的禅僧色彩。但是僧芝墓志的记载为我们提

[1] 自佛教初传中国至南北朝前期，中土佛教长期呈现大小乘同传并立的局面。在早期翻译的大乘经典中，《方等经》因具有与玄学相通的内容，最先为中土士大夫接受和重视。在对《方等》和随后译出的《般若》的研习讨论中，佛教哲理与新兴玄学结合，形成以重视佛学义理讨论为特征的义学流派。伴随着义学僧人群体的壮大和影响的加强，随后又有大量大乘经典和大乘律藏被翻译，其中最重要的经典即包括《涅槃》《法华》和《胜鬘》。由于最早的佛学经典，无论大乘小乘，绝大多数均自西域经由河西传入，故而凉州成为中土最早的佛学重镇。大小乘经典在凉州同时聚集和传译，禅修和义学亦于此并行不悖，这种局面由凉州一直延续到此后由道安和鸠摩罗什先后主持十数年、盛极一时的长安译场。伴随着大小乘经典的不断丰富与外来和本土僧人人数的不断增多，大小乘的教理之争亦在所难免。在鸠摩罗什主持长安译场的后期，已开始呈现出大乘独盛的趋势。来自罽宾信奉小乘的禅师师贤被逐出长安，只能远赴庐山投奔慧远。而墓志中不见僧芝兼习其他经典，或许僧芝出家的寺庙和跟随的师傅专修大乘义学，而不涉及小乘经典。这说明太安时期的关中地区，佛教流派分野已比较明确，非复早期大小乘同传的局面。汤用彤对此有精到分析，见汤用彤：《汉魏两晋南北朝佛教史》（增订本）第十章《鸠摩罗什及其门下》之“佛陀跋多罗与罗什”第 169—172 页。

[2] 汤用彤：《汉魏两晋南北朝佛教史》（增订本），第 187—188 页。

供了有关北魏佛教中义学流传的弥足珍贵的材料。

僧芝修习大乘佛经、并善于讲诵的佛学背景能够受到推崇，并被冯太后征请，与孝文帝即位、冯太后掌权以后的佛学倾向有关。冯太后出身北燕，而北燕借由水路与江左政权互通往来。或许受到了南朝佛教的影响，北燕佛教更重视佛经义理。出身北燕的冯太后之兄冯熙任诸州刺史期间就重视建立佛寺、讲论佛经和抄写佛经，[1] 冯太后幼年耳濡目染的大概也是重视讲诵佛经、具有义学色彩的佛教。因此活跃于宫中的比丘尼们不仅要参与和协助宫中的佛事活动，而且还需要为太后和妃嫔讲经。可以推测，在冯太后的影响下，这一时期后宫对讲经比丘尼的需求量较大，因此征召外州的比丘尼入平城讲经。[2] 而且在宫廷比丘尼团体的内部，能讲经、善讲经者地位也应该比较高。由墓志记载来看，僧芝正是善于讲经才被招至平城并借这个机会进入了北魏宫廷。

在冯太后的影响下，北魏宫廷佛教重视义学的风气愈加浓厚，此后北魏的佛学面貌从孝文帝时期开始出现比较鲜明的变化，其中最显著的特征是国家大力支持讲经活动，崇奉善于讲经的名僧，在

[1] 王芳已指出，在文成复佛中起到重要作用的文明冯太后出身北燕，北燕政权汉化较深，其上层佛教信仰亦有重视义学的迹象。参见王芳：《北魏平城时期后宫佛教研究》，北京大学硕士学位论文，2003 年，第 13、29—31、52—54 页。《魏书》卷八三上《冯熙传》，第 1965 页。

[2] 汤用彤已经推测“北燕冯氏颇于魏朝宫禁信佛有关”，“魏世宫闱佛法之盛，必得力于燕之冯氏也”，见汤用彤《汉魏两晋南北朝佛教史》（增订本），第 273、282 页。

佛学理论上则体现为崇奉义学。[1] 孝文帝“尤精释义”，[2] 也常常延请名僧大德讲经，[3] 而这一崇奉义理、支持讲经的风气在宣武帝时期得到继承和发扬。宣武帝笃好佛理，每年常于禁中亲讲经论。《魏书》称他“雅爱经史。尤长释氏之义，每至讲论，连夜忘疲”，[4] 又说他“笃好佛理，每年常于禁中，亲讲经论，广集名僧，标明义旨”，[5] 可见宣武帝经常在禁中开展讲论佛经的活动。[6] 僧芝从三十余岁参与宫廷讲经，至七十五岁逝世时在北魏宫廷中历经三朝，讲经长达四十余年，可能有时会作为“广集名僧”的一员参与宫内的这种活动。孝文、宣武两帝很可能从小就听过僧芝讲经，他们早年的佛学趣味和修养，也很可能受到僧芝以及其他宫廷讲经比丘尼的影响。而孝文、宣武时僧芝在宫廷中地位的上升，与她讲授的经典受到皇帝的接受亦不无关系。孝文帝曾奉僧人道登为师，道登“善《涅槃》《法华》”，[7] 另一位高僧昙度亦号称兼善《涅槃》《法华》

[1] 汤用彤：《汉魏两晋南北朝佛教史》（增订本），第 280—281 页。

[2] 《魏书》卷七下《世宗纪》，第 221 页。

[3] 关于孝文、宣武崇佛的讨论参见汤用彤：《汉魏两晋南北朝佛教史》（增订本），第 280—284 页；王永平：《迁洛元魏皇族与士族社会文化史论》，北京：中国社会科学出版社，2017 年，第 41—63 页。

[4] 《魏书》卷八《世宗纪》，第 257 页。

[5] 《魏书》卷一一四《释老志》，第 3304 页。

[6] 一个具体的例子可见于《魏书·世宗纪》所载永平二年（509）十一月己丑“帝于式乾殿为诸僧、朝臣讲《维摩诘经》”，见《魏书》卷八《世宗纪》，第 249 页。

[7] 释慧皎撰，汤用彤校注，汤一玄整理：《高僧传》卷八《义解五·齐伪魏济州释僧渊》，第 303 页。

《维摩》《大品》并被孝文帝延请至平城。[1] 为孝文所重的两位高僧，其所习经典均与僧芝的佛学背景重合，至少可以反映《涅槃》《法华》《胜鬘》几部佛经在北魏上层佛教信仰中地位的重要性。

延昌四年，与僧芝“幼相依托”的胡太后开始临朝，自此掌握北魏国家大权长达十多年。尽管僧芝去世于熙平元年，但胡后统治时期无疑是僧芝对北魏佛教影响最大的时期。不同于孝文、宣武二帝，僧芝在佛学方面对胡太后的影响，可以通过《后妃传》的明确记载得到证实。既然胡后是在“姑既为尼，幼相依托”的情况下“略得佛经大义”，那么她的佛学倾向与趣味，无疑都来自僧芝的教导，她对佛学经典和流派的取舍，亦应该以僧芝的态度为指归。值得注意的是，正是在胡后统治期间，洛阳乃至整个北魏社会的佛事活动达到了空前的繁荣。神龟元年胡太后派遣沙门慧生、宋云使西域求经，取得一百七十部佛经，“皆是大乘妙典”。此外菩提流支等一批西来僧侣聚集洛阳，使北方陷入停顿的译经事业再度繁荣，洛阳成为继长安之后又一大译经重镇。汤用彤指出宣武帝胡太后时，学士文人与佛法在义理上结合的情况逐渐常见，[2] 显示北方义学由

---

[1] 释慧皎撰，汤用彤校注，汤一玄整理：《高僧传》卷八《义解五・齐伪魏释昙度》，第 304 页。此外亦有僧宗“善大涅槃及胜鬘、维摩等，每至讲说，听者将近千余”，孝文帝“遥挹风德，屡致书并请开讲，齐太祖不许外出。宗讲涅槃、维摩、胜鬘等，近盈百遍。”释慧皎撰，汤用彤校注，汤一玄整理：《高僧传》卷八《义解五・齐京师太昌寺释僧宗》，第 305 页。

[2] 汤用彤：《汉魏两晋南北朝佛教史》（增订本），第 283 页。

宫廷向官僚士人群体渗透，信仰人群不断扩大的趋势，而这种风气又催生了佛教信徒对南朝义学佛教的推崇。

（二）僧芝弟子谢氏与北魏对南朝义学佛教的推崇

墓志记僧芝弟子特别提及："孝文冯皇后，宣武高太后，逮诸夫嫔廿许人，及故车骑将军、尚书令、司空公王肃之夫人谢氏，乃是齐右光禄大夫、吏部尚书庄之女，越自金陵，归荫天阙。以法师道冠宇宙，德兼造物，故捐舍华俗，服膺法门，皆为法师弟子。"可以看到，相对于孝文冯皇后、宣武高太后，墓志撰写者花了较多笔墨介绍谢氏，对谢氏身份的描述细致具体，不仅记其夫，而且记其父，还特别用"越自金陵，归荫天阙"标明谢氏来自南朝，倾慕南朝北奔高门士族的心态很值得玩味。

《魏书·王肃传》对谢氏的记载极为简略，仅在王肃之子王绍的传中提到："绍，肃前妻谢生也，肃临薨，谢始携二女及绍至寿春。"[1]《洛阳伽蓝记》的记载则相对丰富许多：

> 肃在江南之日，聘谢氏女为妻。及至京师，复尚公主。其后谢氏入道为尼，亦来奔肃。见肃尚主，谢作五言诗以赠之。其诗曰："本为箔上蚕，今作机上丝。得路逐胜去，颇忆缠绵时。"公主代肃答谢云："针是贯线物，目中恒任丝。

[1] 《魏书》卷六三《王肃传》，第1536页。

> 得帛缝新去，何能衲故时。”肃甚有愧谢之色，遂造正觉寺以憩之。[1]

谢氏在王肃北奔之后，多年滞留南方，最后以出家为尼的方式到达寿春，想和王肃复合，但此时王肃已经尚陈留公主，难以容留谢氏，于是在其居住的延贤里附近立正觉寺来安置她。谢氏北来时已经出家，王肃还为她设置了专属的修行场所。王肃大约在景明元年（500）尚公主，之后在当年正月因裴叔业以寿春内附，拜都督江西诸军事、车骑将军，与彭城王元勰一同赴寿春，四月破萧宝卷将胡松、李居士后还京师，六月加开府仪同三司，之后不久又为散骑常侍、都督淮南诸军事、扬州刺史，直到景明二年（501）七月病死于寿春。[2] 谢氏或许是随着裴叔业以寿春内附，王肃出兵寿春而得见，之后王肃返回京师时子女随其到了洛阳。王肃在洛阳短暂停留的两三个月间或许很大精力都忙于安置谢氏和儿女一事上，之后便再次返回寿春。

罗新指出，陈留公主在王肃死后，曾一度有另外适人的打算。[3] 陈留公主在与王肃的婚姻中并无子女，王肃死后她也无须继续留在

---

[1] 范祥雍：《洛阳伽蓝记校注》卷三《城南》，上海：上海古籍出版社，2018 年，第 158 页。

[2] 《魏书》卷六三《王肃传》，第 1535 页；卷 8《世宗纪》，第 230—232 页。

[3] 《魏书》卷六四《张彝传》载“时陈留公主寡居，彝意愿尚主，主亦许之。”第 1555 页。

延贤里的王肃府邸，从王肃长女《王普贤墓志》、子《王绍墓志》来看，陈留公主已经从自南朝到来的王肃子女所构成的王家淡出了。[1]

王肃去世后，其长女王普贤“服阕，乃降皇命，爰登紫掖”，[2]可知王普贤是在为王肃服丧期满方才入宫。作为未出嫁的女子，她应当为父亲服三年丧，当时普遍流行的服丧时间是二十七个月，那么王普贤入宫当在景明四年（504）十月之后，其入宫很可能和于烈上书建议“广开嫔御”有关。[3]王肃死后哀荣长盛，[4]王普贤在王肃死后入宫，[5]其妹得以嫁给元渊，孙女又被肃宗纳为嫔，或许均与当时倾慕南方的社会风气有关，也具有拉拢南朝北奔人士的作用。

南朝比丘尼的讲诵之风兴盛，《比丘尼传》记载了大量善于讲经并被皇室延请诵讲的比丘尼，且多讲《法华》《维摩》《胜鬘》等经。[6]从墓志对谢氏来自南方身份的强调可以看出，或许由于当时南朝佛教义学兴盛，在北朝佛教逐渐重视义学的背景下，南朝佛教义学以及南朝僧尼在北方受到推崇，僧芝能够让来自南方高门的

[1] 参见罗新：《陈留公主》，《读书》2005年第2期，第130—132页；已收入本书，见前文。

[2] 赵超：《汉魏南北朝墓志汇编（修订本）》，第99—100页。

[3] 相关讨论详见后文。

[4] 王肃是南朝入魏人士中最受孝文帝赏识者，在其去世后宣武帝下诏为其选择葬地，将其葬于杜预墓和李冲墓之间，并且直到肃宗初年还为其建碑铭，见《魏书》卷六三《王肃传》，第1536页。

[5] 但是王普贤十九岁就在金墉城去世，或许因为生病而被逐出宫，搬到金墉居住。《王普贤墓志》，赵超：《汉魏南北朝墓志汇编（修订本）》，第99—100页。

[6] 释宝唱著，王孺童校注：《比丘尼传校注》前言《尼讲》，第23—25页。

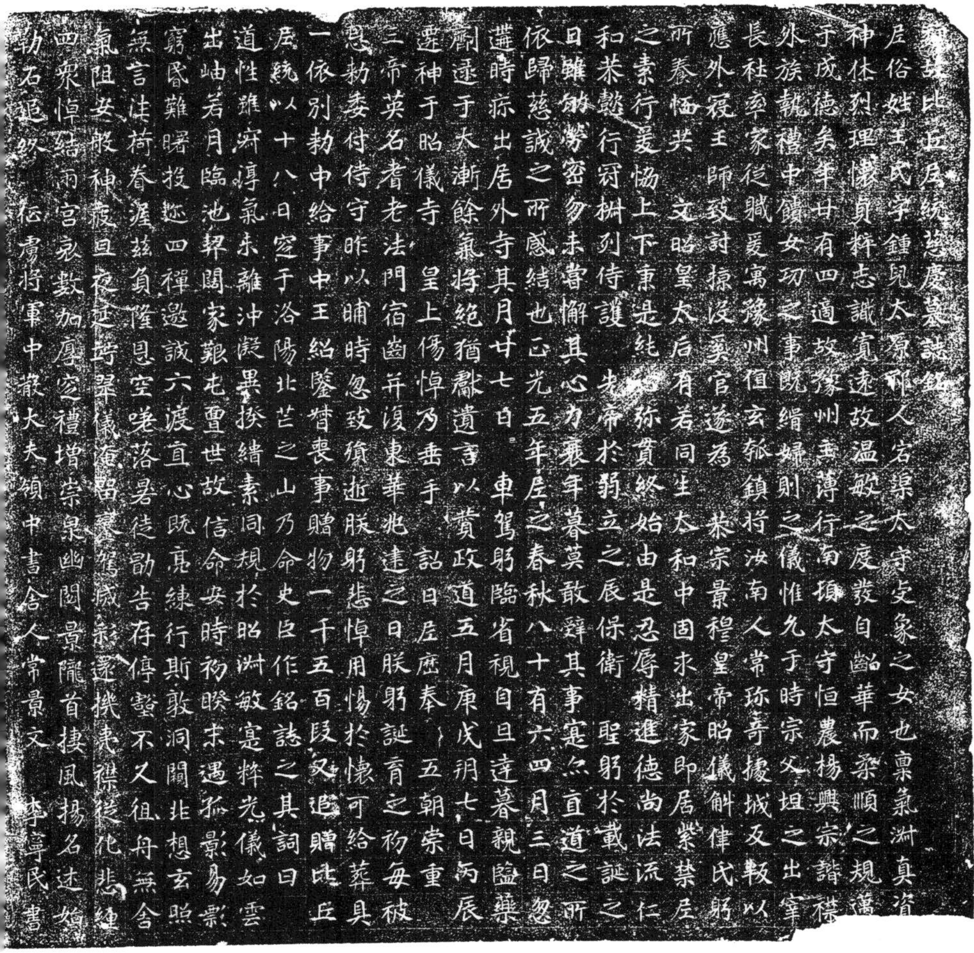

王钟儿墓志（来源：《洛阳出土北魏墓志选编》）

谢氏服膺其“道冠宇宙，德兼造物”，是凸显僧芝佛学造诣的一个证明。

三、僧芝在北魏宫廷中的活动与胡后入宫

前已提到，安定胡氏的胡国珍一支长居关中，在北魏中央并没有什么地位。不仅胡渊降魏后从未在中央任职，胡国珍五十三岁以前除了袭爵也不见有任何仕宦经历。胡氏家族的地位既然如此普通，僧芝引荐胡后入宫，凭借的显然绝非家族力量，而是通过她自己在宫廷内长期的讲经活动所形成的个人影响。因此可以说，胡后之得以入宫、生子，从而登上政治舞台，最初正是依赖了僧芝的影响力。那么，僧芝的这种影响力是怎样形成的呢？墓志关于僧芝生平经历的描述为我们提供了重要的线索，并且使我们可以从僧芝在北魏宫廷的活动探讨北魏宫廷内寺的状况、瑶光寺与嫔妃出家的关系。

（一）僧芝在宫内的居所：北魏宫廷内寺

根据墓志记载，僧芝与北魏宫廷发生联系，始于文明冯太后统治时期。志文称：“以太和之初文明太皇太后圣镜域中、志超俗表，倾服徽猷，钦崇风旨，爰命驿车，应时征辟。及至京都，敬以殊礼。”前文已经指出，僧芝最初出家的地点应是关中，距离平城路途较远，由“爰命驿车，应时征辟”等词句推断，很可能在太和中，冯太后曾发文在诸州招纳僧尼，僧芝正是由此被地方政府送到

平城。尽管经过了太武帝灭佛，但在这个时期佛教信仰已经深入北方社会，因此冯太后招纳僧尼的地点很可能并不限于关中，由关中被招至平城的僧尼也应该不仅僧芝一人。[1]

太和初僧芝到平城时大概不到四十岁，[2] 墓志中“倾服徽猷”“敬以殊礼”之类说法，自然不无溢美之嫌。[3] 不过冯太后笃信佛教，宫廷妃嫔奉佛应该极为普遍。男性大德高僧虽可主持外间佛寺，也可以时而入宫讲经，[4] 但一方面频繁出入禁掖终有不便，另一方面后宫内的小型日常佛事，亦需要职业僧侣的参与和主持，

---

[1] 《高僧传》记载释昙度在徐州从僧渊法师“受《成实论》，遂精通此部，独步当时”，因此被魏主征请至平城之事。“魏主元宏闻风餐挹，遣使征请。既达平城，大开讲席。宏致敬下筵，亲管理味。于是停止魏都，法化相续，学徒自远而至，千有余人。以伪太和十三年（489）卒于魏国，即齐永明六年（488）也。”见释慧皎撰，汤用彤校注，汤一玄整理：《高僧传》卷八《义解五・齐伪魏释昙度》，北京：中华书局，1992 年，第 304 页。按释昙度太和十二年或十三年卒，此前在平城大开讲席并且有大量学徒，应当在此之前几年已经到达平城。而冯太后太和十四年（490）去世，征请释昙度至平城很可能出于冯太后的授意，抑或至少有冯太后的影响，或许此次征请与僧芝被征至平城有同样的背景。《北史》卷一三《后妃上・文成文明皇后冯氏》，第 497 页。

[2] 前文指出僧芝的生年大约在太平真君三年（442），太和元年（477）当为三十六岁，如果是太和初受到征召，那么到平城时应该不会超过四十岁。

[3] 罗新也指出如果僧芝是到了宣武帝时才在掖庭“导训六宫”，那么她之前在平城和迁洛之初即便也常在掖庭走动，但地位并不突出。见罗新：《漫长的余生》，北京：北京日报出版社，2022 年，第 269 页。

[4] 孝文帝曾下诏“将欲令懿德法师时来相见。进可餐禀道味，退可饰光朝廷。其敕殿中听一月三入”，见《广弘明集》卷二四《帝听诸法师一月三入殿诏》，《大正新修大藏经》，台北：中华电子佛典协会（CBETA）2022 年，Q4，第 52 册，第 2103 经，第 272 页 c13-14。

因而这一时期北魏后宫中应当存在着一个一定规模的比丘尼群体，不仅为太后服务，也为后宫信佛的其他妃嫔服务。伴随着这批尼姑在宫廷中的活动，整个比丘尼群体在佛教僧团中的地位也开始出现显著的上升。[1]

对后宫妃嫔而言，维持一所在后宫内或至少靠近禁苑、专为后宫服务的尼寺显然是必要的。罗新根据《慈庆墓志》所言“太和中固求出家，即居紫禁”以及“忽遘时疹，出居外寺”指出宫中应当还有一座“内寺”。《南齐书》称孝文帝对佛教“尤精信，粗涉义理，宫殿内立浮图”，[2] 这一宫殿内的浮图很可能就与内寺有关。宣武帝于皇后因妹妹不受京兆王元愉宠爱而召元愉宠妾李氏入宫，“强令为尼于内”，[3] 也可看出宣武帝时期宫内确实存在一座有比丘尼的内寺。

这种位于宫内的“内寺”或许就是隋唐之内道场。《大宋僧史略》载“内道场起于后魏，而得名在乎隋朝，何邪？炀帝……变革

[1] 从《魏书·释老志》的记载中可以看到，比丘尼的活动开始频繁见于记载，并在佛事活动中尼僧并称，正是始于此时。而且在这个时期，还出现了一些以比丘尼为主角的神异传说，这在佛教传说中是比较少见的。如《魏书》卷一一四《释老志》载：“（太和）九年秋，有司奏，上谷郡比丘尼惠香，在北山松树下死。尸形不坏。尔来三年，士女观者有千百。于时人皆异之。”见第 3301 页。

[2] 《南齐书》卷五七《魏虏传》，北京：中华书局，2017 年，第 1097 页。

[3] 《北史》卷一九《京兆王愉传》，北京：中华书局，1974 年，第 715 页。

事多，改僧寺为道场……若内中僧事，则谓之内道场也。”[1]可见宋人认为内道场与内寺所指相同，只是名称不同。《隋书》记载“又于内道场集道、佛经，别撰目录”，[2]“大业时，又令沙门智果，于东都内道场，撰诸经目，分别条贯”，[3]可知隋大业年间在东都亦有内道场，并且也具有分类收藏佛、道经典的功能。

龙门石窟现存两条北魏有“紫内司尼”题名的造像记，或许与内寺有关，其一为“孝昌二年（526）四月廿三日紫内司尼为亡女法晖敬造弥勒尊像一区，愿此善资，离苦得乐”，[4]又一为“孝昌二年五月八日紫内司尼为亡弟（下缺）”。[5]贺玉萍认为这里的“内司”是宫中女官，紫指宫禁，并结合《慈庆墓志》指出宫内招养比丘尼是当时的常例。[6]这一看法是有道理的。紫内司拥有固定的僧尼，僧芝在宣武帝初年“入讲禁中”，并且在胡太后入宫后能够与之“幼相依托”，应该长期居住在宫中，很可能就居住在孝昌

[1] 赞宁：《大宋僧史略》，《大正藏》第54册，东京：大正一切经刊行会，1934年，第247页。周胤也对北魏内道场有所讨论，见周胤：《北魏宣武帝时期的内道场及其对佛寺布局之影响》，《山西大同大学学报（社会科学版）》，2021年第4期，第51—55页。

[2] 《隋书》卷三二《经籍一》，北京：中华书局，2019年，第1028页。

[3] 《隋书》卷三五《经籍四》，第1246页。

[4] 刘景龙、李玉昆主编：《龙门石窟碑刻题记汇录》，北京：中国大百科全书出版社，1998年，第354页。该条题记拓片图版在同页下方，而下一条造像记未提供拓片图版。拓片图版中“司”字磨泐残损，难以辨认，或许也存在“紫内寺”的可能性。

[5] 刘景龙、李玉昆主编：《龙门石窟碑刻题记汇录》，第354—355页。

[6] 贺玉萍：《北魏洛阳石窟文化研究》，开封：河南大学出版社，2010年，第156页。

年间内宫管理机构（紫内司）所属的内寺中。

（二）僧芝在宣武帝朝地位的提高与胡后入宫

宣武帝在景明二年（501）正月宣布亲政，当年五月处死元禧后正式从几位辅政的叔父手中夺取统治权。[1] 上文已经提到宣武帝即位后继承和进一步发扬了孝文帝时期重视讲经、推崇义学的风气。僧芝墓志记宣武帝“信心三宝”，对僧芝“弥加弥宠”，并赋予其“引内闱掖，导训六宫”的责任。虽然或许存在一定夸张的成分，但是可见在孝文帝去世之后，伴随年龄资历的增长，僧芝的地位进一步巩固和提高。结合《北史》所载“后姑为尼，颇能讲道，宣武初，入讲禁中，积数岁，讽左右称后姿行，帝闻之，乃召入掖庭，为充华世妇”，[2] 可知宣武帝时期僧芝确实通过在禁中讲经积攒了一定的资本和地位。正是这种“入讲禁中”“导训六宫”的机会，为僧芝将自己的侄女引入后宫提供了可能。

经过孝文帝晚年对后宫妃嫔干政问题的处理，[3] 宣武帝的后宫并不存在着凌驾于皇权之上的母后，宫廷内权斗的胜负完全取决于皇帝本人的倾向。宣武帝的第一位皇后于氏是于劲的女儿，她在景

[1] 罗新：《漫长的余生》，第 206—209 页。

[2] 《北史》卷一三《宣武灵皇后胡氏传》，第 503 页。

[3] 孝文帝时期北魏皇权得到充分强化，孝文本人也十分注意防范后宫妃嫔，临死时还亲自赐死了已经被幽禁在金墉城的冯皇后，解除了母后临朝的威胁。

明二年九月被立为皇后，一度“甚见宠爱”，[1] 但之后“后父于劲以后久无所诞，乃表劝广嫔御”，[2] 景明四年（503）高英入宫、[3] 正始元年（504）王普贤[4] 和司马显姿[5] 入宫或许都与这一上表有关。胡太后母皇甫氏景明二年去世，因此胡氏最早在景明四年或正始元年服阕之后方能入宫，或许也是在于劲“劝广嫔御”的背景下，又得到了僧芝的引荐而得以入宫的。[6]

胡氏家世普通，入宫后为“充华世妇”。[7] 世妇在嫔妃序列中地位较低，员额无载，仅高于御女。[8]《皇后传》又载胡后“既诞

[1] 《北史》卷一三《宣武灵皇后胡氏传》，第 502 页。

[2] 《北史》卷一九《京兆王愉传》，第 715 页。关于于后的久不生育和于劲的上表，李凭认为于氏是畏惧子贵母死，因此在等待其他嫔妃先生皇子，之后再利用子贵母死顺理成章地母养太子。于劲的上表表面上看是在为皇室子嗣着想，实际上是为于皇后考虑，笔者认为这一看法是可以成立的。见李凭：《北魏宣武帝朝三后之争》，《学习与探索》2013 年第 10 期，第 156 页。

[3] 赵超：《汉魏南北朝墓志汇编（修订本）》，第 140 页。墓志首题“魏瑶光寺尼慈义墓志铭”，志文称“文昭皇太后之兄女。世宗景明四年纳为夫人，正始五年拜为皇后”。

[4] 《王普贤墓志》，见赵超：《汉魏南北朝墓志汇编（修订本）》，第 99—100 页。

[5] 《司马显姿墓志》记载“正始初，敕遣长秋，纳为贵华”，见赵超：《汉魏南北朝墓志汇编（修订本）》，第 162—163 页。

[6] 罗新：《漫长的余生》，第 258、265—266 页。

[7] 《北史》卷一三《宣武皇后高氏》，第 503 页。世妇地位较低的一个例子是胡太后为孝明帝选纳嫔妃时仅以大姓之女为世妇因而引起不满，“太后为肃宗选纳，抑屈人流。时博陵崔孝芬、范阳卢道约、陇西李瓒等女，俱为世妇。诸人诉讼，咸见忿责”，可见世妇地位不高。见《北史》卷一三《孝明皇后胡氏传》，第 506 页。但是此处称为“充华世妇”，而充华为嫔位，不知是否以嫔号作为充华之号。

[8] 《北史》卷一三《后妃传》所载孝文帝改定内官，第 486 页。

魏瑤光寺尼慈義墓誌銘
尼諱英姓高氏勃海條人也 文照皇
太后之兄女
世宗景明四年納為夫人正始五年拜
為皇后 帝崩志願道門出俗為尼以
神龜元年九月廿四日薨於寺十月十
五日遷葬於芒山弟子法王等一百人
痛容光之日遠懼陵谷之有移故銘泉
石以誌不朽其辭曰
三空杳眇四果攸綿淂門其幾惟指惟
賢猗歟上善獨悟斯緣出塵解累業道
西禪方窮福眷永保遐年如何弗壽禍
降上天徒衆號慕洟泗淪連哀哀戚屬
載擗載援長辭人世永即幽泉式銘
石芳猷有傳

高英墓志（来源：《洛阳出土北魏墓志选》）

明帝，进为充华嫔”，[1] 生育皇子之后提升一级为嫔，且终宣武之世地位不见提高，甚至不能抚养自己儿子。这当然不能排除高皇后的压制和宣武帝对母后干政的预防，但也可见胡氏在妃嫔中并不受宠。

由胡后在宫中的经历，我们可以得出如下判断，尽管僧芝是宫廷比丘尼群体中的上层人物，但她的影响力却仅限于将侄女引入宫廷，而无法提升她的地位。如果不是外朝宗室成功清除了高肇势力，胡后在宣武帝死后也不可能依靠僧芝取代高皇后。由此可见，如僧芝这样的比丘尼在宫中的力量和影响，类似于近侍阉官等“小人”，其特权没有制度的保障。虽然比丘尼在北魏宫廷长期活动，但她们对现实政治的影响，却始终只能是隐性的、偶然的。在这一点上，出家的比丘尼与俗人恩幸并无差异。

（三）僧芝弟子所见宣武高后出家

《僧芝墓志》记“孝文冯皇后、宣武高太后逮诸夫嫔廿许人……皆为法师弟子”，知僧芝座下知名弟子除了正觉寺的谢氏，还有以孝文冯皇后、宣武高太后为首的二十余位妃嫔。这里的“孝文冯皇后”是指废后小冯，因冯幽后之谮而被废为庶人，“遂为练行尼”，最后“终于瑶光佛寺”。[2] “宣武高太后”指宣武帝皇后高英，在

[1] 《北史》卷一三《宣武灵皇后胡氏传》，第 503 页。

[2] 《北史》卷一三《孝文废皇后冯氏》，第 499 页。

孝明帝即位后“寻为尼，居瑶光寺，非大节庆不入宫中”，神龟元年（518）九月暴崩后“丧还瑶光佛寺，殡葬皆以尼礼”。[1] 二人均因后宫斗争失败被迫出俗为尼，均曾师事僧芝，且一度居住瑶光寺。

不过是否二后出家后就一直居住在瑶光寺呢？如果按照《后妃传》以及《魏书·天象志》所载“明年上崩，后废为尼，降居瑶光寺，寻为胡氏所害，以厌天变也”，[2] 仿佛高英出家后就居住在瑶光寺。但是据《魏书·肃宗纪》延昌四年（515）“三月甲辰朔，皇太后出俗为尼，徙御金墉”，[3] 则高英刚出家时似在金墉城。[4] 瑶光寺，为宣武帝所立，“在阊阖城门御道北，东去千秋门二里”，“瑶

[1] 《北史》卷一三《宣武皇后高氏》，第 502 页。如果按照《后妃传》“丧还瑶光寺”的说法，说明高后并非死于瑶光寺，而可能与《后妃传》前文所述“时天文有变，灵太后欲以当祸，是夜暴崩”有关，这一叙事模式应当是暗示天象有占称太后有灾，胡后欲以高后当此祸，而使其离开瑶光寺到了能够显示其太后身份的地方，很可能是让她入宫“当祸”，在其死后又将其“丧还瑶光寺”。《魏瑶光寺尼慈义墓志》与《魏书·肃宗纪》的史源或许由于受到胡太后势力的审查而只能对其卒地进行隐瞒，即称高后“薨于寺”或“崩于瑶光寺”。见《魏书》卷九《肃宗纪》，第 273 页。李凭对这一问题也做过详细考证，见李凭：《北魏宣武帝朝三后之争》，第 160 页。

[2] 《魏书》卷一〇五之四《天象志之四》，第 2664 页。

[3] 《魏书》卷九《肃宗纪》，第 266 页。

[4] 《资治通鉴》记此事称“三月，甲辰朔，以高太后为尼，徙居金墉瑶光寺”，“金墉瑶光寺”的说法仅见于《通鉴》，点校者选择将其连在一起，或可理解称位于金墉的瑶光寺，但也有可能是“徙居金墉、瑶光寺”，即可理解为先后徙居金墉城和瑶光寺。不论是哪一种点断和理解方式，这一种书写方法或许表明《通鉴》编纂过程中在面对“徙御金墉”和“出居瑶光寺”这两种不同叙事时，为了调和矛盾而选择的记述方法。

光寺北有承明门，有金墉城，即魏氏所筑”。[1] 瑶光寺靠近金墉城和宫城，修建的目的很可能就与安置出居金墉城的妃嫔有关。《洛阳伽蓝记》说“椒房嫔御，学道之所，掖庭美人，并在其中。亦有名族处女，性爱道场，落发辞亲，来仪此寺”，[2] 即说明了瑶光寺是北魏后宫嫔妃和贵族女子出家的重要场所。

《资治通鉴》：“初，魏世宗作瑶光寺，未就，是岁，胡太后又作永宁寺。”[3] 这一判断提示我们或许瑶光寺在宣武帝时期并未建

[1] 范祥雍校注：《洛阳伽蓝记校注》卷一《城内》，第 49—50 页。孝文帝迁都洛阳后曾定都城制，规定“城内唯拟一永宁寺地，郭内唯拟尼寺一所，余悉城郭之外”，见《魏书》卷一一四《释老志》，第 3306 页。又根据汉魏洛阳城的考古发掘和勘探，汉魏洛阳城有宫城、内城、外郭城三重，不过外郭城是在宣武帝时期才完工的。考古发掘也已经证实了永宁寺位于“宫前阊阖门南一里御道西”这一点，该寺应当是位于宫城以外、内城之内。《洛阳伽蓝记》所记载的城内佛寺，确实只有永宁寺一所是在孝文帝时期规划设立。但是一般认为与之相对应的尼寺是瑶光寺的看法却值得商榷。瑶光寺同样位于内城以内，而不是在内城外、外郭城内，应该是宣武帝违背孝文帝都城制在内城所建尼寺，而不是孝文帝于外郭城内规划的那所尼寺。《洛阳伽蓝记校注》卷一《城内》，第 1 页；中国科学院考古研究所洛阳工作队：《汉魏洛阳城初步勘查》，《考古》1973 年第 4 期，第 198—208 页。

孝文帝迁都之初就在洛阳外郭城内规划的唯一一所比丘尼寺如果确实得以建成，应当规模不小，应当会被记载在《洛阳伽蓝记》中。而《洛阳伽蓝记》所载位于外郭城的尼寺有彭城王元勰所立明悬尼寺、阉官瀛州刺史李次寿所立魏昌尼寺和不知名阉官所立景兴尼寺以及王肃所立正觉寺、高阳王寺，其中只有明悬尼寺是皇室所建，但是并非帝王所立。或许孝文帝计划建立一座在外郭城内的尼寺，但之后一直处于规划状态，到了宣武帝开始建造时已经将其改到内城内建设。

[2] 范祥雍：《洛阳伽蓝记校注》卷一《城内》，第 50 页。

[3] 司马光编著，胡三省音注：《资治通鉴》卷一四八《梁纪四 · 高祖武皇帝四》天监十五年（516），第 4628 页。

好。《魏书·李崇传》记李崇奏请置学及修立明堂："宜罢尚方雕靡之作，颇省永宁土木之功，并减瑶光材瓦之力，兼分石窟镌琢之劳。"上表应当在熙平元年（516）三月之后，而永宁寺在熙平年间才动工，[1]可见此时瑶光寺可能还在修建当中。[2]那么冯废后出家时应当不在瑶光寺，瑶光寺竣工后才移进去。同样，高后出家后大概先被控制在金墉城，之后随着瑶光寺的建成，她移居到瑶光寺生活。高后在金墉城的时间应该不会太长，因为到三年半以后高后下葬时参与者有"弟子法王等一百人"，[3]这些人更可能是她入瑶光寺之后所收的弟子。因此，熙平元年正月僧芝去世时，瑶光寺很可能还没有建成，高后大概还在金墉城生活。

学界一般认为后妃如冯后、高后等出俗为尼，虽是权争失败后的无奈选择，但同时也有她们自主选择的一面。在尔朱荣入洛、胡太后令六宫皆入道以前，大部分先帝无子嫔妃很可能还是选择继续居住在金墉城而较少主动选择出家。[4]宣武帝妃嫔中王普贤大

[1] 《魏书》卷一一四《释老志》，第3306页。

[2] 李崇上表见《魏书》卷六六《李崇传》，第1600页。据本传上表前李崇"除都督冀定瀛三州诸军事、骠骑大将军、冀州刺史，仪同如故"。又据《魏书·肃宗纪》："（熙平元年）三月辛未，以扬州刺史李崇为骠骑将军、仪同三司"，因此这一上表当在熙平元年三月以后。《魏书》卷九《肃宗纪》，第268页。

[3] 见《魏瑶光寺尼慈义墓志》，赵超：《汉魏南北朝墓志汇》（修订本）编，第140页。

[4] 目前仅知宣武帝李婕妤，在宫中"常教帝妹书，诵授经史……后宫咸师宗之。世宗崩，为比丘尼，通习经义，法座讲说，诸僧叹重之。"见《魏书》卷六二《李彪传》，第1523页。

约是因病出居金墉城，在延昌二年去世时瑶光寺尚未建成，无法纳入讨论。但在瑶光寺建成后，宣武帝夫人司马显姿、文成帝夫人于仙姬以及一些女官如冯迎男、王僧男等仍然于金墉城去世。宣武帝高后去世时仅以尼礼下葬，[1]一方面有胡太后极力压制的原因，另一方面很可能表明出家为尼意味着在制度上不再拥有妃嫔地位，因此至瑶光寺出家为尼对于后妃而言并不比入居金墉城更有吸引力。

但是需要注意的是，作为胡太后姑母，《僧芝墓志》的文字应当受到胡太后的更多审核。但是墓志文中却以被废的孝文帝冯皇后以及胡太后昔日的对手高皇后领衔诸嫔妃，或许说明在出家后她们的世俗身份还是有较强的影响力。

四、比丘尼统与胡统寺

北魏设有专门的僧官系统对僧人实施管理，专设的官署就是昭玄曹。《释老志》："先是，立监福曹，又改为昭玄，备有官属，以断僧务。"[2]管理全国僧尼的僧官，道武帝和文成帝初年名

[1] 有司奏："……今尼太后既存委俗尊，凭居道法。凶事简速，不依配极之典；庭局狭隘，非容百官之位。但昔径奉接，义成君臣，终始情礼，理无废绝。辄准故式，立仪如别。内外群官，权改常服，单衣邪巾，奉送至墓，列位哭拜，事讫而除。止在京师，更不宣下。"诏可。这里有司所奏很可能反映了胡太后的态度。见《魏书》卷一〇八之四《礼志四》，第3060页。

[2] 《魏书》卷一一四《释老志》，第3302页。

道人统，和平年间师贤卒后昙曜继任，更名沙门统。[1] 沙门统是北魏僧人的最高首领，与都维那均兼领昭玄曹职务。从一些墓志题名如“魏故昭玄沙门都维那法师惠猛墓志铭”[2]“魏故昭玄沙门大统僧令法师墓志铭”，[3] 以及可供参考的东魏“魏故昭玄沙门大统慧光墓志铭”，[4] 都可以看出，沙门统、沙门都维那等国家级僧官与昭玄曹这一僧尼管理官署紧密相关，因此昭玄寺是国家级僧官机构。[5] 南朝设僧正，刘宋以后于僧正之外设尼正或尼僧正管理比丘尼事务。而北朝僧官体系并没有专门管理比丘尼机构的相关记载，比丘尼在国家设置的佛教僧团管理体制中处于什么样的位置也一直不甚清楚，因此此前学者认为北朝是以僧官来管理比丘尼。[6]

---

[1] 《魏书》卷一一四《释老志》，第 3298—3299 页。

[2] 端方：《陶斋臧石记》卷九，影宣统元年石印本，《石刻史料新编》第 1 辑，第 11 册，台北：新文丰出版公司，1982 年，第 8073—8074 页。

[3] 赵超：《汉魏那北朝墓志汇编》（增订本），第 396—397 页。

[4] 赵立春：《邺城地区新发现的慧光法师资料》，《中原文物》2006 年第 1 期，第 69—76 页；赵生泉：《东魏〈慧光墓志〉考》，《文物春秋》2009 年第 5 期，第 41—47 页。

[5] 此外北魏昭玄曹下属州、郡、县亦有沙门曹，其中州、镇、郡的沙门曹分别设有统、维那，县一级设有维那，由此形成一套较为完备、与国家行政体制配套的僧官系统。谢重光：《中古佛教僧官制度和社会生活》，北京：商务印书馆，2009 年，第 59 页。

[6] 王孺童认为专门设立尼僧正来独立管理比丘尼的制度，多行于南朝；北朝是将管理比丘尼的权力，归附于僧正来行使。而设立尼都维那一职，更是少见。《大宋僧史略》卷二《尼正附》载“北朝立制多是附僧，南土新规别行尼正”，见释宝唱著，王孺童校注：《比丘尼传校注 · 前言 · 尼正》，第 26 页。

《僧芝墓志》和《魏故比丘尼统慈庆墓志铭》中所提到的“比丘尼统”，是目前仅见的两则有关北魏“比丘尼统”的材料。不过慈庆墓志明确提到她是死后追赠“比丘尼统”一职的，[1]而且追赠时间比僧芝去世的时间晚了八年左右。因此，《僧芝墓志》是我们探讨“比丘尼统”一职性质、地位和起源的最有力证据。

墓志显示僧芝本人为“比丘尼统”，为僧芝撰写墓志的两个大弟子僧和、道和都是都维那。僧芝死于熙平元年（516），这时胡太后已临朝听政，成为北魏政权的实际控制者。由墓志反映的“尼统”和“都维那”职务均由僧芝师徒充任的情况看，“比丘尼统”这一职务很可能就是胡太后在此时仿照沙门统设立的新职。设立比丘尼统的目的，或许有胡太后尊崇对自己有引荐、教养之恩的姑姑的因素，并且在比丘尼统设立之时也模仿管理僧人的都维那的建制和员额设置了比丘尼都维那，这一职位被授予僧芝的两个大弟子。

《洛阳伽蓝记》记胡统寺：“太后从姑所立也，入道为尼，遂居此寺。在永宁南一里许。宝塔五重，金刹高耸。洞房周匝，对户交疏，朱柱素壁，甚为佳丽。其寺诸尼，帝城名德，善于开导，工谈义理，常入宫与太后说法。其资养缁流，从无比也。”[2]《僧芝

[1] 罗新指出《僧芝墓志》没有提到她担任比丘尼统的事情，因此认为其“比丘尼统”称号可能是死后追赠。但是“胡统寺”以及弟子“维那”说明僧芝确实是担任了比丘尼统的。只是或许很多比丘尼事务最终还是归昭玄曹管辖，比丘尼统实际上权力不大，只是一个荣誉性名号。

[2] 范祥雍：《洛阳伽蓝记校注》卷一《城内·胡统寺》，第63页。

墓志》明确记载了僧芝的父祖，僧芝当为胡国珍亲生妹妹，也即胡太后之姑，这里说是从姑，或许是杨衒之对其关系不够了解。根据“胡统”的称呼，可以判断此寺确实是为一胡姓比丘尼统所立，[1]那么此寺的寺主最初当为僧芝无疑。她“善于开导，工谈义理，常入宫与太后说法”，与僧芝善于讲诵佛经、常常在宫中讲经的形象相吻合。“资养缁流，从无比也”，正可说明胡统寺在洛阳诸多尼寺中的特殊地位，其中“从无比也”也可以和僧芝墓志中“诸比丘尼服义而升高座者不可胜纪”的描述相对应。

胡统寺在永宁寺南一里，而永宁寺南是专门管理僧人事务的昭玄寺，胡统寺很可能就在昭玄寺南侧，永宁寺附近又是北魏国家官署分布的地区。[2]这样的地理位置，很符合作为国家机构、与沙门统可以类比的比丘尼统所在寺院的要求。胡统寺中的比丘尼以“善于开导，工谈义理”号称“帝城名德”，不难窥见僧芝作为义学比丘尼的学术影响。僧芝在胡太后掌权以后不再住在宫内，而居住在宫外胡统寺，但常常入宫与太后讲经说法。或许胡统寺一度作为在昭玄曹沙门统下专门管理比丘尼事务的办公机构，僧芝晚年作为比

[1] 孝文帝《以僧显为沙门都统诏》称昙曜为曜统，《岁施道人应统帛诏》载“道人应统仰绍前哲，继轨道门”，应当指一位担任沙门统的应姓或以“应”字作为法号的僧人。见《广弘明集》卷二四《元魏孝文帝》，《大正新修大藏经》，台北：中华电子佛典协会（CBETA） 2022 年，Q4, 第 52 册 , 第 2103 经 , 第 272 页 b14、第 273 页 a4-11。又《中岳嵩阳寺伦统碑》所载“伦统”即为“伦、艳二统”，见颜娟英主编：《北朝佛教石刻拓片百品》，台北：“中研院”历史语言研究所，2008 年，第 85 页。

[2] 范祥雍：《洛阳伽蓝记校注》卷一《城内 · 永宁寺》，第 1 页。

丘尼统可能长期居住在此。

但是墓志称僧芝“春秋七十有五，熙平元年岁次丙申正月戊辰朔十九日丙戌夜分，终于乐安公主寺”，墓志由僧芝的大弟子比丘尼都维那法师僧和、道和主持刻写，因此墓志中对于二位法师之师的卒地名称应该较为准确，但“乐安公主寺”这一名字确实难以作为一个可以类比“昭玄寺”或“永宁寺”的比丘尼统办公机构的名称。同时，史料中没有关于“乐安公主寺”的记载，我们只知道乐安公主是孝文帝的妹妹，嫁给了冯熙与博陵公主之子冯诞，生有二子。[1] 僧芝去世时乐安公主大概已不在人世，乐安公主寺或许是她舍宅所造之寺，也有可能是其子为亡母祈福所立。但是胡统寺所在的位置是官署聚集区，很难认为乐安公主或冯家后代能够在这个位置造寺。僧芝于夜半去世，应该是死于自己居住的地点，不太可能是在外出讲经或参加其他寺院的法会。或许僧芝在临终之际曾离开地处枢要、事务繁忙的胡统寺，来到较为适合休养的乐安公主寺。

在佛教的僧人团体中，比丘尼处于相对较低的地位，有关女子现世不得成佛的说法常见于佛经，成年比丘的戒律不过二百五十条，而比丘尼的戒律要多一倍，有五百条。[2] 在北魏时期，相对于

[1] 《北史》卷八〇上《外戚传·冯熙附子诞传》载“诞与孝文同岁，幼侍书学，仍蒙亲待。尚帝妹乐安长公主，拜驸马都尉、侍中、征西大将军、南平王”，第 1967 页。

[2] 如《魏书》卷一一四《释老志》言：“其为沙门者，初修十诫，曰沙弥，而终于二百五十，则具足成大僧。妇入道曰者比丘尼。其诫至于五百，皆以口为本，随事增数，在于防心、摄身、正口。”第 3288—3289 页。

有大量寺产、与国家政权紧密结合、可以常常游走于各地的比丘，比丘尼往往处于劣势。她们的活动往往限制在有限的空间内，要接受男性僧官的监督和管理。但是从北魏冯太后掌权时开始，她们开始凭借着女性方便出入后宫的优势进入宫廷和高层官僚家庭，并由此渐渐发展出一定的政治和社会影响力。宫廷比丘尼团体的力量不断发展，为比丘尼统这一名号的设置提供了条件。

不过需要指出的是，担任比丘尼统一职时的经历不见于僧芝墓志，且史料中找不到北魏比丘尼官的相关记载。或许，比丘尼统一职的设置只是胡太后尊崇姑母而设置的临时性名号，之后又被作为赠官赐予了曾对宣武帝、孝明帝均有抚育之功的慈庆，后来比丘尼统的名号没有继续使用。目前没有证据表明，在中央设置比丘尼统和比丘尼都维那的同时，地方州郡县也有类似的官职设置。即使有，也只会是昙花一现。

五、结语

《僧芝墓志》为我们探讨安定胡氏的家族势力的地域变迁、胡后入宫过程以及北魏中后期佛教义学的传播与发展、比丘尼与宫廷佛教活动的情况提供了丰富的材料。

首先，结合《僧芝墓志》和相关史料，可以发现胡渊一家入魏后仍然居住在关中，直到孝文帝迁洛后来到洛阳。胡太后掌权后，胡氏家族的势力重心逐渐向洛阳转移，同时胡后也不忘在关中的原家族墓地，通过追赠叔伯父等方式塑造安定胡氏在关中的势力。

其次，结合僧芝的佛学背景以及相关佛教史料，可以发现关中地区的佛教在太武帝末年已逐渐恢复，并且与南方佛教颇有交流。从僧芝被征至平城可以看出，冯太后受到北燕重视义学的影响，北魏佛教由此愈发重视讲诵和义理，历孝文帝、宣武帝、孝明帝朝愈发兴盛。此外，由于孝文帝对中原文化的推崇以及南朝佛教义学的兴盛，北魏佛教信徒对南朝的佛教义学隐含有推崇的倾向。因此在《僧芝墓志》中，王肃前妻谢氏拜僧芝为师一事被特别凸显，作为昭示僧芝佛学素养之高的证据。

僧芝通过个人在宫中的讲诵积攒了一定的关系人脉，得以将侄女引荐入宫。迁洛之初，僧芝很可能居住在宫内的内寺，得与胡后“幼相依托”，而这一内寺或许在孝明帝朝发展为“紫内司寺”。这一宫廷内寺在隋唐也长期延续并且愈发兴盛。[1]僧芝在宫内长期讲经，其地位、资历也逐渐提高，许多妃嫔出家后拜她为师。孝明帝即位后，掌权的胡太后为僧芝建寺，尊为“比丘尼统”，她大概由此被称为“胡统”，这一尼寺遂得名胡统寺。但是这一比丘尼统的称号很可能更多是为尊崇僧芝而设置的临时性称号，不一定是北魏比丘尼官的定制。

[1] 龙门石窟万佛洞顶部莲花藻井刻有永隆年间“内道场运禅师”的题名，见龙门文物保管所、北京大学考古系编：《中国石窟·龙门石窟》第一卷，北京：文物出版社、东京：株式会社平凡社，1991年，第81页。关于唐代内道场的研究还可参考王兰兰：《唐代佛教内道场考补》，《中国历史地理论丛》2018年第4期，第105—113页。

元季聪的悲欢

章名未

493年，北魏王朝将首都从代北平城迁到了中州之地洛阳。在这里，孝文帝领导下的鲜卑精英更加远离了游牧祖先的草原传统，更深一步融入中华传统，拥抱汉魏晋以来的中原文化。经过孝文、宣武两代经营，这座都城规模已具，原先的汉晋大城变成了内城，内城外又新筑了外郭城，220里坊井然有序。[1] 其间多有侯门园第、官贵之家，昔日的骑射之士，如今徜徉楼台水榭，与中原文士一起饮酒赋诗。时过境迁，通过文教、交游与联姻，以宗室人物为代表的代北后裔逐渐士族化、文人化，不论是在文化上还是血液上皆与这座城市融为一体。

[1] 关于洛阳城里坊数的讨论，参见宿白：《北魏洛阳城和北邙陵墓》，《文物》1978年第7期；张金龙：《北魏洛阳里坊制度探微》，收入《北魏政治与制度论稿》，兰州：甘肃教育出版社，第301页。

然而，当勋贵集团与部分军士阶层在中原享受文化变革和社会进步的成就时，因各种原因，特别是为防御柔然而驻守北边、留在恒代地区的，还有许多原代北集团的中下层人员，主要是军人。他们中许多人都是拓跋壮大时期的被征服者，虽多数并非鲜卑人，但徙至边镇世代戍守，早已深刻地鲜卑化，变成鲜卑认同了。他们中也有本属鲜卑，因在边镇担任中上层军职而留在北边（包括两个旧都盛乐与平城），失去了加入洛阳社会的机会。当孝文帝在洛阳推行激烈的汉化措施时，六镇及其他北方和西北的边镇军民并没有参与这一重大文化变革，他们依然说着鲜卑语，穿着传统的鲜卑服装，保持草原习俗，改革的春风从未到达阴山地带。裂隙不断扩大，边镇军民没有分享到改革的红利，无论是在政治上，还是在经济上。

北魏在洛阳的安定祥和仅持续了三十五年。清人赵翼说："徒欲兴文治以比于古帝王，不知武事已渐弛也。"[1] 终于，528 年，边镇的武人们南下问鼎，在河阴屠杀了灵太后与贵族两千余人。孝文帝辛苦搭建的文教帝国被铁马践踏，陷入"颠覆立可待，一年三易换"[2] 的动荡时代。最后，南北之分转化为东西对峙，北魏末年的混乱一变而为东魏西魏的分裂，再变而为北齐北周的攻伐。

---

[1] 赵翼著，王树民校正：《廿二史札记校正》（订补本）卷一四"魏孝文迁洛"条，北京：中华书局，1984 年，第 306 页。

[2] 《魏书》卷一一《前废帝广陵王纪》，北京：中华书局，1974 年，第 278 页。

在这段旗开鼓响、箭鸣矛亮的历史中，元季聪并不是什么重要人物，怎么讲历史也讲不到她身上。她作为一个普普通通的宗室女，从出生到死亡，一辈子没有离开过首都洛阳，虽有婚嫁，却没有子嗣，虽被封为颍阳县主，还担任过女侍中，却早早去世。毫不意外，《魏书》不仅没有为她立传，也没有在任何地方提到她。我们本没有机会知道她，她也会和那个时代千千万万女性一样淹没在遗忘的海洋里，可是到了 20 世纪前期，在众多重见天日的北邙山北朝墓志中，竟然有元季聪的墓志。尽管元季聪墓志仅有 411 字，其中没有实际内容的格套化文字占了大半篇幅，有限的信息仍然使我们可以了解她、研究她，并纪念她。[1]

从墓志知道，元季聪二十一岁去世，她在帝国的政治中心度过短暂一生。她是孝文帝的孙女，父元怿在孝文诸子中最负盛名，曾执掌帝国枢机。尔朱入洛，元季聪的丈夫李挺任孝庄帝朝的吏部尚书，她本人也在宫中任女侍中。高欢拥立的东魏孝静帝元善见，正是元怿的长孙，即元季聪的侄子，虽然那时她已离世，仍得以“今上本生之第三姑”的身份与李挺合葬。

在帝国政治－社会的高层，个体身份的意义早已超越生命本身。元季聪的一生从属于元怿家族，从属于洛阳的文士文化圈，也从属于整个元魏帝国。她的婚丧嫁娶全不由己，爱恨情仇是如此不值一提。本文借助《元季聪墓志》的有限信息，试探北魏晚期的政

[1] 《元季聪墓志》录文及相关信息详见文末附录。

治漩涡中，元季聪的家族浮沉及她本人一生短暂的悲欢。[1]

一、宗室之女

永平三年（510），元季聪出生在洛阳一个雅好文史的宗室之家。

她出生的时候，父亲清河王元怿为当朝司空，不同于南朝的虚设，北魏中后期的“三公”往往握有实权。[2]一年前的正月，二十七岁的元怿由光禄大夫出任司空，从此正式进入了帝国中枢。元怿是高祖孝文帝第四子，在位的宣武帝元恪是他的兄长。[3]这一年，宫廷里也传来了喜讯，宣武帝的第三子元诩诞生，是为后来的孝明帝。他是宣武帝所生三子中唯一成活的，也是北魏洛阳时代唯一成活并即位的皇子。

元季聪是家里的幺女。除了两个兄长元亶、元邵，她还有两个

[1] 孝明帝时期，元叉发动政变，杀害元怿，幽禁灵太后，对于北魏晚期政局产生了巨大影响。今本《魏书·孝文五王传》早佚，据《北史》补，而《北史》亦有阙文。钱大昕云：“此卷文多残阙。如怿子亶袭王爵，孝武西奔，亶承制行事，皆当见于本传。又《广平王怀传》全篇俱阙，《汝南王悦传》亦有脱文，卷末又无史臣论赞。”见钱大昕著，方诗铭、周殿杰点校：《廿二史考异》卷二八《魏书一》“孝文五王传”条，上海：上海古籍出版社，2004年，第475页。故本文试图汇总相关石刻史料，在探索元季聪生平之余，略述元怿及其家族事迹，以补史传之阙。

[2] 祝总斌《两汉魏晋南北朝宰相制度》：“北魏三公、八公不仅是尊宠之位，和南朝比，参与朝政较多，往往握有实权。”北京：北京大学出版社，2017年，第197页。

[3] 按《元怿墓志》及《魏书》，宣武帝为孝文帝第二子。《元怿墓志》录文见赵超《汉魏南北朝墓志汇编》（下文简称《汇编》），天津：天津古籍出版社，2008年，第172—174页，拓片图版见黄明兰《洛阳北魏元邵墓》，《考古》1973年第4期。参见《魏书》卷八《世宗纪》，第191页。

姐姐，分别名为元孟蕤、元仲蒨。[1] 实际上，“季聪”的写法是源自其本人墓志，而原初的写法很可能如其兄《元䂂墓志》所载，作“季葱”。这样看来，孟蕤、仲蒨、季葱，三姐妹就像三株亭亭的植物，各有各的繁茂。

这样好听好看的芳名很可能出自父亲元怿的设计。元怿出生于太和十年（486），成长时代正值王朝从代北走向中原。孝文帝崇尚文教，元怿自小也学习经史，《元怿墓志》称他“生而雅有奇表，文皇特所钟爱”，《北史》本传也说他“幼而敏慧，美姿貌，孝文爱之”，似乎强调元怿是受到父亲偏爱的。[2] 孝文帝诸弟、元怿叔父中名头最响的彭城王元勰也赞他“此儿风神外伟，黄中内润，若天假之年，继二南矣”。[3] 果不其然，元怿成年后“风流之盛，独绝当时”，史称“亲王之中，最有名行”[4]。

---

[1] 案《魏书》有“元邵”，《梁书》有“元昭”，又有出土墓志作“元䂂”。中华书局点校本《魏书》卷九校勘记考此皆为一人，并据墓志改“元邵”为“元䂂”，本文从之。见《魏书》卷九《肃宗纪》“校勘记一五”，第 252 页。《元䂂墓志》于元怿子女情况记载最详：“王讳䂂，字子开，高祖孝文皇帝之孙，丞相清河文献王之第二子也。……王兄亶，字子亮，侍中车骑将军清河王。姊胡氏，字孟蕤，长安长公主。妹司马氏，字仲蒨。妹卢氏，字季葱。”见赵超《汇编》，第 223 页。《元䂂墓志》录文参见赵超《汇编》，第 221—223 页；图版拓片及墓葬相关情况，参见黄明兰《洛阳北魏元邵墓》。

[2] 赵超：《汇编》，172 页；《北史》卷一九《孝文六王 · 清河王怿传》，中华书局，1974 年，第 716 页。

[3] 《北史》卷一九《孝文六王 · 清河王怿传》，第 716 页。

[4] 周祖谟：《洛阳伽蓝记校释》卷四《城西 · 冲觉寺》，北京：中华书局，2010 年，第 127 页。

魏故使持節侍中假黃鉞太師丞相大將軍都督中外諸軍事錄尚書事太尉公清
河文獻王墓誌銘
王諱懌字宣仁河南洛陽人也 太祖道武皇帝之七世孫 高祖孝文皇帝之第
四子生而雅有音表 文皇特所鍾愛長而聰悟慧性自然内明外朗之美生知徇
齊之妙固已擬睿高陽同徽子晉年方齠齔便學通諸經謠識博聞一見不忘百氏
無遺羣言畢覽文藻綺贍下筆成章異真觀物在興而作雖倉時之敏七步之精未
之過也太和二十一年封清河郡王食邑二千戶 高祖晏駕居喪過禮泣血三年
幾于毀性 世宗之在東宮特加交異每與王談玄剖義日晏忘疲王儀容美麗端
嚴若神風流之盛獨絕當時溫恭淑慎動合規矩言爲世則行成師表澹然以天地
爲心愷悌不形于色拜侍中金紫光祿大夫獻納維允民咏時雍遷尚書僕射舊庸
熙載彝倫攸敘轉特進左光祿大夫侍中司空公太子太師鼎味變諧邦事從乂今
上龍飛增邑千室進位司徒侍中如故緝茲八刑光明五教遂登太傅領太尉公居
中論道探攝機衡 皇上富于春秋委王以周公之任秉國之均綱維萬務理無滯
而不申賢無隱而不舉政和神悅謳咏所歸於是庶績咸熙百揆時序四門濟濟雷
雨不迷我德如風民應如草輔政六年太平魏室雖伊尹格于皇天周公光于四海
擬道論功未可同年而語而運遭時屯惡直醜正讒起不疑爲奸凶所劫神龜三年
歲次庚子春秋三十有四七月癸酉朔三日乙亥害王於位遂隔絕二宮矯擅威
柄四海張言莫不悲慟咸以喜人云亡邦國殄悴自此災旱積年風雨愆節歲頻大
飢京師尤甚四方憤惋所在兵興七鎮鼎傾二秦覆沒百姓流離死者太半於是
皇上孝慈爰發 皇太后奮獨見之明翦黜奸權唯新時政羣寢稍清閶明大禮以
孝昌元年歲次乙巳十一月壬寅朔二十日辛酉改窆瀍西邙阜之陽追崇使持節
假黃鉞太師丞相大將軍都督中外諸軍事錄尚書事侍中太尉公王如故加以殊
禮鑾輅九旒虎賁班劍百人前後部羽葆鼓吹轀輬車一依彭城武宣王故事其黃
屋左纛依漢大將軍霍光故事備錫九命謚曰文獻禮也 皇興臨送哀慟 聖衷
乃命史臣銘芳玄室其詞曰
靈光蘊寶運德應期時乘利見祥慶攸歸玄符纂籙受命龍飛於穆君王徽聖重暉
重暉伊何皇家之鎮慧茂生知睿隆言譽響振金聲比德玉聞既明且嚞溫恭淑慎
汪汪萬頃恂恂善誘爲而不恃任而不有量苞海岳可大可久啓宇河墳翼我
聖后凝神獨秀秉一居貞調風作相乾以載清柔遠懷邇闔曙咸靈太平魏道肅韶
九成方今景福永濟黎蒸孔言徒設信順無徵山頹爲谷酸感止陵巷哭市哀萬里
捐膺禮均齊獻錫等桓文哉哉鑾輅祖邑氛氳功成名立盛典不羣鴻謨不朽萬載
垂芬

元怿墓志（来源：《洛阳出土北魏墓志选编》）

元卲墓志（来源：《洛阳出土北魏墓志选编》）

延昌四年正月丁巳夜（515 年 2 月 12 日），宣武帝去世，六岁的孝明帝即位。元怿和他的弟弟广平王元怀同以皇叔之尊，与他们的叔父高阳王元雍一起，受遗诏共同辅政。不过三王辅政的局面并没有持续多久，同年九月，灵太后胡氏亲理万机。随之而来是各种外戚的权力跃升。十月，皇太后父亲胡国珍被任命为中书监、仪同三司，与元雍、元怿、元怀一同“入居门下，同厘庶政”。[1] 三年后，胡国珍去世。[2] 相比于年老的胡国珍，元继、元叉父子的得势更为长久。二人虽是元魏宗室，但得势的真正缘由，却是元叉与灵太后妹妹的姻亲关系。灵太后似乎格外钟爱这个妹妹，拜为女侍中，在宫中常伴左右。平日灵太后还带着孝明帝垂幸亲家元继的宅第，“置酒高会，班赐有加”，[3] 其乐融融。太后的妹夫元叉也连升三级，成为侍中、领军将军，“既在门下，兼总禁兵，深为灵太后所信委”。[4]

虽然同为宗室，但和元怿一支不同，元继、元叉父子作为道武帝的曾孙、玄孙，早已是宗室疏属。孝文、宣武两朝，元继领兵在外，不曾参与过中央事务。虽然能够“安辑四镇”“镇遏徐扬”，却在青州刺史任上被弹劾免官，可见并不长于理政。[5] 元继为其子

---

[1] 《北史》卷八〇《胡国珍传》，第 2687 页。

[2] 《魏书》卷七八《张普惠传》，第 1731—1735 页。

[3] 《魏书》卷一六《元继传》，第 402 页。

[4] 《魏书》卷一六《元叉传》，第 404 页。

[5] 元继以上事迹见《魏书》卷一六《元继传》，第 402 页。

起名叉、罗、爽、蛮、爪，[1]其中元叉、元罗二子，小字（本名）分别为夜叉、罗刹，反映了佛教信仰。元叉此后虽改名为“乂”（改夜叉之叉为形近之乂），取字伯俊，[2]但时人并不买账，声讨时不忘借“名”发挥：“元叉本名夜叉，弟罗实名罗刹，夜叉、罗刹，此鬼食人，非遇黑风，事同飘堕。”[3]仍被认为“才术空浅，终无远致”。[4]

若论与灵太后的姻亲关系，其实元怿一家也毫不含糊。元怿五个子女当中，三人皆与胡氏联姻。元亶、元卲二人娶了胡国珍兄长胡真的女儿，[5]元孟蕤则嫁给了胡国珍长子胡祥。[6]这种高密度

---

[1] 见《魏书》卷一六《元叉传》，第409页。

[2] 《元乂墓志》云：“公讳乂，字伯俊”，而不再记“叉”之名及小字“夜叉”。赵超《汇编》，第181页。

[3] 《魏书》卷一六《元叉传》，第407页。

[4] 同上书，第405页。

[5] 案《魏书》卷八三下《胡国珍传》：“初国珍无男，养兄（胡）真子僧洗为后。……真长子宁……女为清河王亶妃，生孝静皇帝。”《元卲墓志》云：“妃胡氏。父僧洸。”故元亶所娶为胡真长子胡宁之女，元卲所娶为胡真之子胡僧洸之女。今由龙门石窟火烧洞（第1519窟）正壁南侧造像记可知，元亶妃名为胡智：“☐年七月十☐清信女佛弟子王妃胡智造像一区，愿国疆四海安宁常乐。元善见侍佛，元敬㥄侍佛，□仲华侍佛。”宿白认为开凿时间在出帝太昌元年(532)五月，元亶加仪同三司，进位司徒之时。又，胡僧洸，《元卲墓志》作“僧洸”，《魏书·胡国珍传》作“僧洗”，据官职可知当为一人。按本传所载“字湛辉”，推测本名当如墓志作“僧洸”。参见《魏书》卷八三下《胡国珍传》，第1835—1836页；《元卲墓志》，赵超《汇编》，第223页；宿白《洛阳地区北朝石窟的初步考察》，注释二十，龙门文物保管所、北京大学考古系编《中国石窟·龙门石窟》第一卷，北京：文物出版社、东京：株式会社平凡社，1991年，第228—229页；造像记录文见同书第278页。

[6] 《魏书》卷八三下《胡国珍传》：“国珍子祥妻长安县公主，即清河王怿女也。”《元卲墓志》：“姊胡氏，字孟蕤，长安长公主。”参见《魏书》第1834页；《元卲墓志》，《汇编》，第223页。

的联姻一定发生在灵太后掌权之后，胡家与辅政大臣元怿的联姻昭示了魏朝政治中的一组新同盟。灵太后十分倚重元怿的名德声誉和“懿叔”身份，朝堂之事多委任于他，“事无大小，多谘询之”。[1]从职掌上来说，作为太尉、侍中，元怿掌门下之事，有平省尚书奏事的权力。朝廷重要的人事任命，需经门下复奏才得执行。[2]

随着元雍被免，胡国珍、元怀、元澄等朝臣的相继去世，元怿与元叉的关系日益紧张起来。元怿“以叉恃宠骄盈，志欲无限”，故“裁之以法”，而元叉“恐怿终为己害”。[3]这样一文一武、一亲一疏、宗室叠加外戚的两人，夹在十一岁的孝明帝与摄政的灵太后之间，关系尤为微妙。元怿作为叔父，在北魏传统中有辅政甚至是继承的合法性。[4]元叉的第一次诬告，便是令通直郎宋维告发有人欲立元怿为帝。元叉将元怿禁于门下省，然讯问之下，左右朝贵皆

[1] 《北史》卷一九《清河王怿传》：“以怿孝明懿叔，德先具瞻，委以朝政，事拟周、霍”，第717页。周祖谟：《洛阳伽蓝记校释》卷四《城西・冲觉寺》：“以怿名德茂亲，体道居正，事无大小，多谘询之。”第127页。

[2] 关于北魏后期门下省职掌和宰辅地位的讨论，参见祝总斌《两汉魏晋南北朝宰相制度研究》，第264—268页；[日]窪添庆文著，赵立新译《魏晋南北朝官僚制研究》，上海：复旦大学出版社，2017年，第59—70页。

[3] 《魏书》卷一六《元叉传》，第404页。

[4] 罗新指出北魏早期君位继承制度经历了三个阶段，其中第三阶段便是由兄终弟及制向嫡长子继承制转变。廖基添认为北魏有“立子杀弟”的措施，来确保皇子的继承。参见罗新：《北魏直勤考》，收入《中古北族名号研究》，北京：北京大学出版社，2009年，第100页。廖基添：《“核心—边缘”模式下的北朝政治史研究》，北京大学博士学位论文，2017年6月，第93页。

为元怿辩白，证据不足，司法程序无法完成，元乂只得放人。[1]元怿虽免于一死，却不能回家，被迫住到禁兵把守的宫西别馆，失去了人身自由。[2]

元怿家宅在洛阳西明门外的御道之北，是元季聪生长的地方。京师的高门大院并不稀见，而元怿府宅更不一般，不仅有山石花草、土山钓台，还在西南角设有儒林馆、延宾堂，形制一如宫内的清暑殿。馆、堂之上又有高楼，甚至高过了宫里西游园的凌云台。[3]登高远眺，近处的西郭大市与远处的里坊尽收眼底，所谓“俯临朝市，目极京师”。[4]雅地不乏雅集。《洛阳伽蓝记》载：“清晨明景，骋望南台，珍羞具设，琴笙并奏，芳醴盈罍，嘉宾满席。”[5]所谓“儒林”“延宾”不仅是为风花雪月，他们中的青年才

[1] 事见《北史》卷一九《清河王怿传》，第717页；《魏书》卷六三《宋维传》，第1416页

[2] 《魏书》卷一六《元乂传》：“怿虽得免，犹以兵卫守于宫西别馆。”第404页。卷六三《宋维传》：“置怿于宫西别馆，禁兵守之”，卷六〇《韩子熙传》：“去其本宅，移住殿西，阖门静守，亲宾阻绝”，可与此参照，参见《魏书》第1416页、第1335页。

[3] 《洛阳伽蓝记校释》卷四《城西·冲觉寺》：“西北有楼，出凌云台。”原注：“凌云台在阊阖城千秋门内西游园中。”第127页。凌云台为魏文帝黄初二年所造，“上壁方十三丈，高九尺；楼方四丈，高五丈；栋去地十三丈五尺七寸五分也”。《洛阳伽蓝记校释》卷一《城内·永宁寺》，第31页。

[4] 《洛阳伽蓝记校释》卷四《城西·冲觉寺》，第127页。

[5] 同上书，第128页。

俊也成为元怿府中的僚佐。[1] 肃宗时代，元怿能够“典经义注”，[2] 正有赖于他们。[3]

颇为讽刺的是，被元叉买通的宋维兄弟也曾是这里的座上宾。宋维、宋纪兄弟为宋弁之子，看在二人“名臣之子”“颇涉经史”的份上，元怿举荐宋维为通直郎，宋纪为府行参军。元叉选中宋维告发，也是借其元怿身边人身份，增加陷构的可信度。而宋维的以怨报德也引发了谴责，“天下人士莫不怪忿而贱薄之”。[4] 元怿虽不掌军队，但这些文人力量也深为朝野忌惮。被囚宫西别馆时，元怿虽“阖门静守，亲宾阻绝”，[5] 仍与宾客集忠烈故事成《显忠录》二十卷以自况。[6]

---

[1] “怿爱宾客，重文藻，海内才子，莫不辐辏，府僚臣佐，并选隽民。”《洛阳伽蓝记校释》卷四《城西 · 冲觉寺》，第 128 页。如封伟伯、刘懋、阳固、辛雄、辛纂、董徵、袁跃等人，皆因“学涉文史”“言辞甚美”，为元怿所赏识，辟为僚属，分见《魏书》，第 766、1230、1611、1691、1699、1857、1870 页。

[2] 《北史》卷一九《清河王怿传》，第 717 页。

[3] 如刘懋“太傅、清河王怿爱其风雅……诏懋与诸才学之士，撰成仪令”，李瑾“清河王怿知赏之，怿为司徒，辟参军。……稍迁通直散骑侍郎，与给事黄门侍朗王遵业、尚书郎卢观典领仪注”，封伟伯“太尉、清河王怿辟参军事，怿亲为《孝经解诂》，命伟伯为《难例》九条，皆发起隐漏”。见《魏书》卷五五《刘懋传》、卷三九《李瑾传》、卷三二《封伟伯传》，第 1230、888、766 页。

[4] 以上并见《魏书》卷六三《宋维传》，第 1416—1417 页。

[5] 《魏书》卷六〇《韩子熙传》，第 1335 页。

[6] 《北史 · 清河王怿传》载：“怿以忠而获谤，乃鸠集昔忠烈之士，为《显忠录》二十卷以见意焉。”又，《北史》卷二七《李义徽传》：“（李）皎孙义徽。太和中，以儒学博通，有才华，补清河王怿府记室。……又为怿撰《舆地图》及《显忠录》。”由此可知编纂《显忠录》并非元怿一人所为。分见《北史》第 717、979 页。

幽禁中的元怿仍执掌门下，这为他带来了最终的祸患。导火索仍在人事。吏部奏请宦官刘腾之弟为郡戍，元怿驳议，引起刘腾记恨，决定与元叉联手。[1] 神龟三年（520）七月三日，刘腾买通主食中黄门，让他们诬告元怿令其在御食中下毒，“自望为帝”。这一次孝明帝“闻而信之”。[2] 所有辩白再无意义，元叉以大逆论之，“群官莫不失色顺旨”，[3] 司法程序顺利完成。元怿当夜被杀。灵太后被幽于宣光殿，刘腾执钥，与孝明帝两相隔绝[4]。

元怿被害，朝野惊震，夷人“为之剺面者数百人”，[5] 中原文士、宗室近属大多站到了元叉的对立面，文武、亲疏撕扯着帝国进一步分裂。[6] 八月，相州刺史、中山王元熙，号称“扫翦凶丑，更清

---

[1] 窪添庆文已敏锐地指出元怿与元叉对立，人事方面应占了大部分原因。他根据《魏书》卷九四《阉官传·刘腾传》推测，“虽然元怿拒绝了顺从元叉及其党羽刘腾意思的尚书奏文，但这并不是门下省检查尚书奏文的结果，应该是元怿基于辅政者的权限拒绝。”但若参考韩子熙的上书：“于时，吏部谘禀刘腾，奏其弟官，郡戍兼补。及经内呈，为王驳退。”这一观点或可修正，所谓“内呈”“驳退”应还是元怿基于门下省长官，平省尚书奏文而做出的决策。参见《魏书》卷六〇《韩子熙传》，第 1335 页；窪添庆文《魏晋南北朝官僚制研究》，第 416 页。

[2] 《魏书》卷一六《元叉传》，第 404 页。

[3] 《魏书》卷五五《游肇传》，第 1218 页。

[4] 《魏书》卷九四《刘腾传》：“废灵太后于宣光殿，宫门昼夜长闭，内外断绝。腾自执管钥，肃宗亦不得见。”第 2027—2028 页。

[5] 《北史》卷一九《清河王怿传》，第 717 页。

[6] 廖基添对于元叉政变后王朝宗室阵营的分裂有所探讨，参见《“核心—边缘”模式下的北朝政治史研究》，第 132—133 页。

京邑”。[1]然而此时元叉总管内外，难以颠覆。元熙临刑前作诗云：“义实动君子，主辱死忠臣。何以明是节，将解七尺身。”[2]这场“一而再”的政治谋杀背后，不仅是元怿与元叉的个人对立，更有皇权与后权、宗室亲属与疏属、文士与武人之间的分裂与冲突。这一冲突贯穿了此时的政治、社会诸层面，此后也推动着帝国的政权易代。

王府大宅里的元季聪没有等回她的父亲。一夜之间家庭倾覆，曾经权倾朝野的父亲不得安葬，[3]僚佐宾客纷纷避祸，[4]长兄元亶不能袭爵，元卲尚未出仕。作为罪臣世子，元亶甚至备受侮辱。十月十五日，元怿被害百日有余，元叉提拔、接替元怿为太尉的汝南王元悦在拜官之日，向元亶索要元怿生前的服玩之物，又无故杖挞元亶百下。仍在服丧的元亶“形气羸弱，暴加威挞，殆至不济”。[5]施暴的元悦其实是元怿同母所生的亲兄弟，是元亶的亲叔父。

冤屈之下，元亶、元卲兄弟无力反抗，“隐避不出”，[6]只得在

[1] 《魏书》卷一九下《元熙传》，第 503 页。

[2] 同上书，第 504 页。

[3] 《魏书》卷六〇《韩子熙传》：“及元叉害怿，久不得葬。”第 1334 页。

[4] 《魏书》卷七二《阳固传》：“属怿被害……诸子及门生吏僚莫不虑祸，隐避不出，素为怿所厚者弥不自安。”第 1611 页。

[5] 《北史》卷二二《汝南王悦传》，第 593 页。

[6] 《魏书》卷七二《阳固传》，第 1611 页。

嵩山建造七层浮屠塔，[1] 聊寄哀思。此时的元季聪十一岁，同龄的孝明帝元诩已经亲政，她也将开始新的人生。

二、李氏之妻

元怿去世三四年后，元怿家族逐渐走出阴影。正光四年（523）二月，孝明帝追封元怿为范阳王，“以礼加葬”。[2] 同年，十八岁的元邵也起家为侍书、通直散骑侍郎，后又拜通直散骑常侍，并“以本职监内典书”。[3] 世子元亶也在正光中承袭王位，[4] 一切似乎有了起色。

又两年，灵太后返政。清河国故郎中令韩子熙，与故中大夫、学官令、宾客一同上书，请求以礼迁葬元怿。孝昌元年（525），十二月元怿改窆于瀍水之西，北邙之阳。丧葬加以殊礼，九旒鸾辂，黄屋左纛，辒辌车，前后部羽葆鼓吹，虎贲班剑百人，依彭

[1] 顾炎武《金石文字记》“砖浮图石盖铭”条：“嵩山会善寺掘地得此石盖，铭曰：‘神龟三年七月三日，魏故太傅侍中太尉公清和王夔，世子元亶字子亮，次子元彵字子开，奉为建七层砖浮图一区。敢用顶发及诸杂宝上塔，追诚崇敬，千载弗忘，谨铭函盖。’今存寺中。元彵当是元启。”案，元彵当为元邵，而非元启。顾炎武撰，徐德明校点：《金石文字记》，《顾炎武全集》第 5 册，上海：上海古籍出版社，2011 年，第 258 页。

[2] 《魏书》卷九《肃宗纪》，第 234 页。

[3] 《元邵墓志》：“年十八，为侍书，拜通直散骑侍郎。”见赵超《汇编》，第 221 页。案，元邵死于河阴之变，时年二十三，则十八岁时为正光四年。

[4] 《北史》卷二七《李先传》：“正光中，文宣王亶嗣位。”第 980 页。

城王元勰、汉大将军霍光故事。[1] 出殡之时，“皇舆临送，哀恸圣衷”。据现代考古所见，元怿墓室甚至大过其兄宣武帝的景陵墓室。[2] 上书请礼葬元怿的各位宾客也得到任用，韩子熙擢为黄门侍郎，王国三卿皆擢为执戟者，“近代所无也”。[3] 元亶拜为侍中、车骑将军，可能也在此时。[4] 至此，家庭的冤屈彻底洗清，元怿一支又是尊贵的“孝文子孙”了。

元季聪在孝明帝之世被封为颍阳县主，嫁与卢氏。显然，她的郎君应是范阳卢氏中的一位。作为北朝第一等高门，范阳卢氏与崔、李、郑、王等中原大姓有相对稳定的联姻关系。孝文帝之后，拓跋皇室也加入了这一婚姻圈，开始与卢氏联姻。据统计，卢氏与拓跋氏的联姻至少有十四次。[5] 卢道裕、卢道虔、卢元聿先后尚公主，“一门三主，当世以为荣”，[6] 其中卢道虔与公主和离后又再娶

---

[1] 参见《元怿墓志》，赵超《汇编》，第 174 页。《洛阳伽蓝记校释》卷四《城西 · 冲觉寺》所载亦可与此对照，第 129 页。

[2] 案，今考古发现宣武帝景陵墓室南北 6.73 米，东西 6.92 米，元怿墓长宽各约 9 米。参见李聚宝等：《北魏宣武帝景陵发掘报告》，《考古》1994 年第 9 期；徐婵菲：《洛阳北魏元怿墓壁画》，《文物》2002 年第 2 期。

[3] 《洛阳伽蓝记校释》，第 129 页。

[4] 元亶由于本传亡佚，又无墓志，故无法考订其拜官时间。刻于建义元年七月（528）的《元邵墓志》记载元亶官号为侍中、车骑将军、清河王。可知在建义元年以前，元亶已拜为侍中、车骑将军、清河王。见赵超《汇编》，第 221 页

[5] 参见韩涛：《北朝范阳卢氏家族婚姻考论》，《南京晓庄学院学报》2012 年第 5 期。

[6] 卢道裕尚献文帝女乐浪长公主，卢道虔尚孝文帝女济南长公主，卢元聿尚孝文帝女义阳长公主。见《魏书》卷四七，第 1051、1060 页。

元氏。可见卢氏在顶级婚姻圈中十分抢手。

建义元年（528）所刻《元卲墓志》，记“妹卢氏，字季聪”，可见十九岁的元季聪已嫁卢氏。然而她丈夫的名字失考，这段婚姻始于何时，如何终止，是和离，还是丧夫，皆不得而知。元季聪墓志对此讳莫如深，《元卲墓志》上的这六个字，也成为了这段婚姻唯一的见证，毕竟她最终是以“李公命妇”的身份与第二任丈夫合葬的。

“李公”即李挺，字神俊[1]，生于太和六年（482），比元季聪的父亲元怿还要大四岁。李挺作为洛阳城“一时名士”，[2]活跃于上层社交圈，常与李琰之、袁翻、祖莹、王诵兄弟等才学之士交游，受到王公贵人的青睐，曾是京兆王元愉宴席的座上宾，也曾作为中

[1] 墓志记载：“公讳挺，字神俊”，《魏书》本传云：“柬弟神俊，小名提”，《北史》本传云：“柬弟挺，字神俊，小名提”。关于墓志与二书本传的异文，又见赵万里《李挺墓志跋》，清华大学国学院主编、付佳选编《赵万里文存》，南京：江苏人民出版社，2016年，第430页。参见《李挺墓志》，赵超《汇编》第350—352页；《魏书》卷三九《李神俊传》，第895页；《北史》卷一〇〇《李挺传》，第3328页。

案，魏收对于李神俊多有贬低，而李延寿作《北史》时多删之，且多溢美之词。盖李延寿与李神俊同为李暠之后，李延寿作《序传》时有所讳言，而李神俊与尔朱氏不合，魏收又因此多有贬低，故两书评论有所不同。其中《北史》载迁邺途中遇狗之事，或为徐之才之事，李延寿有移花接木之嫌。讨论参见顾炎武《日知录》卷二六“《北史》一事两见”条，顾炎武著，黄汝成集释《日知录集释》，上海：上海古籍出版社，2014年，第573页；赵翼《陔余杂考》卷九“《南北史》自相抵悟处”条，北京：中华书局，1963年，166—167页。

[2] 《魏书》卷五二《段承根传》，“李琰之、李神俊，一时名士，并称美之”。第1159页。

李挺墓志（来源：《北京图书馆藏中国历代石刻拓本汇编》）

山王元熙的“知友”在河梁饯行赋诗。或许他也曾出现在元怿家的楼台雅集之上，或许也曾在那座大宅子里偶遇过尚在髫龀之年的元季聪。

这是元季聪的第二段婚姻，却是李挺第三次娶妻。

李挺第一任妻子是刘幼妃，彭城刘芳之女。刘芳深谙经学，号称“刘石经”。孝文帝“始末丧事，皆芳撰定”，又为宣武帝“手加衮冕”。[1] 李挺少时便得刘芳赏识，“特相赏异，申以婚姻”。[2] 要知道孝文帝曾为太子元恂求娶刘芳之女，被刘芳以“年貌非宜”为由拒绝。实际上，元恂生于太和六年，恰与李挺同龄。若就刘幼妃而言，她与李挺结合于正始四年，太和年间可能尚未出嫁。[3] 看起来，所谓“年貌非宜”不是“年”的问题。若就“貌”来说，虽然元恂确实“体貌肥大”，难称英俊，但李挺“颈多鼠乳”，[4] 也非完人。可见“年貌”皆为托辞。

作为太子，元恂“不好书学”，“深忌河洛暑热，意每追乐北方”。[5] 那时人们看重经史文学，以及由此建立起的社会地位。元恂迷恋北族文化，即使贵为东宫太子，也难得到刘芳的认同。后来他也最终失去了父亲孝文帝的认同，太和二十一年（497）被废为

[1] 《魏书》卷五五《刘芳传》，第 1222 页。

[2] 《李挺墓志》，赵超《汇编》，第 350 页。

[3] 刘幼妃与李挺结婚时已二十九岁，故不排除此前曾有婚姻而墓志并未提及。

[4] 《北史》卷一〇〇《李挺传》，第 3328 页。

[5] 《北史》卷一九《废太子恂传》，第 713 页。

庶人。同年，元恪被立为太子。元恪比元怿长三岁，据《魏书》记载，在孝文帝的抓阄测试中，他选择了骨如意而非其他珍宝，使“高祖大奇之”。不论如何，元恪“雅爱经史，尤长释氏之义，每至讲论，连夜忘疲”，这一点应当不错，也可与《元怿墓志》相参照：“世宗之在东宫，特加友异，每与王谈玄剖义，日晏忘疲。”两个十几岁的少年彻夜探讨学术玄义。[1]显然，相比元恂，元恪与元怿更加符合此时帝国文化意识形态的建设需要。

正始四年（507），刘芳的第二女、二十九岁的刘幼妃嫁与了二十六岁的李挺。二人年龄都不小，在北朝算是晚婚。然而不幸的是，婚后不久刘幼妃就去世了。礼书所谓“三月庙见”，而刘幼妃甚至“未及庙见”便去世了。[2]

刘幼妃去世后，李挺所娶第二任妻子，是元继的第三女、元叉的姊妹元阿妙。若参考兄弟元叉的生年——太和九年（485），阿妙应与李挺年龄相仿。两人结婚时间已不可考，或许也在元叉掌权的神龟、正光年间。

此后李挺自太常少卿出为前将军、荆州刺史，元阿妙与他一起

---

[1] 见《魏书》卷八《世宗纪》，第 215 页；《元怿墓志》，赵超《汇编》，第 172 页。案，元恪太和七年（483）出生，二十一年（497）被立为皇太子，二十三年（499）即位。故墓志所载二人交好时间当在太和二十一年至二十三年，时元恪十四至十六岁，元怿十一至十三岁。

[2] 《李挺妻刘幼妃墓志》：“既见君子，宜其家室。未及庙见，严霜夏陨。……以正始四年十月十七日，卒于彭城都乡从亭里第，春秋廿九。”见毛远明校注：《汉魏六朝碑刻校注》，北京：线装书局，2008 年，第 7 册，第 307 页。

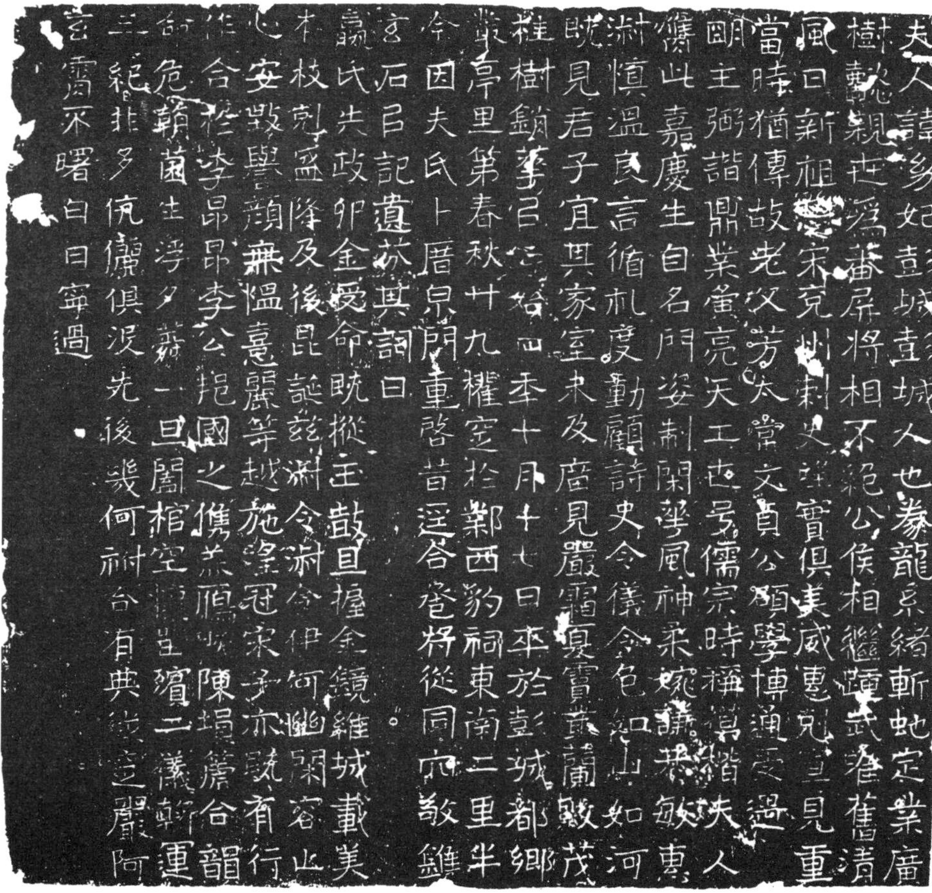

刘幼妃墓志（来源：《汉魏六朝碑刻校注》）

到穰城赴任。正光末、孝昌初，鲁阳蛮人断三鸦道，南方萧梁又遣曹义宗围攻穰城，[1]郡内各戍皆已陷没，而朝廷援兵迟疑不敢进，[2]孝明帝一度号称要“躬驭六师，扫荡逋秽”。[3]战局危急，“本以文雅为名，不存武力”的李挺，[4]此时勠力固守。最终崔孝芬带兵从弘农南入，击退曹义宗，取代李挺成为新一任刺史。[5]李挺再次入朝，官为大司农卿。然而，元阿妙薨逝在穰城，没能回到洛阳，此后也未能与李挺合葬。[6]一番生死离别，孝昌元年（525），再次回到洛阳的李挺仍是孑然一身。

---

[1] 《魏书》卷三九《李神俊传》、卷七一《裴衍传》作“曹敬宗”，分见第 896、1575 页；卷一八《王罴传》、卷五二《阴仲达传》、卷五七《崔孝直传》，论及此事皆作“曹义宗”，分见第 291、1164、1270 页。案，曹义宗为南梁开国将领曹景宗第九弟，魏武泰元年十月为费穆所擒，曹敬宗除上述两传外，史籍无载，故当为一人，作“曹义宗”。见《南史》卷五五《曹义宗传》，第 1357 页；《魏书》卷一〇《庄帝纪》，第 260 页。

[2] 《魏书》卷七一《裴衍传》：“孝昌初，萧衍遣将曹敬宗寇荆州，山蛮应之，大路断绝。都督崔暹率数万之众，盘桓鲁阳，不能前讨。荆州危急，朝廷忧之。”第 1575 页。

[3] 《魏书》卷九《肃宗纪》，第 242 页。

[4] 《李挺墓志》，赵超《汇编》，第 351 页。

[5] 《魏书》卷五七《崔孝芬传》：“荆州刺史李神俊为萧衍遣将攻围，诏加孝芬通直散骑常侍，以将军为荆州刺史，兼尚书南道行台，领军司，率诸将以援神俊，因代焉。”第 1267 页。

[6] 《李挺墓志》：“又娶丞相江阳王继第三女，字阿妙，薨于穰城。”又按《魏书·崔孝芬传》，孝昌元年围城之时崔孝芬受命为荆州刺史，曹义宗退兵后李挺便应离开荆州。故元阿妙去世时间应在孝昌元年李挺离开荆州之前。兴和三年李挺死后，刘幼妃、元季聪与之合葬。今见三人墓志字体相近，应为同期所作。虽《李挺墓志》中提及元阿妙，但并未发现元阿妙墓志，故推测可能葬于穰城，并未与李挺合葬。见《魏书》卷五七《崔孝芬传》，第 1267 页。《李挺墓志》，赵超《汇编》，第 352 页；《刘幼妃墓志》，见毛远明校注：《汉魏六朝碑刻校注》第 7 册，第 307 页。

在娶元季聪前，李挺还与卢元明有过一段抢婚的插曲。他原打算娶郑严祖的妹妹，她是李冲的外孙女，也是李挺的从侄女。然而卢元明也看上了郑氏，于是发生了一场竞争，“二家阋于严祖之门”，[1] 李、卢两家在郑严祖门前动口动手起来。卢元明虽也是第二次娶妻，不过他较李挺年轻，而李挺乃与郑氏母亲年龄相仿。[2] 最终郑氏还是嫁给了卢元明。然而婚后郑氏却与卢元明的侄子卢士启通奸，“元明不能离绝”，[3] 也是家门丑事，这是后话。

北朝高门的再娶再嫁并不稀见。士人常有再娶，妇女也不忌讳再嫁，并没有如明清时代被要求贞烈守节。这种改嫁与后娶，看上去似不符合儒家伦理，然而这恰是嫡庶观念的产物。因为不论改嫁还是再娶，皆为妻而非妾，这实际是世族高门确保正室稳定、后代嫡出的一种举措。清人赵翼所谓“北齐百官无妾”或许言过其实，[4]

---

[1] 《魏书》卷三九《李神俊传》，第 897 页，又见《北史》卷一〇〇《李挺传》，第 3329 页。

[2] 《魏书》卷三九《李神俊传》：“神俊丧二妻，又欲娶郑严祖妹，神俊之从甥也。”第 896 页。又见《北史》卷一〇〇《序论》，第 3329 页。案《魏书》本传，郑严祖为郑道昭之子，又《李媛华墓志》：“亡父讳冲，司空清渊文穆公。……姊长妃，适故使持节镇北将军相州刺史文恭子荥阳郑道昭”，由此可知李挺欲娶之郑氏应为郑道昭与李长妃之女。由墓志，李媛华正光五年四十二岁去世，故与李挺同龄，其姊李长妃当为李挺从姊，史传谓郑氏为李挺之“从甥”不误也。见《魏书》卷五六《郑义附郑道昭传》，第 1242 页；《李媛华墓志》，见赵超《汇编》，第 148 页。

[3] “元明凡三娶，次妻郑氏与元明兄子士启淫污，元明不能离绝。”由此可知，此时为元明二娶。见《魏书》卷四七《卢昶传附卢元明传》，第 1061 页。

[4] 赵翼著，王树民校正《廿二史劄记校正（订补本）》，卷一五“北齐百官无妾”条，北京：中华书局，1984 年，第 323 页。

不过元魏宗室与中原士族皆鄙于侧出，以至官员不乏无妾之例。但可相对比的是“一夫二妻”现象，[1]虽然无妾，却可能同时有两个正室，可见无妾并不一定意味着对妻子忠贞不二。

北齐颜之推《颜氏家训》论及后娶：“江左不讳庶孽，丧室之后，多以妾媵终家事……河北鄙于侧出，不预人流，是以必须重娶，至于三四，母年有少于子者。”[2]对此，学者早已指出：“北朝的‘嫡庶之争’远甚于南朝，这主要源于北朝社会因观念与制度所导致的频繁‘后娶’状态下家族继承关系的不确定。”[3]只不过“后娶”与嫡庶之争恐怕是鸡与蛋的关系。诚如《颜氏家训》所说，相比于南朝“妾媵终家事”，北朝重视嫡出，故丧妻之后“必须重娶”，然而又因反复重娶，导致家庭辈分混乱，嫡庶之争再起。李挺两次娶妻却一直无子，不然以元季聪的年龄，也可谓是隔辈婚、“少于子”了。

抢婚失败的李挺怅然不已。建义、永安年间，[4]他娶了第三任妻子，便是二十岁的元季聪。李挺比元季聪父亲的年龄还大，他的

---

[1] 对于魏晋南北朝时期重婚的讨论，参见薛瑞泽：《嬗变中的婚姻：魏晋南北朝婚姻形态研究》，西安：三秦出版社，2000 年，第 196—208 页。

[2] 颜之推撰，王利器撰：《颜氏家训集解》卷一《后娶》，北京：中华书局，1993 年，第 34 页。

[3] 陈爽：《出土墓志所见中古谱牒研究》，北京：学林出版社，2015 年，第 199 页。

[4] 案《元季聪墓志》：“亦既有行，作嫔世彦。……永安二年，拜女侍中。”按照书写顺序，则元季聪出嫁应在永安二年（529）拜女官之前，又建义元年（528）七月《元邵墓志》载季聪仍为“卢氏”。故元季聪与李挺的结合应在 528 年七月至 529 年拜官之间。《元邵墓志》见赵超《汇编》，第 221 页。

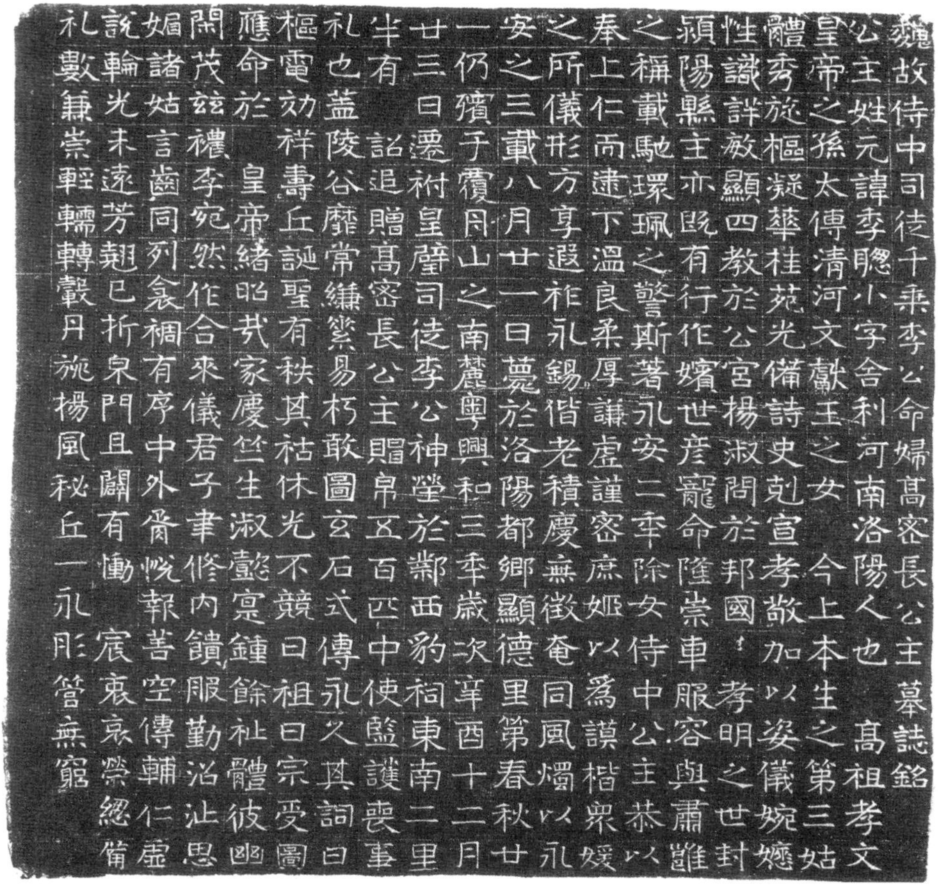

元季聪墓志（来源：赵力光编《鸳鸯七志斋藏石》，西安：三秦出版社，1995 年）

前一任妻子是杀父仇人的姐妹，他还曾高调地在洛阳与人抢婚，并且失败。这样的婚姻看上去乏善可陈，不过没什么比文化认同来得重要。这桩婚姻不过是李挺在兵荒马乱中丧失了一个妻子，又从洛阳文化圈选择另一个“高门士女”，[1] 以确保家族事务——尤其是传宗接代，能够顺利运行，本质上和官员除拜并无二致。二十岁的元季聪也不过是面对着这样一个员缺，高悬着“陇西李氏正妻”之名。此时风云涌动，四方兵起，杀进洛阳的尔朱氏拥立元子攸为孝庄帝，转眼间陇西李氏又成了外戚，而北魏已不再是孝文子孙的天下。

三、帝国的女侍中

元季聪与李挺结婚之时，也是北魏政权摇摇欲坠之时。

528 年，正月改元武泰。二月，与元季聪同龄的孝明帝被害。他去世之后亦无子嗣，“国道中微，大行绝祀”。[2] 灵太后先诈立潘嫔之女为帝，又改立临洮王之子、三岁的元钊为帝，天下哗然。[3] 四月，尔朱荣以翦除奸佞，更立长君为名，领兵入洛，立彭城王元勰第三子元子攸为孝庄帝。皇室百官奉迎于河阴，元季聪的哥哥元劭已进封常山王，此时亦赫然在列。然而尔朱荣杀心骤起，纵兵行凶，杀害灵太后、幼主与百官二千余人，是为“河阴之变”。元劭

[1] 《廿二史札记校正》（补订本）卷一五“高门士女”条，第 317 页。

[2] 《魏书》卷九《肃宗纪》，第 248 页。

[3] 《北史》卷一三《宣武灵皇后传》，第 503 页。

也死于这场屠杀。五天后，改元建义。九月，尔朱荣平葛荣之乱，进位大丞相，改元永安。[1] 一年不到，年号三变。元季聪与李挺的婚姻，便开始于这混乱的建义、永安年间。

永安二年，元季聪拜女侍中，在宫内当值。女侍中、女尚书等女官，早在汉晋十六国便已出现。[2] 北魏到孝文帝时始置，视二品，一说三品。[3] 她们的主要职责有二：第一就是处理文书。早在曹魏时，魏明帝就曾“选女子知书可付信者为女尚书，省奏事，当画可”。[4] 后赵石虎、东晋穆帝时，她们一度与外侍中一样冠饰貂蝉，服男子之服。神龟元年，孝明帝又恢复此制。一时间“缀金蝉于象珥，极鼲貂於鬓发”，后经元澄表谏，称“妇人而服男子之服，至阴而阳”，才罢。[5] 元季聪自幼受父兄影响，不仅识文断字，也

---

[1] 《魏书》卷一〇《孝庄帝纪》，第 255—270 页。

[2] 晋时女尚书与女侍中已在后宫礼仪中承担重要职能，如《晋东宫旧事》：“迎太子妃之日，诸长御皆在幄帐，左右侍宫人重行，东面以准女尚书，西面以准女（尚书）[侍中]。”石虎时，宫中女侍中、女尚书皆备，《邺中记》：“石虎征讨所得美女万余，以为宫人，简其有才艺者为女尚书”，“石虎置女侍中，皆貂蝉，直侍皇后。”见《太平御览》卷一四五《皇亲部》“女侍中”条、“女尚书”条，第 709 页下栏。

[3] 《北史》卷一三《皇后传》，“作司、大监、女侍中三官视二品；监、女尚书……视三品。”则女侍中为二品，女尚书为三品，第 486 页。《太平御览》卷一四五《皇亲部》“女侍中”条引《后魏书》：“高祖置女侍中，视三品。”第 709 页。

[4] 《太平御览》卷一四五《皇亲部》“女尚书”条，引《魏略》，第 709 页。

[5] 《太平御览》卷一四五《皇亲部》“女侍中”条引《邺中记》：“石虎置女侍中，皆貂蝉，直侍皇后。”北魏神龟元年，元澄上书云：“江南伪晋穆何后有女尚书而加貂珰，此乃衰乱之世，妖妄之服。且妇人而服男子之服，至阴而阳，故自穆、哀以降，国统二绝。因是刘裕所以篡逆。” 《北史》卷一八《拓跋澄传》，第 661 页。

同样“光备诗史”。[1] 不知在此北魏末年，作为宫内女侍中的元季聪是作何打扮。

女侍中的另一个职责是侍从三宫，因此不仅要“知书”，更须是“可付信者”。[2] 灵太后任命她所宠爱的妹妹胡氏为女侍中，在西游园宴会上，元顺曾直指太后身侧的胡氏，求诛元叉，由此可见作为女侍中胡氏常在灵太后之侧。[3] 当孝明帝欲诛元叉之时，“诏书已成，未及出”，胡氏第一时间知道，不仅向灵太后告发，甚至诬陷元季聪的兄长元邵“欲废太后”，又将起草诏书的二人外贬。[4] 由此一系列操作可见，女侍中平日可作喉舌，关键时刻又兼耳目。后来太昌年间，高欢也拜高岳母亲山氏为女侍中，入侍孝武皇后。高岳是高欢族弟，一起在信都起兵，而孝武皇后是高欢的女儿，[5] 显然有托付照应之意。至于北齐陆令萱，凭借后主乳母的身份、女侍中的职位，内立皇后，外干朝政，则又是一位覆雨翻云的人物。

作为女侍中，墓志记载元季聪“恭以奉上，仁而逮下”。然而此时孝庄帝母亲早已去世，所谓“上”只有一个，便是孝庄皇后——尔朱荣之女。这个尔朱氏载于史册的并非她的美貌，而是她的射

---

[1] 《元季聪墓志》，见文后。

[2] 《太平御览》卷一四五《皇亲部》“女尚书”条，引《魏略》，第 709 页。

[3] 《魏书》卷一九中《元顺传》，第 482 页。

[4] 《魏书》卷九四《刘思逸传》，第 2035 页。

[5] 《北齐书》卷一三《清河王岳传》，北京：中华书局，1972 年 11 月，第 174 页；《北史》卷一三《孝武皇后高氏传》，第 506 页。

术："引长弓斜射飞鸟，亦一发而中。"可见她受家风熏染，承袭了尔朱家族的骑射传统，这与生长于洛阳、"光备诗史"的元季聪大有不同。孝庄帝死后，尔朱氏归于高欢，虽非正室，然而高欢"见必束带，自称下官"，十分敬重。最终她因不从高洋的酒后无礼而死。[1]

元季聪与尔朱氏素无瓜葛。孝庄帝一直希望联合外戚李氏，以摆脱尔朱氏的控制。如此看来，作为李挺之妻、元魏宗室的元季聪任女侍中，应该是孝庄帝之意了。

被尔朱荣拥立的孝庄帝元子攸，此时二十二岁。作为元勰之子、献文帝之孙，从辈分上来说，他比孝明帝长一辈，年龄也长三岁。可见，尔朱荣的确践行了"更立长君"的口号。孝庄帝母亲名叫李媛华，是李冲之女，与李挺同岁，不过早在正光五年便已去世。[2] 随着元子攸入继大统，陇西李氏摇身一变成了外戚，官爵变化自是题中应有之义。首先是李冲长子李延寔，"以元舅之尊，超授侍中、太保，封濮阳郡王"，拒不受，后以太傅、录尚书事出镇青州。[3] 李奖、李谚、李孚、李季凯等也以"戚里恩泽"，任职内外。[4]

李挺乃李佐之子、孝庄帝从舅，此时以"外戚之望"，出任中

---

[1] 《北史》卷一四《彭城太妃尔朱氏》："彭城太妃尔朱氏，荣之女，魏孝庄后也。"第 518 页。

[2] 《李媛华墓志》，赵超《汇编》，第 149 页。

[3] 《北史》卷一〇〇《李延寔传》，第 3333 页。

[4] 事见《北史》卷一〇〇《李奖传》，第 3336—3337 页，同卷《李谚传》，第 3325 页；《魏书》卷三九《李孚传》，第 892 页，同卷《李季凯传》，第 893 页。"戚里恩泽"之语出自《北史·李奖传》。

书监，监修起居注，兼吏部尚书[1]。四十七岁的李挺，被郑伯猷称为“人物宗主”。[2]他对于“朝廷旧章及人伦氏族，多所谙记”，[3]《墓志》也称“若乃季代氏族之书，人伦当世之事，犹兹达味，不舛淄渑”，[4]他可见对于氏族门第都了然于心。史书载李挺“意尚风流，情在推引人物”。[5]而他所“推引”者，皆为中原高门子弟。《北齐书》载：“李神俊监起居注，启（阳）休之与河东裴伯茂、范阳卢元明、河间邢子明等俱入撰次”，[6]几乎网罗一时才俊。[7]群贤辐辏，仿佛当年的元怿。不过对于孝庄帝来说，李挺作为吏部尚书、“人物宗主”，举荐称职官员的作用更为关键，于是“寻解余任，正位选曹”。[8]

---

[1] 《魏书》本传云：“庄帝纂统，以神俊外戚之望，拜散骑常侍、殿中尚书。追论固守荆州之功，封千乘县开国侯，邑一千户。转中书监、吏部尚书。”《墓志》记载：“会尔朱入朝，庄皇纂统，即拜散骑常侍、领殿中尚书，中书监、兼吏部尚书。”见《魏书》卷三九《李神俊传》，第896页。赵超：《汉魏南北朝墓志汇编》，第351页，标点略有改动。

[2] 《北史》卷一〇〇《李挺传》，第3329页。

[3] 同上。

[4] 《李挺墓志》，见《汇编》，第350页。

[5] 对此，《魏书》《北史》褒贬有所不同。《北史》仅称“情在推引人物”，魏收则评价“情在推引人物，而不能守正奉公，无多声誉。有巨鹿人李炎上书言神俊之失”。见《魏书》卷三九《李神俊传》，第896页；《北史》卷一〇〇《李挺传》，第3328页。

[6] 《北齐书》卷四二《阳休之传》，第561页。

[7] 参与修注者又见许伯礼、阴道方。许伯礼“三世同居”，“李神俊常称其家风。自侍御史累迁尚书左民郎、司徒谘议参军，修起居注”。阴道方“颇涉书传，深为李神俊所知赏”，“孝庄初，迁尚书左民郎中，修起居注”。见《魏书》卷四〇《许伯礼传》、卷五二《阴道方传》，第1037—1038、1164页。

[8] 《李挺墓志》，赵超《汇编》，第351页。

此时，尔朱荣已击败元颢，返回晋阳，“遥制朝廷”。然而孝庄帝“与吏部尚书李神俊议正纲纪”，令他不得安宁，故而“大相嫌责”。[1] 虽然大多数时候，侥幸求官者“得其启请，无不遂之”，[2] 然而来自晋阳的任命始终没有制度上的合法性。尔朱荣曾补某人为曲阳县令，可是李挺核查吏部勋簿，认为此人资历与县令悬殊过甚，不予批准，打算安排别人。[3] 尔朱荣大怒，斥责李挺“自树亲党，排抑勋人”，[4] 直接让自己安排的候选者去曲阳上任，“往夺其任”。[5] 由尔朱荣的愤怒之语可以看出，他所举的人选是积累军功的武人，而李挺看重的是中原子弟。这不仅是李挺的个人喜恶，更应出自孝庄帝的倾向与立场。虽然最终尔朱荣通过强取豪夺达到目的，但孝庄帝的用人策略始终与之相悖。在这样的冲突之后，李挺惧而离任，迁为卫将军、右光禄大夫，不再有实际权力。

孝庄帝任命李挺为吏部尚书，主持官员裁汰，并拜元季聪为女侍中，置于尔朱皇后之侧，一在前朝，一在后宫，一为外亲，一为

---

[1] 《北史》卷四八《尔朱荣传》，第 1757 页。

[2] 《魏书》卷七四《尔朱荣传》，第 1654 页。

[3] 《魏书·尔朱荣传》：“曾关补定州曲阳县令，吏部尚书李神俊以阶悬不奉，别更拟人。”按：“奉”，《北史》《通鉴》皆作“奏”。故“阶悬不奉”应为“阶悬，不奏”。又，胡三省《通鉴音注》云：“关补者，先补授而后关吏部。……言阶级相去悬绝，其人不应补为县令。”《魏书·卢同传》载孝明帝年间吏部有勋簿，“叙阶之后，名簿具注加补日月”，时时更新。李挺所谓“阶悬”，应根据吏部所掌勋簿而判定资历悬殊。见《魏书》卷七四《尔朱荣传》、卷七六《卢同传》，第 1654、1682 页；《北史》卷四八《尔朱荣传》，第 1757 页；《通鉴》卷一五四《梁纪十》“中大通二年”，第 4777 页。

[4] 《魏书》卷三九《李神俊传》，第 896 页。

[5] 《魏书》卷七四《尔朱荣传》，第 1654 页。

宗室，无不透露出“潜思变化”的用心。[1]然而在权力与制度的夹缝中，前朝的李挺已离任赋闲，后宫的元季聪，历史并没有投以足够的目光。墓志称她“温良柔厚，谦虚谨密”，我们已无法分辨这是例行褒奖，还是夹缝之中步步为营的写照。她当年是否也有类似的挣扎，我们已无从得知。

一年后，永安三年八月廿一日（530 年 9 月 28 日），二十一岁的元季聪在洛阳显德里李氏家宅辞世，殡于覆舟山南麓。[2]九月十八日（10 月 25 日），孝庄帝借朝觐的机会，发动宫廷政变，杀掉了不可一世的尔朱荣。这一政变可谓是李氏与元氏的完美复仇，作为外戚的李挺家人多有参与，李季凯传递通知，李义邕参与预谋，李彧进武毅之士，最终元忻之手刃大敌。[3]十月三十日（12 月 5 日），尔朱兆更立长广王元晔为帝，不久攻入京城，囚害孝庄帝，大诛李氏。[4]一片混乱中，李挺逃匿民间。[5]

---

[1] 《魏书》卷一〇《庄帝纪》，第 268 页。

[2] 《元季聪墓志》：“以永 / 安之三载八月廿一日，薨于洛阳都乡显德里第，春秋廿一，仍殡于覆舟山之南麓。”按，《李遵墓志》：“正光五年五月八日薨于洛阳显德里第。”《李彰墓志》卒于“洛阳县澄风乡显德里”，李氏二人宅第皆在显德里，推测元季聪应卒于显德里李挺宅第。《李遵墓志》《李彰墓志》，见赵超《汇编》，第 165、293 页。关于陇西李氏洛阳宅第位置的讨论，又见张金龙：《北魏迁都后官贵之家在洛阳的居住里坊考》，收于《北魏政治与制度论稿》，第 339 页。

[3] 见《北史》卷一〇〇各本传，第 3327、3325、3334 页。

[4] 诸事件参见《魏书》卷一〇《孝庄帝纪》，第 265—267 页。李延寔及上述李季凯、李义邕等皆死于此时，见《北史》卷一〇〇，第 3334—3327 页。

[5] 《魏书》卷三九《李神俊传》，第 896 页；《北史》卷一〇〇《李挺传》，第 3328 页。

四、余声

元季聪死后，她的身份依然在延续。

北魏末年的纷乱拥立中，孝文帝的血统被再次重视和强调。[1]初始尔朱氏所立虽为长君，却皆非孝文子孙。[2]高欢看到只有继孝文之国统，才合民望，“佥谓高祖不可无后”。[3]除了元朗为信都起义之初草草而立，其后高欢所立元修、元善见皆为孝文帝之后。最终形成东西魏并立的局面，对峙双方也皆为孝文子孙，西魏为元愉之子元宝炬，而东魏为元怿之孙元善见。

元季聪死后的第二年，元亶先后被尊为仪同三师、司徒公，两年后的八月，拜为大司马，“承制总万几，居尚书省”。[4]“清河王”再次走进王朝中枢，不过这已是帝国的末日。

元季聪死后的第五年，元亶之子元善见登极，迁都邺城，与长

[1] 何德章指出，北魏末年频繁的帝位异动，实质是要“确立孝文帝的法统”，继承汉化传统。见何德章：《北魏末帝位异动与东西魏的政治走向》，《魏晋南北朝隋唐史资料》第十八辑，武汉：武汉大学出版社，2001 年。

[2] 《资治通鉴》载，尔朱荣起兵口号为“翦除奸佞，更立长君”。这主要是针对此前五岁即位的肃宗以及口不能言的元钊而言。在立孝庄帝之初，尔朱荣“乃以铜铸高祖及咸阳王禧等六王子孙像，成者当奉为主，惟庄帝独就”，显然尔朱荣心目中的帝位候选人仅为献文子孙。而从结果来看，尔朱氏所立元子攸 21 岁、元恭 33 岁，可谓长君，也皆为献文子孙，元晔甚至为景穆子孙。可见尔朱荣立长君，而有意不立孝文子孙。何德章“孝文帝的嫡系子孙无疑还是尔朱荣首先考虑的人选”的观点或可修正。见《资治通鉴》卷一五二《梁纪八》，第 4739 页。《魏书》卷七四《尔朱荣传》，第 1674 页。

[3] 《魏书》卷一一《出帝平阳王纪》，第 281 页。

[4] 同上书，第 283、291 页。

安政权东西并立，史称“东魏”。季聪的身份也被最终定格为“今上本生之第三姑”。[1] 而李挺在生命的最后阶段，入为侍中，在元善见身旁“切问近对，良资博物，献可提否，是曰王臣”。[2] 三娶三丧之后，晚年李挺仍是无妻无子，孑然一身，时人谓之“风德之衰”。[3] 虽《魏书》称李挺养李延度第三子李容儿为后，却并未见载于《北史》与墓志，不知虚实。史称他见到青年才俊，唯有一声叹息：“昨见崔悛儿，便为后生第一。我遂无此物，见此使人伤怀！”[4]

元季聪死后的第十一年，李挺去世，终年六十四岁，葬于邺城豹祠东南二里半。下葬时，也将元季聪从洛阳覆舟山迁来合葬，孝静帝追赠她为高密长公主，“赗帛五百匹，中使监护丧事”，礼遇超过李挺。

作为元怿之女、李氏之妻、北魏宗室，元季聪的悲欢从来都是和家族、王朝的命运联系在一起。最终，她安眠在邺城之西。一辈子没离开过洛阳的她，终于永远地离开了那里。

[1] 《元季聪墓志》，录文见文后。

[2] 《李挺墓志》，赵超《汇编》，第 351 页。

[3] 《魏书》卷三九《李神俊传》，第 897 页；又见于《北史》卷一〇〇，第 3329 页。

[4] 《北史》卷二四《崔赡传》，第 874 页。

附:《元季聪墓志》

按：此志出土于河南省安阳县，具体时间、地点不详。志石曾为于右任所藏，1983年捐赠西安碑林，现藏于西安碑林博物馆。志盖为覆斗形，左右各带一铁环，篆书“魏故司徒千乘李公命妇高密长公主铭”。志石高48厘米，宽47厘米，有横纵界格，正书，20行，行22字。拓片见毛远明《汉魏六朝碑刻校注》、于媛《于右任藏碑集锦》、贾振林《文化安丰》等。[1]

魏故侍中司徒千乘李公命妇高密长公主墓志铭

公主姓元，讳季聪，小字舍利，河南洛阳人也。高祖孝文/皇帝之孙，太傅清河文献王之女，今上本生之第三姑。/体秀旋枢，凝华桂苑，光备诗史，克宣孝敬。加以姿仪婉嫕，/性识详敏，显四教于公官，扬淑问于邦国。孝明之世，封/颍阳县主。亦既有行，作嫔世彦，宠命隆崇，车服容与。肃雍/之称载驰，环佩之謦斯著。永安二年，除女侍中。公主恭以/奉上，仁而逮下，温良柔厚，谦虚谨密，庶姬以为楷模，众媛/之所仪形。方享遐祚，永锡偕老，积庆无征，奄同风烛。以永/安之三载八月廿一日，薨于洛

[1] 毛远明编著：《汉魏六朝碑刻校注》第7册，第310页；于媛编《于右任藏碑集锦》，2009年，北京：世界图书出版公司，第15页。贾振林编著：《文化安丰》，第181页。

阳都乡显德里第，春秋廿一，仍殡于覆舟山之南麓，粤兴和三年岁次辛酉十二月／廿三日迁祔皇璧司徒李公神茔，于邺西豹祠东南二里／半。有诏追赠高密长公主，赗帛五百匹，中使监护丧事，／礼也。盖陵谷靡常，缣素易朽，敢图玄石，式传永久。其词曰：／枢电效祥，寿丘诞圣，有秩其祜，休光不竞。曰祖曰宗，受图／应命，于皇帝绪，昭哉家庆。竺生淑懿，寔钟余祉，体彼幽／闲，茂兹禯李。宛然作合，来仪君子，聿修内馈，服勤沼沚。思／媚诸姑，言齿同列，衾裯有序，中外胥悦。报善空传，辅仁虚／说，轮光未远，芳翘已折。泉门且辟，有恸宸忠，哀荣总备，／礼数兼崇。轻輀转毂，丹旐扬风，秘丘一永，彤管无穷。

常山公主事迹杂缀

罗　新

一、温子升《常山公主碑》

《艺文类聚》卷一六有温子升《常山公主碑》，[1]显然不是全文，只是节选文学性较强的句子，没有收入那些介绍个人身世的文句。这就意味着，现存碑文不仅不能反映原文的全貌，而且现存部分也不是原文中一个完整的部分，文句间原有的表达个人信息的句子已为编选者删落。这种残碎的情况，对现代研究者来说当然是极大的遗憾，不过即使这一点点的孑遗，也是中古文献的吉光片羽，弥足珍贵。《艺文类聚·储宫部》公主门碑文中，只选了温子升这一篇，可见在写公主的碑文中，编选者认定此文最为出色。一篇足以成为范文的碑文，怎样表彰公主的人生与品德呢？

[1]　欧阳询：《艺文类聚》卷一六《储宫部》公主门，汪绍楹校本，上海：上海古籍出版社，1982 年，第 306 页。

现存碑文一开始就说："启泰微之层构，辟阊阖之重扉，据天下以为家，苞率土而光宅。"碑文开端本应是名讳、郡望和家世，已被删节，现存的是介绍公主家族背景的部分，以华丽的笔调歌颂拓跋鲜卑对华北的征服，以及北魏王朝的建立。接下来要说到常山公主高贵的出生，"然则昆山西跱，爰有夜光，汉水东流，是生明月"，芝兰玉树，生在皇家。公主的出身背景，本是碑志类文字的高光时刻，显然关于出生和家世这一部分都已删节，只剩下这几句"比兴"的话。那么公主的个人品质、性情和修养如何呢？碑文说：

> 公主禀灵宸极，资和天地，芬芳有性，温润成质。自然秘远，若上元之隔绛河；直置清高，类姮娥之依桂树。令淑之至，比光明于宵烛；幽闲之盛，匹秾华于桃李。托体宫闱，而执心㧑顺；婉然左辟，率礼如宾。

如此淑德，当然应有良配，于是便说到出嫁："举华烛以宵征，动鸣佩而晨去。致肃雍于车乘，成好合于琴瑟。"良人是谁，夫家如何，以及公主在婚后的表现等等，也应是碑志叙述的重点所在，可惜都被删掉了。甚至丈夫去世这么重大的人生变故，现存碑文也没有提及，而是忽然就叙及公主守寡的生活："立行洁于清冰，抗志高于黄鹄，停轮表信，阖门示礼，终能成其子姓，贻厥孙谋。"表彰公主不改嫁，支撑门户，使夫家后继有人。"而钟漏相催，日夜不息，川有急流，风无静树。奄辞身世，从宓妃于伊洛；遽捐馆舍，追帝子于潇湘。”这是讲公主去世，但去世和下葬的时间、地点，俱已删略不存。所存铭辞部分，也省略了家世和品行方面的美词，只剩下铭辞末尾描述死亡、安葬及坟垅的句子：

> 龙辔莫援，日车遂往，奄离形神，忽归丘壤。祖歌薤露，出奏巫山，永厝中野，终掩穷泉。萧瑟神道，荒凉墓田，松槚徒列，琬琰空传。

《北史》称温子升“博览百家，文章清婉”，他年轻时到广阳王元渊家当一个“贱客”，屈身于马坊教“诸奴子”写字。[1] 其间作《侯山祠堂碑文》，为名士常景所激赏，元渊才晓得他是个才子。东魏末年，高澄怀疑他参与了某起未遂政变，决意杀他，但还是等到他完成《神武碑》（即高欢碑）之后，才把他关起来活活饿死。温子升沉浮人生的两端都与碑文制作有关，可见他擅长碑文，是当时北方文坛上屈指可数的高手。可惜温子升的作品存世很少，其中没有一篇完整的碑文，以篇幅而论，《常山公主碑》已经算是保存较多的了。如果《常山公主碑》全文得以幸存，不仅有关常山公主的信息必定丰富得多，我们对温子升的文学成就也可以有更多切实的了解。

---

[1] 《北史》卷八三《文苑传》，北京：中华书局，1974 年，第 2783 页。

二、常山公主与陆昕之

常山公主的信息主要见于《魏书》卷二八陆氏列传中的《陆昕之传》。[1] 传称陆昕之“尚显祖女常山公主，拜驸马都尉”。可见常山公主是北魏献文帝的女儿。从《魏书》记高阳王元雍称她为“常山妹”来看，常山公主应该比元雍年轻，从而可知她是孝文帝的妹妹。她下嫁给陆昕之的时间已无可考，但可以肯定的是这是她的第一次也是唯一一次婚姻。

在太和二十年（496）正月孝文帝主持代人姓氏改革之前，陆氏还是步六孤氏。也就是说，当常山公主出嫁时，她的夫家还不姓陆，而是姓步六孤。步六孤，我认为就是 Bilge, 据说本意是智慧，但这个词早已演化为内亚阿尔泰语系（Altaic）各人群常见的官号、人名或部落名。按照代北传统，出于 Bilge 部的就以 Bilge 为姓，汉语音译就写作步六孤，当然这个词还有其他多种音译形式。据《南齐书·魏虏传》，陆昕之的叔父陆叡的鲜卑语本名是伏鹿孤贺鹿浑，[2] 伏鹿孤即步六孤，是陆叡的姓氏，贺鹿浑则是陆叡的名字，我猜贺鹿浑与库傉官、骨利干等一样，都是 Küliqan 的汉语音译形式，与高欢的本名贺六浑是同一个词。这样的姓名与华夏传统差异太大，难怪陆叡的岳父博陵崔鉴感叹道：“平原王（即陆叡）

---

[1] 《魏书》卷四〇《陆俟传》附《陆昕之传》，北京：中华书局，1974 年，第 909 页。

[2] 《南齐书》卷五七《魏虏传》，中华书局，1972 年，第 996 页。

才度不恶，但恨其姓名殊为重复。”[1] 北魏中后期，名字的汉化要早于姓氏，[2] 而宗室大臣的汉名通常来自于孝文帝的赐名。[3] 很可能陆叡的汉名叡也是得孝文帝所赐。姓氏改革时，从“步六孤”中提取中间的音节，改写为华夏已有的“陆”氏。这之后，“殊为重复”的伏鹿孤贺鹿浑 (Bilge Küliqan) 就一变而为华夏气息浓郁的陆叡了。大概崔鉴是乐于见到这个变化的，但从改姓氏当年年底陆叡的政治选择来看，他本人未必喜欢他的华夏式姓名。

常山公主的丈夫陆昕之是陆定国之子，陆定国是陆丽之子，而陆丽正是陆氏得以从北魏众多勋贵家族中脱颖而出的关键人物。在陆丽之前，陆氏并没有出什么高官显贵，他父亲陆俟的王爵也是在陆丽贵宠以后追赠的。452 年 3 月太武帝死，南安王拓跋余继位，但在位才七个月多一点，即被中常侍宗爱所杀。宗爱本是奉立拓跋余的主要功臣，怎么他反而要杀掉本应对他很感激的新皇帝，这还是一个谜。《魏书》说拓跋余“疑爱将谋变，夺其权，爱怒，因余祭庙，夜杀余”。[4] 很可能拓跋余企图摆脱权臣的控制，威胁到了宗爱，为宗爱所杀，由此引发皇位继承问题的重大危机。时任南部尚书的陆丽是拥立高宗文成帝的主要人物之一。据《魏书·源

[1] 《魏书》卷四〇《陆俟传》附《陆叡传》，第 911 页。

[2] 罗新：《北魏皇室制名汉化考》，《中国中古史研究》第二卷，北京：中华书局，2011 年，第 137—149 页。

[3] 罗新：《说北魏孝文帝之赐名》，《文史》2011 年第 3 期，第 49—61 页。

[4] 《魏书》卷一八《南安王余传》，第 435 页。

贺传》，文成帝被陆丽抱在怀里共骑一马，从苑中单骑直驱入宫即位，[1]可想而知此后文成帝对陆丽是何等地感激与信任。《魏书·陆丽传》称他“由是受心膂之任，在朝者无出其右”，是文成帝时期的第一贵臣。[2]在文成帝南巡碑碑阴随驾官员题名里，陆丽排在第一位：“侍中抚军大将军太子太傅司徒公平原王步六孤伊”，[3]最末一字损泐不可辨识，应该是“利”或“丽”，伊利或伊丽，即 El/Il，是阿尔泰世界极为常见的人名，这也就是后来陆丽一名的“源代码”。可知陆丽的本名应该是 Bilge El 或 Bilge Il。

陆丽的显贵大大提升了陆氏家族的地位。陆丽之子陆定国也得到文成帝宠爱，“诏养宫中，至于游止常与显祖同处”，[4]和太子一起游玩憩息，六岁就当上了中庶子。文成帝死后，陆丽在宫廷动荡中被杀，但凭着继立的献文帝与陆定国之间自幼培养的感情，陆氏家族的地位丝毫不坠。陆定国虽把父亲的抚军大将军与平原王王爵让给年幼的弟弟陆叡继承，但他“迁侍中、仪曹尚书，转殿中尚书”，也都是皇帝身边的要害职务。“前后大驾征巡，每擢为行台录都曹事，超迁司空”，[5]封东郡王，俨然是献文帝的超级心腹。

[1] 《魏书》卷四一《源贺传》，第 920 页。

[2] 《北史》卷二八《陆俟传》附《陆丽传》，第 1015 页。

[3] 山西省考古研究所、灵丘县文物局：《山西灵丘北魏文成帝〈南巡碑〉》，《文物》1997 年第 12 期，第 72 页。

[4] 《魏书》卷四〇《陆俟传》附《陆定国传》，第 908 页。

[5] 同上书，第 908—909 页。

可是，在献文帝与冯太后关系紧张的阶段，处在其间的宠臣们可能都遭遇过一个困难期，难以保持和两个主子同等的亲密度。《魏书·陆定国传》说“定国恃恩，不修法度，延兴五年，坐事免官爵为兵”，[1]很可能与他在太后与皇帝之间的立场或态度有关，使得献文帝对他起了疑心或不满，予以“免官爵为兵”的惩罚。不久献文帝暴死，陆定国得以恢复官爵。冯太后对陆定国、陆叡兄弟比较亲近，原因可能也就在此。兄弟二人娶妻，婚姻对象都是中原旧族，看起来像是冯太后的安排。陆定国死于太和八年（484），其子陆昕之不久得尚公主，这门亲事应该也是冯太后决定的。

据《魏书·陆昕之传》，陆定国前后娶了两个妻子，第一个是河东柳氏，生子安保；第二个是范阳卢氏，乃卢度世之女，生子昕之。两个妻子家世都有来历，没有地位上的妻妾差别，因而她们所生的两个儿子也没有嫡庶之别。陆定国死后，谁来继承东郡王的爵位呢？于是发生了北魏中后期相当常见的袭爵之争。这种纠纷最终要由朝廷来判决，而尚书仆射李冲的意见起了决定性作用，陆昕之得以袭爵。李冲之所以偏袒陆昕之，是因为陆昕之的母亲是卢度世的女儿，而李冲与卢度世之子卢渊“特相友善”，为子李延寔取卢渊之女，两家“结为婚姻”，关系不同寻常。陆昕之靠了李冲这层关系，得以胜过其兄陆安保而袭爵。陆昕之王爵加身，随后又尚常山公主，固然与冯太后感念其父有关，但背后起作用的应该都是和

[1] 《魏书》卷四〇《陆俟传》附《陆定国传》，第909页。

冯太后有特殊关系的李冲。

袭爵与否，对卢安保和陆昕之兄弟二人以后的人生走向极为关键。《魏书》说“昕之由是承爵尚主，职位赫弈”，而异母兄陆安保因为失去了袭爵机会，竟然从此“沉废贫贱，不免饥寒”。[1]当时袭爵之争那么普遍，从陆昕之兄弟的事例看，这种纠纷的确具有实际意义。当然，以陆氏之显赫尊贵，纵然不得袭爵，照说也不至于沦为贫贱饥寒，大概袭爵之争伤了兄弟感情，陆昕之后来未曾照顾兄长（再看不到兄弟两家之间有任何联系）。不过更重要的原因可能是陆氏人物在太后末年及宣武帝初期两次卷入谋反大案，整个家族遭受严酷打击，嗣后陆安保又得不到足够的救助，竟至于“沉废贫贱，不免饥寒”，与兄弟陆昕之形成了巨大反差。

据《魏书》，陆昕之“风望端雅”，“容貌柔谨”，孝文帝似乎很喜欢这个妹夫，“特垂昵眷”。据《金石萃编》卷二七所录孝文帝吊比干碑碑阴题名，太和十八年（494）跟随孝文帝从洛阳到邺城的侍臣中，有“散骑侍郎东郡公臣陆昕”，[2]这个陆昕，就是陆昕之，这时他也就二十来岁。在太和十六年改降五等之后，他的爵位东郡王已“例降”为东郡公。太和十八年时陆氏还是步六孤氏，但这个碑是五年后担任河内太守的陆琇所立，他把宗室的拓跋氏和自家的步六孤氏都按照改姓后的新姓氏来刻写，其他诸人则一仍其旧，所

[1] 《魏书》卷四〇《陆俟传》附《陆昕之传》，第 909 页。

[2] 《金石萃编》卷二七，北京：中国书店影印本，1985 年。

以出现了某种奇怪的不一致。[1]

太和二十年年底（497年年初）陆叡和穆泰在平城策划针对孝文帝的政变，失败后陆叡的妻儿们都流放到辽西，陆氏宗支不免都受一定牵连（如从弟陆琇就因此被免官），但看起来似乎对陆昕之影响不大（或受影响的时间不太长），大概就是沾了驸马爷这个身份的光。但是当景明二年（501）夏发生咸阳王元禧谋反的重大变故时，在河内太守任上的陆琇涉嫌知情甚至参与。于是陆氏遭受五年之内的第二次打击，曾经豪贵一时的陆氏就此跌出顶级高门的序列。这次陆昕之也躲不过去了，被免官。不过很快"以主婿"复出为官，"除通直散骑常侍，未几，迁司徒司马"，获得机会，外出担任州刺史。《魏书》说他"世宗时，年未四十，频抚三蕃，当世以此荣之"。[2] 所谓"频抚三蕃"，是指连续担任三个州的州刺史，这三个州是兖州、青州和相州。永平四年（511）夏，陆昕之死于相州任上，死时可能还不到四十岁。这就使得常山公主一下子进入中年丧夫的困境。

三、常山公主与陆子璋

常山公主在陆家，"奉姑有孝称"，姑，就是陆昕之的母亲卢氏，即卢度世的女儿，卢渊的姐妹。可是卢氏不久也去世了。《魏

[1] 罗新：《北魏孝文帝吊比干碑的立碑时间》，《文史》2005年第4期。

[2] 《魏书》卷四〇《陆俟传》附《陆昕之传》，第909页。

书》说："昕之卒后，母卢悼念过哀，未几而亡。"这之后就只有常山公主支撑门户了。公主育有三个女儿，没有儿子。《魏书》称赞公主"性不妒忌"，为了生儿子，曾主动为陆昕之纳妾，可也都是生女不生男。温子升《常山公主碑》赞美她忠诚夫家，不曾改嫁，所谓"立行洁于清冰，抗志高于黄鹄，停轮表信，阖门示礼"。陈留公主从刘氏改嫁王肃，以及在王肃死后几乎再次改嫁，就因为她没有生子。即便生有女儿，但如果没有子嗣，也可能改嫁。中山王元英的女儿、元澄的妹妹元纯陀，先嫁穆氏，生有一个女儿，夫死之后，改嫁邢峦，但与邢峦无儿无女，所以在邢峦死后她又投靠自己的女儿和外孙，见元纯陀墓志。陆昕之死后，没有生子的常山公主改嫁他人的可能性是存在的，所以温子升碑文的称颂也不全是虚美之辞。但她留在陆家，撑起了门户。碑文说"终能成其子姓，贻厥孙谋"，是指常山公主过继了陆昕之的从兄陆希道的第四子陆子彰，使陆昕之有后，也使自己老年有个依靠。

《魏书·陆子彰传》说他"年十六出后"，出后就是过继给陆昕之。陆子彰死于东魏孝静帝武定八年（550），年五十四，知他生在孝文帝太和二十一年（497），十六岁是宣武帝延昌元年（512）。可见常山公主是在陆昕之去世的第二年，就把陆子彰过继过来了。陆希道是陆叡的长子，太和十八年以员外散骑侍郎随侍孝文帝东巡邺城，见于吊比干碑碑阴题名，但《金石萃编》把他的名字误写为"陆怖道"。两年后陆叡谋叛被杀，陆希道和母亲、弟弟们一起，被流放到辽西边镇当兵，被赦免后才返回洛阳，"从征自效"，

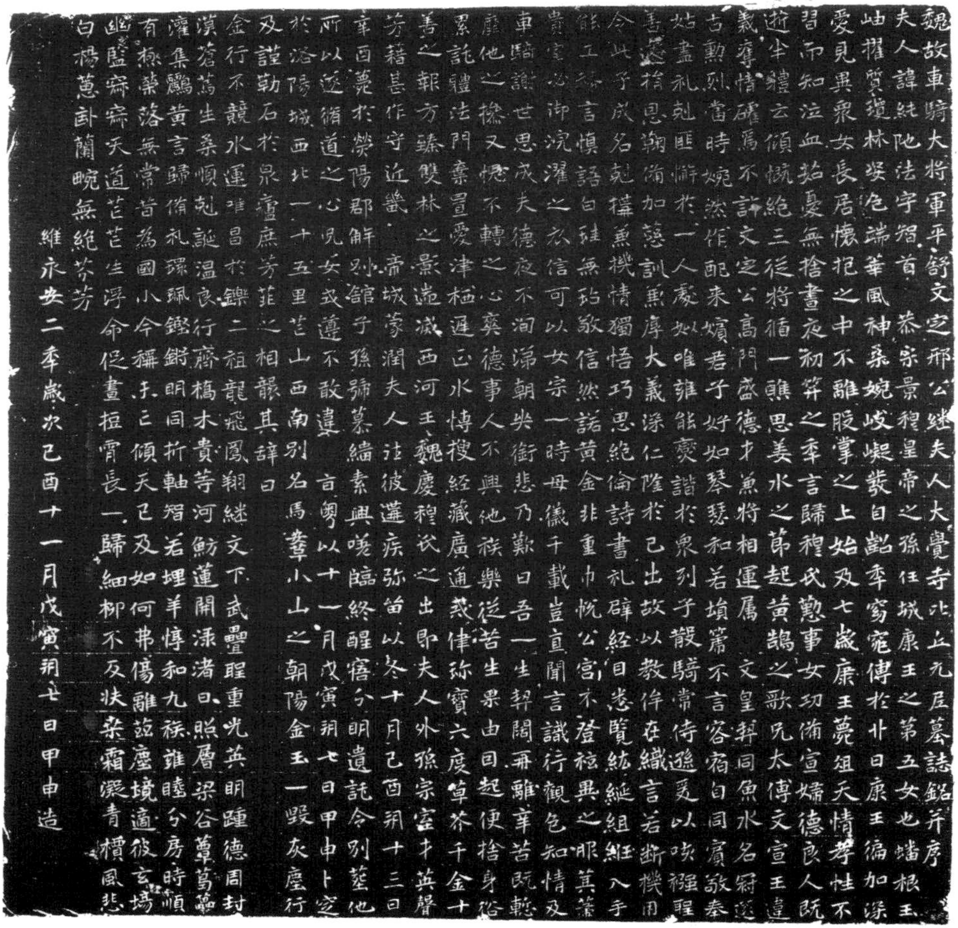

魏故車騎大將軍平舒文定邢公繼夫人大覺寺比丘元尼墓誌銘并序
夫人諱純陀法字智首 恭宗景穆皇帝之孫任城康王之第五女也蟠根玉
岫擢質瓊林姿色端華風神柔婉岐嶷發自齠年窈窕傳於卝日康王偏加深
愛見異衆女長居懷抱之中不離股掌之上始及七歲康王薨殂天情孝性不
習而知泣血茹憂無捨晝夜初笄之年言歸穆氏懃事女功備宣婦德良人既
逝半體云傾慨絶三從將循一醮思姜水之節起黄鵠之歌兄太傅文宣王違
義奪情確爲不許文定公高門盛德才兼將相運屬 文皇契同魚水名冠遷
古勳烈當時婉然作配來嬪君子好如琴瑟和若塤篪不言容宿自同賓敬奉
姑盡禮剋匪懈於一人處姒唯雍能燮諧於衆列子散騎常侍遜爰以咳襁聖
善遽捐恩鞠備加慈訓兼厚大義深仁隆於己出故以教侔在織言若斷機用
令此子成名剋構兼機情獨悟巧思絶倫詩書禮辟經目悉覽紘綖組紃入手
能工綵言慎語白珪無玷敬信然諾黄金非重巾帨公宫不登袨異之服箕箒
貴室必御浣濯之衣信可以女宗一時母儀千載豈直聞言識行觀色知情及
車騎謝世思成夫德夜不洵涕朝哭銜悲乃歎曰吾一生契闊再離辛苦既慙
靡他之操又愧不轉之心棄德事人不興他族樂從苦生果由因起便捨身俗
累託體法門棄置愛津棲遲正水博搜經藏廣通戒律珍寶六度草芥千金十
善之報方臻雙林之影遽滅西河王魏慶穆氏之出即夫人外孫宗室才英聲
芳藉甚作守近畿 帝城蒙潤夫人往彼遘疾彌留以冬十月己酉朔十三日
辛酉薨於滎陽郡解別館子孫號慕緇素興嗟臨終醒寤分明遺託令別葬他
所以遂脩道之心兒女式遵不敢違 旨粤以十一月戊寅朔七日甲申卜窆
於洛陽城西北一十五里芒山西南別名馬鞍小山之朝陽金玉一毀灰塵行
及謹勒石於泉廬庶芳菲之相襲其辭曰
金行不競水運唯昌於鑠二祖龍飛鳳翔繼文下武疊聖重光英明踵德周封
漢蒼藹藹生柔順剋誕溫良行齊樛木貴等河魴蓮開淥渚日照層梁谷覃葛藟
灌集鸝黃言歸備禮環珮鏘鏘明同折軸智若埋羊惇和九族雍睦分房時順
有極榮落無常昔爲國小今稱未亡已傾天已及如何弗傷離茲塵境適彼玄場
幽監寂寂天道芒芒生浮命促晝短宵長一歸細柳不反扶桑霜凝青檟風悲
白楊蔦卧蘭畹無絶芬芳
維永安二年歲次己酉十一月戊寅朔七日甲申造

元纯陀墓志（来源：《北京图书馆藏中国历代石刻拓本汇编》）

慢慢建功立业，部分地恢复了家族地位。他共有六个儿子，陆子彰是老四，本名士沈，可能在过继后就改名子彰。子彰字明远，名、字意义相应，说明这个字也是过继之后新取的，原来的名、字都已经放弃了。

陆希道同意把儿子过继到常山公主家，可能最大的动力是指望儿子能继承陆昕之的东郡公爵位。然而陆子彰袭爵似乎遇到了很大问题，一直到十来年之后的孝明帝正光年间（520—524），才得袭爵。由于没有爵位，政治上也很难获得一个像样的出身，因此在袭爵之前，陆子彰竟然一直没有出仕。没有史料解释陆子彰袭爵何以如此迟缓，但北魏后期与袭爵有关的纠纷相当普遍，可以推测陆子彰也可能遇到了行政手续或法律条文方面的麻烦。而他在正光年间竟得以袭爵，可能是胡太后干预的结果。

《魏书》说常山公主“神龟初，与穆氏顿丘长公主并为女侍中”。[1] 顿丘长公主当作琅琊长公主，是常山公主的姐姐，嫁给顿丘公穆绍，史书传写致误，讹为顿丘长公主。孝明帝神龟初（518），正是胡太后开始以太后身份控制朝政的时候。她很注意照顾元氏宗室的女眷们，孝文帝的几个妹妹，包括陈留公主、琅琊公主和常山公主等，都成为宫廷里的常客。大概就是在这个时候，常山公主把陆子彰袭爵遇阻的事说给了胡太后，胡太后发话，不久陆子彰得以袭爵。袭爵之后，陆子彰“寻除散骑侍郎，拜山阳太守”，

[1] 《魏书》卷四〇《陆俟传》附《陆昕之传》，第909页。

气象一新，政治前景一下子就明朗得多了。

陆子彰过继到常山公主家以后，据《魏书》说，他“事公主尽礼”，就是说他对待常山公主就像对待母亲一样。常山公主的哥哥高阳王元雍，在胡太后掌权时大受重用，官拜丞相，神龟、正光间自然也是胡太后身边小圈子里的常客。他有这样评价：“常山妹虽无男，以子彰为儿，乃过自生矣。”[1] 可见常山公主与陆子彰相处得不错。陆子彰过继时年仅十六岁，还没有婚娶，结婚的事情要由常山公主定夺。公主为子彰所选的妻子，则是她的哥哥咸阳王元禧的女儿。

四、蓝田公主

元禧是孝文帝的长弟。孝文帝在世时，不太看重他，而是更喜欢第六弟彭城王元勰，倚为膀臂，加以重用。孝文帝死后，元禧凭借行辈优势获得宰辅地位，一时间成为北魏最有权势的人。但是宣武帝继位时已经十七岁，身边有一批跃跃欲试的亲近人物，怎么能容忍大权旁落呢？等到为孝文帝守孝的日子一完，十九岁的宣武帝突然宣布亲政，把几个叔父从实权位置上调开。元禧对这种形势似乎既不习惯，又不太清楚，既不愿放弃权势，又不能有所作为，总之半年不到就酝酿出了宣武帝继位以后的第一个宫廷危机。《魏书》记元禧与部旧谋划政变，又狐疑犹豫，致使计划泄露，被抓获处死。虽然谋叛之事可能出于朝廷栽赃指控，但元禧似乎至死也没有

[1] 《魏书》卷四〇《陆俟传》附《陆子彰传》，第910页。

明白他的皇叔兼宰辅的地位本身就注定了悲剧（广受爱戴的彭城王元勰拼命躲避这两个身份的重合，最终也难逃一死）。

《魏书·元禧传》说元禧被处死之前，虽然紧张得话已说不利落，还是把孝文帝末年说过的一些话拿来为自己辩护。据说，孝文帝在一次家庭宴会后对几个弟弟说过，如果继位之君不足以成事，“汝等观望辅取之理，无令他人有也”，意思是要兄弟们考虑，可辅则辅，不可辅则取，宁可自家兄弟们篡位，也不能让皇位落于别人之手。《元禧传》称元禧虽然说出了这一细节，“然畏迫丧志，不能慷慨有所感激也”，[1] 意思是他吓得精神涣散，未能利用这一条理由反过来打动宣武帝：你看，尽管有先帝的许可，我却只想辅佐皇帝，绝无取而代之之心。当然，即使他做到了“感慨有所感激”，也难逃被处死的命运。事实上，在此前的北魏历史上，没有一个年长的皇弟在新皇帝继位前后能避免遭遇暴死的下场。[2]

史书为了说明元禧罪有应得，特别描写他虽然政务能力平平，却贪赃奢靡，“潜受贿赂，阴为威惠”，“性骄奢，贪淫财色，姬妾数十，意尚不已，衣被锦绣，车乘鲜丽”，“由是昧求货贿，奴婢千数，田业盐铁遍于远近，臣吏僮隶，相继经营”。如果总结一下，元禧是贪色又贪财的，而且似乎贪财的原因正是他养了太多姬妾。《元禧传》说他“及与诸妹公主等诀，言及一二爱妾”，就是临死与

[1] 《魏书》卷二一《咸阳王禧传》，第 539 页。

[2] Andrew Eisenberg, *Kingship in Early Medieval China*, Leiden: Brill, 2008, pp. 23-60.

几个公主妹妹诀别时，还托付她们照顾自己的某一两个爱妾。这激起了其中一位公主的愤怒，一边哭一边骂道："坐多取此婢辈，贪财逐物，畏罪作反，致今日之事。何复嘱问此等！"骂得元禧"愧而无言"。骂出这等沉痛之辞的，不知是哪位公主，但前往诀别的公主中，一定有常山公主无疑。

元禧案被判死刑的有数十人，元禧自己的孩子，除长子已在河内被陆琇抢先杀掉外，正式判决"绝其诸子属籍"，就是取消了他们的宗室资格，沦为平民，一无所有。元禧的女儿们，则"微给资产奴婢"，还算是略有一点生计。元禧辛苦积攒的庞大家产，都被幸臣和内外百官瓜分了。《元禧传》说："于后，禧诸子每乏衣食，独彭城王勰岁中再三赈给之。"元禧诸子经济上衣食匮乏，政治上被绝属籍，满城官宦贵门中，只有叔父元勰愿意略加救济。这种走投无路的窘况，逼得元禧的几个儿子先后都逃奔到南方的萧梁。《元禧传》记元禧在洛阳的宫人有感于元禧的遭际，还编了一首歌传唱开来[1]：

可怜咸阳王，
奈何做事误。
金床玉几不能眠，
夜踏霜与露。

[1] 《魏书》卷二一《咸阳王禧传》，第539页。

洛水湛湛弥岸长，
行人那得渡。

《元禧传》称："其歌遂流至江表，北人在南者，虽富贵，弦管奏之，莫不洒泣。"在江南听这首歌而禁不住洒下泪水的，不止是一般的"北人在南者"，大概主要是元禧的儿子们。他们到江南后，得梁武帝善待，封爵加官，生活无忧，但回想洛中往事，感慨家门盛极而衰，惨绝人寰，为乐曲歌词所激，才会"莫不洒泣"。

元禧的女儿们都留在洛阳，然而她们也面临同样的困难，那就是愿意或能够出手救助她们的人不会很多，而其中最重要的救助者，依然是她们的叔父彭城王元勰。常山公主为陆子彰所娶的元禧之女，当初陷入家破人亡的绝境中时，正是元勰把她带回家，当自己女儿一样养了起来。她到元勰家时，元勰（473—508）刚好三十岁，其妻彭城王妃李媛华（483—524）年方二十。李媛华墓志记她所生有三子二女，而她嫁给元勰之前，已知元勰庶出的儿女还有两个，即长子元子直和女儿宁陵公主。宁陵公主的正式称号应该是宁陵县公主，很可能是宣武帝在杀害元勰后所赐，因为元子直墓志记他的真定县开国公就是在元勰死后获得的（李媛华所生两个女儿，一个获赐县主，一个获赐乡主，都是孝明帝时期胡太后特意照顾才得到的）。据宁陵公主墓志，[1]她死于宣武帝永平三年正月八日（即

[1] 王则：《魏故宁陵公主墓志考释》，《北方文物》2004年第3期。

李媛华墓志（来源：哈佛大学哈佛燕京图书馆藏拓）

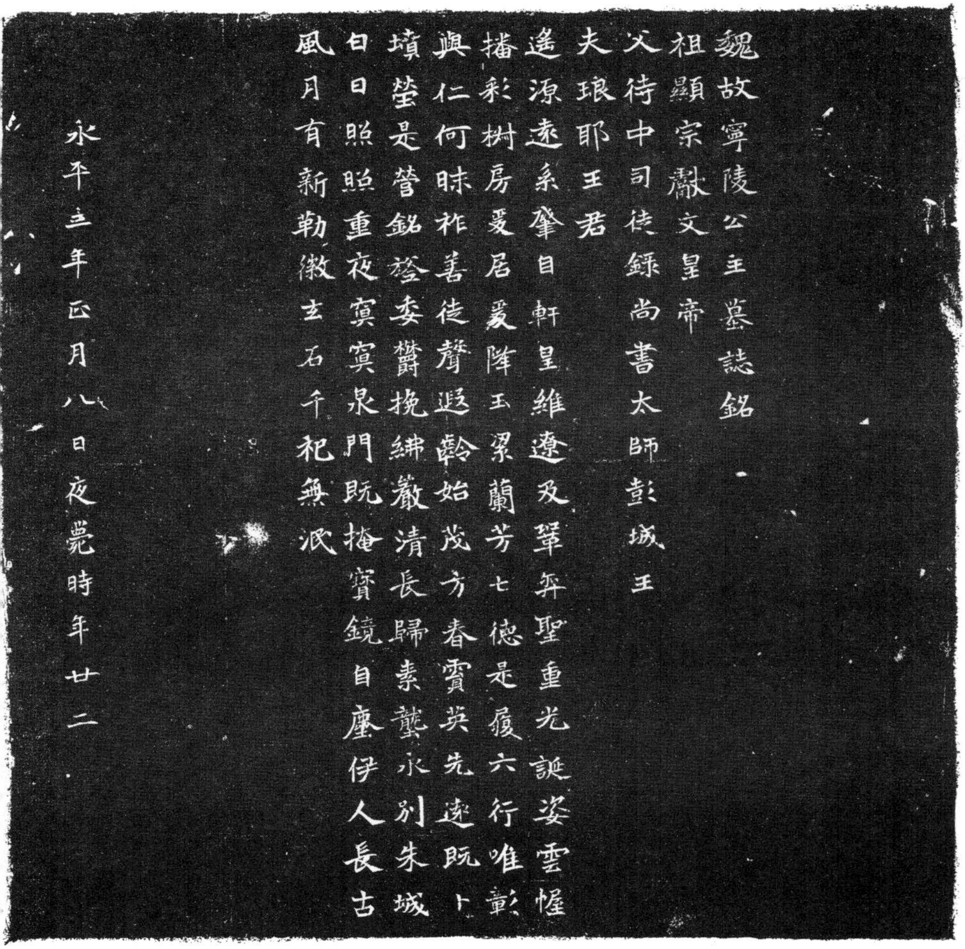
魏故寧陵公主墓誌銘
祖顯宗獻文皇帝
父侍中司徒錄尚書太師彭城王
夫琅耶王君
遙源遠系肇自軒星維遼及翠弈聖重光誕姿雲幄
播彩樹房爰居爰降玉粱蘭芳七德是履六行唯彰
與仁何昧祚善徒聲遐齡始茂方春霣英先逝既卜
墳塋是營銘旌委鬱挽紼藹清長歸素襲永別朱城
白日照照重夜冥冥泉門既掩寶鏡自塵伊人長古
風月有新勒徽玄石千祀無泯
永平三年正月八日夜薨時年廿二

宁陵公主墓志（来源：《洛阳出土北魏墓志选编》）

510 年 2 月 2 日）夜里，二十二岁，可知她生于孝文帝太和十三年（489），那时李媛华才六七岁，还没有嫁到元勰家。元勰收养哥哥元禧的女儿时（501），宁陵公主正好十二三岁，还没有出嫁到琅琊王氏，可以肯定她们那时是可以做伴的。

延昌元年（512）陆子彰过继到常山公主家时，他未来的妻子已经在彭城王元勰家里生活十来年了，而且那时元勰被杀也已四年。在元勰家的生活，一个对她和她未来的夫家非常重要的经历是建立与元勰第三子元子攸的感情联系。

元子攸就是后来的孝庄帝。元子攸一两岁时，元勰就被宣武帝杀害，虽然家境没有因此遭受大变，毕竟创巨痛深，一般来说这种环境下一起成长起来的兄弟姊妹情谊较深。大概就是这个原因，元子攸和这位堂姐非常亲近，史称“庄帝亲之，略同诸姊”，就是和自己的姐姐一样。常山公主为陆子彰迎娶有如此经历的侄女，必定是痛感自己两个哥哥的不幸，有帮助和提携的意思。到胡太后掌权时期，常山公主诸姊妹和元子攸的母亲李媛华等，都与胡太后走得很近，可以想见，在宣武帝时期被压抑的共同经历使她们结成了一个亲密的小圈子。虽然不久发生河阴之变，洛阳政局发生惊天巨变，尔朱荣控制了朝廷，但由于他选择了元子攸当皇帝，这使得常山公主一家的境遇不仅没有恶化，相反却骤然好转起来。

五、陆印与《魏书》陆氏人物之“佳传”

建义元年四月十三日（528年5月17日），尔朱荣和他的并肆军团在黄河南岸的河阴大肆屠杀前来迎驾的洛阳官员，被杀的总人数已难以考实，可能高达两千多，几乎杀空了政府和朝廷，其中包括已被拥立为新皇帝的孝庄帝元子攸的哥哥和弟弟。那时在洛阳做官的人，无论官职高低，除了很少的一些，大都奉命前往河阴，而到了河阴的人，几乎无法避免被“乱军”围杀的命运。陆子彰有两个哥哥和一个弟弟，都横死于河阴。那些当时不在洛阳做官而热切等待入京机会的人，或在洛阳却身无官位正等候机会希冀一官半职的人，必定深深感到庆幸和后怕。当时陆子彰正在山阳当太守，从他的爵位和家庭背景来看，这是一个很不起眼的官职。从洛阳传来令人震骇的坏消息的同时，也传来了孝庄帝任命陆子彰为给事黄门侍郎的诏书。黄门郎由于贴近皇帝，在北魏中后期已成为热门职位。孝庄帝进入洛阳，立即要把他这位姐夫招入宫中。

而且，孝庄帝还封陆子彰的妻子为蓝田公主，真把她当作姐姐对待。蓝田公主后改封上庸公主，改封的时间已不可考，很可能在东魏时期。好事还不止于此。由于太多王公贵人死于河阴，尔朱荣既急于取悦上层社会，又急于填充朝廷空缺，大拜群官，滥授爵位，甚至恢复了孝文帝改制以前的异姓封王的做法。陆子彰近水楼台，被封为濮阳王，食邑七百户。不过异姓封王的做法毕竟违背了孝文帝以来的政治传统，所以很快就被迫放弃，陆子彰又做回东郡公，“除安西将军，洛州刺史”。把陆子彰放到洛州，是因为洛州作为近州，有拱卫洛阳西门的意义。随后孝庄帝刺杀尔朱荣，尔朱氏疯狂报复，都没有涉及陆子彰，可见他因在外州，没有在这场宫廷大戏中扮演任何角色。而他的亲弟弟陆士廉和亲叔父陆希质则忠于孝庄帝，在建州（今山西晋城，是洛阳与晋阳之间的交通枢纽）阻击尔朱世隆等，城破被杀。他们对尔朱氏采取如此敌对的立场，一定是基于家里多人死于河阴的深仇大恨。但不知为什么，与孝庄帝关系更近的陆子彰却平安渡过了这一危机。

陆子彰再次得到重用，是在高欢所立的孝武帝永熙年间。而且由于他没有卷入高欢与孝武帝之间的斗争，在孝武帝西奔关中以后，陆子彰仕途依然顺畅，“一年历三州，当世荣之”。后来，陆子彰又先后主持瀛洲、沧州、冀州和青州的军政事务，显然是很得高欢信任的。武定八年（550）二月，他被任命为非常清显的中书监，一个月后去世。《魏书》评价说，陆子彰最初到外州任职时，“以聚敛为事”，但后来幡然自新，“晚节修改，自行青、冀、沧、瀛，甚有时誉，加以虚己纳物，人敬爱之”。又说他“崇好道术”，就是信持佛教，“不忍害物”。有一次他患了重病，医生开的药方有桑螵蛸，即一种螳螂科昆虫，俗称刀螂。陆子彰觉得吃桑螵蛸就是杀生，违背了佛陀教导，所以坚持不吃这味药，史书说“其仁恕如此”。[1]

[1] 《魏书》卷四〇《陆俟传》附《陆子彰传》，第910页。

值得注意的是，《魏书》给陆氏诸人所列的传记中，陆子彰作为一个不怎么重要的历史人物，却获得相当长的篇幅和相当正面的评价，而且卷末“史臣曰”最末一句还说“希道风度有声，子彰令终之美也”，特别称扬了陆子彰父子二人。这种情况发生在《魏书》中，原因通常是史书编纂者的偏袒，而这种偏袒的发生，往往是因为恰好有自家的代表人物参与了修史，或与修史者有良好的关系。在陆子彰这个案例中，是因为陆子彰的长子陆卬不仅参与了修史，而且还是东魏文坛上的一个人物，与包括魏收在内的修史诸人都是朋友关系。《北史》记陆“卬字云驹，少机悟，美风神，好学不倦，博览群书，《五经》多通大义。善属文，甚为河间邢邵所赏”。陆卬文才敏捷，多次参与接待萧梁使者，席间赋诗，他必是最先完笔的一个，“虽未能尽工，以敏速见美”。在东魏北齐受到信任的文人中，陆卬算得一个笔杆子，据《北史》说，“齐之郊庙诸歌，多卬所制”。[1]

邢邵赏识陆卬，还有一些故事。《太平御览》引《北齐书》：“陆郎（郎当是卬之误）字云驹，洛阳人也，昆弟六人，并魏蓝田公主元氏所生。故邢邵尝谓人云，蓝田生美玉，岂虚也。”又引《北齐书》记邢邵对陆子彰说“吾以卿老蚌复出明珠”。《北史·陆卬传》记邢邵对子彰的话，还有“意欲为群拜纪可乎”，用孔融“为群拜纪”的典故，夸耀陆卬的出类拔萃。邢邵与温子升在魏末是最

[1] 《北史》卷二八《陆俟传》附《陆卬传》，第 1017、1018 页。

享盛名的文人，世称“邢温”，温子升死后，邢邵又与魏收并称“邢魏”。他们跟陆印的特殊联系，似乎才是《魏书》为陆子彰立“佳传”的主导因素。当然，陆子彰与蓝田公主所生六个儿子，确实都有过人之处，他们几乎都在秘书、中书和著作担任过职务，显然都以文学见长。

这也可以说明为什么常山公主死后，为公主撰写碑文的人会是当时文名最盛的温子升。那么，《艺文类聚》所载的这篇《常山公主碑》写于什么时候？换一个问法，常山公主死于何时？《魏书·陆子彰传》：“天平中，（子彰）拜卫将军、颍州刺史，以母忧去职。”这个“母”，应该就是常山公主。可见常山公主死于东魏孝静帝天平年间（534—537）。以陆子彰的政治地位，加上陆印的社会交往，请动了温子升来写《常山公主碑》。由此也可以想见，常山公主的葬礼也是相当隆重的。陆子彰与公主虽非亲生母子关系，但似乎两人相处得不错，算得有始有终。当然，蓝田公主（上庸公主）在其间一定也发挥了很重要的作用。

陆子彰死于东魏孝静帝武定八年（550）。陆印兄弟六人“相率庐于墓侧，负土成坟”，孝义感人，朝廷“发诏褒扬，改其所居里为孝终里”。[1] 不过此后不幸的事接连发生。陆印之母蓝田公主死于北齐文宣帝天保年初（可能在553年前后）。《北史》记陆印“哀慕毁悴，殆不胜丧，遂至沉笃，顿伏床枕，又成风疾”，从此一病

---

[1] 《北史》卷二八《陆俟传》附《陆印传》，第1018页。

不起。陆印的第五个弟弟陆抟得病将死，特别叮嘱兄弟们说，大哥病成这样，我死了不要让他知道，哭声不可太高，免得他听到，他那么慈爱，知道我的死讯怎么受得了。家人照他的话做，直到下葬时才告诉陆印。《北史·陆印传》说："印闻而悲痛，一恸便绝。年四十八。"这时距蓝田公主之死，大概也才不过一两年。

袁月玑墓志与梁陈之际史事钩沉

常　彧

袁月玑墓志2004年出土于河北临漳，志石长51厘米，宽51厘米，厚9厘米，青石质，23行，满行23字，全文518字。墓志记载了陈郡阳夏袁氏与济阳考城蔡氏的婚姻关系，以及梁陈之际与王琳有关的一系列重大事件。该墓志出土后，先后有马志强《〈袁月玑墓志〉钩沉》、[1] 邵磊《略论北齐袁月玑墓志》[2] 等研究文章发表。马、邵两文都整理了袁氏、蔡氏家族谱系，马文总结了墓志的书法特点，邵文则对墓志序、铭制作方式进行了考察，还对南朝哀诔文有所研究。细究志文，金石所蕴含的历史信息尚有余味。尤其是墓志中王琳与萧庄政权的重要线索值得充分挖掘。本文在前两文的基础上，将就此进行补充研究。

---

[1] 马志强：《〈袁月玑墓志〉钩沉》，《文物世界》2006年第1期，第51—54页。

[2] 邵磊：《略论北齐袁月玑墓志》，《南京晓庄学院学报》2007年第4期，第35—38页。

袁月玑墓志（来源：《汉魏六朝碑刻校注》）

先移录墓志全文如下：

梁故散骑常侍蔡府君夫人袁氏墓志文 并序

夫人讳月玑，陈郡阳夏人。盖有舜之苗裔也。槐棘相辉，蝉冕趋映。著之前史，可略而言。祖颉，宋侍中、吏部尚书、雍州刺史。万里肃然，九流无滞。考昂，梁侍中、特进、尚书令、司空穆正公。人之仪表，国之针蓄。夫人即穆正公第十二女也。禀纯粹之贞和，蕴徽容之雅淑。孝敬闻乎朝野，恭俭发自闺门。真草之书，拟蔡琰之前辙；诗赋之美，袭左芬而罕愧。取验彤管之篇，以从牉合之礼。仍作俪于梁散骑常侍济阳蔡彦深。自膺箕帚，寔标柔德。若非吉凶事际，未尝轻出户庭。罗[1]此未亡，颇弘法宝。夫人女夫，特进、开府仪同三司、沧州刺史、会稽郡开国公王琳。昔在梁朝，居中作相。而妖氛未静，淮海虔刘。特进入奉大齐，夫人随女到邺。无征积善，沈疴乃遘。以齐天统五年太岁丁丑五月己丑朔廿九日丁巳，薨于客馆，春秋六十有二。仍以其年七月戊子朔廿一戊申迁窆于邺县之西里。奭/姑之次第，十有五人。生死分违，感恋何极。谁谓酷祸，倏忽遽/臻。摧慕之情，不能自已。兰芬玉润，托于鸿笔。齐司空、谘议参军、梁侍中、御史中丞南阳刘仲威乃为铭曰：

[1] “罗”字当为“罹”字之讹误。

滔滔若水，荡荡姚墟，是由帝系，爰本伯诸。忠贤昭晰，旄鼎倚欤。夫人淑令肃恭，伊行道履，家风克终，温敬有行。既及嫔德斯胜，珪璋以质，婉娈其姿，接下承上。训则房帷，弘箴阅史，仪形母师。哀捐夜哭，福求彼岸，逢此雷屯，遂离多难。从夫孝女，养申礼馆，徒为积德，奄欺与善。白日空昭，红颜长缅，孤坟月落，高松露泫。

夫人兄子齐大将军谘议梁侍中奭制序。

一、陈郡袁氏与济阳蔡氏

袁月玑出自陈郡阳夏袁氏，生于梁武帝天监六或七年（507—508），于梁陈之际入北齐，北齐天统五年（569）死于邺城（今河北临漳）。这方墓志首先值得我们注意的是对袁月玑家族源流的叙述。

墓志称陈郡阳夏袁氏“盖有舜之苗裔也”，据《元和姓纂》卷四“袁”条：

妫姓，舜后陈胡公满之后。胡公生申公。申公生靖伯庚。庚生季子惛。惛生仲牛甫。甫七代孙庄伯，生诸，字伯爰，孙仲宣涛涂，以王父字为氏。代为上卿。字或作“爰”、“辕”，其实一也。辕颇十一代孙袁生。

【陈郡阳夏县】袁生元孙干，封贵乡侯，居陈郡，为着姓。八代孙良，生昌。昌生安。安生京、敞。京生阳。阳生逢、隗。四代五公，盛于东汉。璋生滂，司徒。滂生涣。涣生侃。侃六代孙弘。准曾孙质，生弘、豹。弘元孙翻。翻生叔德。豹生洵、濯、淑。濯生桀。洵生颛。颛生昂。昂生君政、敬。君政生枢、宪。[1]

又《史记》卷三六《陈杞世家》：

陈胡公满者，虞帝舜之后也。昔舜为庶人时，尧妻之二女，居于妫汭，其后因为氏姓，姓妫氏……至于周武王克殷纣，乃复求舜后，得妫满，封之于陈，以奉帝舜祀，是为胡公。[2]

陈郡阳夏袁氏出自陈胡公之后，据说陈胡公出自舜之后，故而墓志中上溯袁氏先世至“有舜之苗裔”。《晋书》卷八三《袁瓌传》载：“袁瓌字山甫，陈郡阳夏人，魏郎中令涣之曾孙也。祖、父并早卒。瓌与弟猷欲奉母避乱，求为江淮间县，拜吕令，转江都，因南渡。元帝以为丹杨令。”[3] 因此袁氏之袁瓌、袁猷辈，大致西晋末即已南渡。该条史料记载袁瓌曾祖为袁涣，《三国志》卷一一《袁

[1] 林宝：《元和姓纂（附四校记）》卷四，岑仲勉校记，北京：中华书局，1994年，第433—438页。

[2] 《史记》卷三六《陈杞世家》，北京：中华书局，1982年，第1575页。

[3] 《晋书》卷八三《袁瓌传》，北京：中华书局，1974年，第2166页。

涣传》载涣为“陈郡扶乐人”。[1] 扶乐与阳夏相近，却并非同一地点。当是由于曹魏时的扶乐县至西晋并入阳夏县，原扶乐袁氏从此变成阳夏袁氏。

与东汉时代陈郡袁氏四世五公、贵盛一时相比，袁瓌、袁猷在东晋时代不算显赫。至刘宋时，袁氏人物开始占据重要位置。袁月玑的曾祖辈见于史料者有袁洵、濯、淑等。洵父豹参与了刘宋建国的一系列活动，并于元嘉七到九年（430—432）之间征伐巴蜀。洵、淑二人都经历了“元凶弑立”事件。袁洵于元嘉末年任吴郡太守，在刘劭为乱时支持孝武帝夺取政权，大致死于元嘉三十年。洵弟濯早卒，于史无传。元嘉二十七年袁淑任太子左卫帅，刘劭为乱时，被杀于宫中。[2] 至此，袁豹三子全部死去。

据“梁故散骑常侍蔡府君”等志文可知，与袁月玑婚姻者为济阳考城蔡彦深。关于济阳考城蔡氏，《晋书·蔡谟传》称其“世为著姓”。[3] 蔡谟与袁瓌为同时代人，亦在西晋末渡江避难。《宋书·蔡廓传》著录蔡氏世系为：“蔡廓字子度，济阳考城人也。曾祖谟，晋司徒。祖系，抚军长史。父綝，司徒左西属。”[4] 蔡廓、蔡兴宗与袁淑等在刘宋朝廷中地位相当。或因此，自袁洵娶蔡兴宗姊开始，袁蔡二氏展开了持续数代的联姻。与志主生活经历有关的种种

[1] 《三国志》卷一一《袁涣传》，北京：中华书局，1982 年第二版，第 333 页。

[2] 事见《宋书》卷七〇《袁淑传》，北京：中华书局，1974 年，第 1839—1840 页。

[3] 《晋书》卷七七《蔡谟传》，第 2033 页。

[4] 《宋书》卷五七《蔡廓传》，第 1569 页。

事件，正是在袁洵辈拉开序幕。墓志提到袁月玑的婚姻关系，只是袁、蔡联姻中的一例。

墓志称袁月玑“祖顗，宋侍中、吏部尚书、雍州刺史……考昂，梁侍中、特进、尚书令、司空穆正公”。袁洵子嗣见诸史料者有袁顗、袁觊二人。很可能由于洵、淑等人支持孝武帝，坚决反对刘劭变乱，孝武帝即位之后袁氏得到了重用。洵子顗“元凶弑立”前为“太子洗马”，刘劭被平后，官至“侍中，前领军将军”。[1] 后来袁顗支持太子刘子业，阻止孝武帝废太子更立新安王刘子鸾的企图。刘子业即位后，一度“深感顗”，随即却由于袁顗“意趣乖异，宠待顿衰”。在刘彧与刘子业的斗争中，袁顗没有支持刘彧，而是“奉表劝晋安王子勋即大位”，最终败亡。

袁顗本传称“时尚书右仆射蔡兴宗是顗舅，领军将军袁粲是顗从父弟”。袁顗出都时劝蔡兴宗：“朝廷形势，人所共见，在内大臣，朝夕难保。舅今出居陕西，为八州行事，顗在襄、沔，地胜兵强，去江陵咫尺，水陆通便。若朝廷有事，可共立桓、文之功，岂与受制凶狂，祸难不测，同年而语乎。今不去虎口，而守此危逼，后求复出，岂得哉。”蔡兴宗态度暧昧，虽不明确阻止袁顗，却也不主动涉入。兴宗云：“吾素门平进，与主上甚疏，未容有患。宫省内外，人不自保，会应有变。若内难得弭，外衅未必可量。汝欲

[1] 《宋书》卷八四《袁顗传》，第 2148—2149 页。

在外求全，我欲居内免祸，各行所见，不亦善乎。”[1]

蔡兴宗并未明确支持袁顗，也许是他终得保全的原因之一。袁顗祸败，使袁氏受到重大打击。袁顗子袁昂“时年五岁，乳媪携抱匿于庐山”，[2]袁彖等“沦废当时，孤微理尽”。[3]《梁书》卷三一《袁昂传》：“后与彖同见从叔司徒粲，粲谓彖曰：‘其幼孤而能至此，故知名器自有所在。’”也许在袁顗祸败，子嗣生活凄惨潦倒之时，袁粲曾大力帮助他们。同时，蔡兴宗以女适袁彖，显然有顾念旧谊，扶持提携之意。由此，袁昂、袁彖等才能继续活跃于历史舞台上。袁彖与蔡兴宗女结合，成为史料中袁蔡联姻的第二例。此外，蔡兴宗女比袁彖高一辈，二人异辈为婚，周一良先生早已论及。[4]

二、袁月玑与蔡彦深

袁月玑是袁昂第十二女，墓志称她“真草之书，拟蔡琰之前辙；诗赋之美，袭左芬而罕愧”。蔡琰即蔡文姬，她忆写故家坟籍时，称“真草唯命”。[5]蔡文姬长期以文名世，然而墓志作者将袁月玑书法修养比拟于蔡文姬，足见蔡琰书法在魏晋南北朝时期颇受推崇。左芬乃左思之妹，“少好学，善缀文，名亚于思，武帝闻而

---

[1] 《宋书》卷五七《蔡兴宗传》，第 1579 页。

[2] 《梁书》卷三一《袁昂傳》，北京：中华书局，1973 年，第 451 页。

[3] 《宋书》卷五七《蔡兴宗传》，第 1584 页。

[4] 周一良：《魏晋南北朝史札记》“婚姻不计行辈”条，北京：中华书局，1985 年，第 172 页。

[5] 《后汉书》卷八四《董祀妻传》，北京：中华书局，1965 年，第 2801 页。

纳之”，[1] 墓志作者比月玑文采于左芬，说明袁月玑至少是能够作文的。袁月玑能文善书，显然反映了陈郡袁氏家学的影响。月玑父袁昂著有《古今书评》，[2] 评论了汉魏以降多位书法家的作品，他自己当然也应是一位书法家。同时，袁昂有文集二十卷，唐时仍能看到，[3] 可见确有文名。

墓志提到“（袁月玑）仍作俪于梁散骑常侍济阳蔡彦深”，可知袁月玑乃陈郡袁氏与济阳蔡氏联姻的第三例。关于蔡彦深，诸史并无太多着笔，仅《南史》卷二九《蔡撙传》提及“子彦深，宣城内史”。蔡撙为蔡兴宗之子。而《梁书》卷二一《蔡撙传》则称“子彦熙，历官中书郎，宣城内史”，蔡彦熙与蔡彦深究竟是否为同一人，难以遽下结论。

袁、蔡二氏世系及婚姻关系见下图：

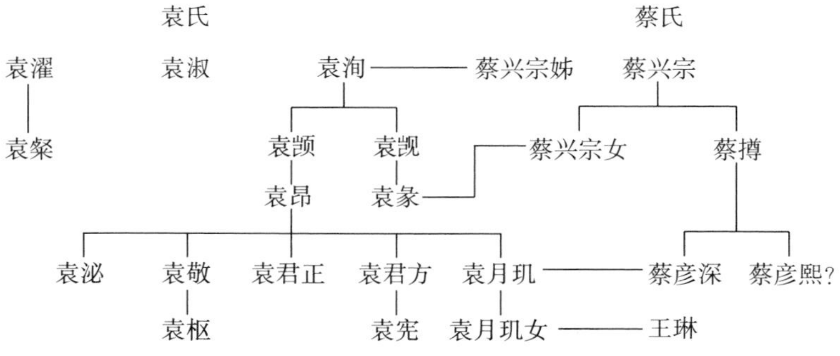

[1] 《晋书》卷三一《左芬传》，第 957 页。

[2] 袁昂《古今书评》一书，《隋书·经籍志》不载，散见于《太平御览》。

[3] 《旧唐书·经籍志》及《新唐书·艺文志》皆著录《袁昂集》二十卷。

三、王琳与萧庄

“夫人女夫，特进、开府仪同三司、沧州刺史、会稽郡开国公王琳”一句，是此方墓志最有价值的信息。南北诸史并未记载王琳的婚姻情况。作为梁陈之际极其重要的历史人物，王琳是联系北齐、北周、陈与萧梁残余势力的关节点。《北齐书》卷三二《王琳传》：“王琳，字子珩，会稽山阴人也。父显嗣，梁湘东王国常侍。琳本兵家，元帝居藩，琳姊妹并入后庭见幸，琳由此未弱冠得在左右。少好武，遂为将帅。”[1]《南史》卷六四《王琳传》亦称王琳“本兵家”。[2]从王琳出身来看，其人显然不是江左膏粱士族。然而王琳之父既为“梁湘东王国常侍”，“琳姊妹并入后庭见幸”，王琳自己又娶得当时高门济阳蔡氏之女，恐怕也难以视作一般意义上为时人所轻的“兵家”。视王琳为出身低下的兵家子，恐怕反映的是陈朝史臣的立场。《北齐书》点校者已经注意到《王琳传》可能不是直接录自南、北史，而是出于某种史钞。[3]萧绎于天监十三年（514）“封湘东郡王”，琳父为萧绎王国常侍，而另有王僧辩曾为“湘东王国左常侍”。[4]王琳很早就活动在萧绎左右，姊妹又见幸萧

[1] 《北齐书》卷三二《王琳传》，北京：中华书局，1972 年，第 431 页。

[2] 《南史》卷六四《王琳传》，北京：中华书局，1975 年，第 1559 页。

[3] 中华书局点校本《北齐书 · 王琳传》后校勘记认为：“[《北齐书》卷三二] 按此卷原缺。文与《北史》卷八九《陆法和传》、《南史》卷六四《王琳传》基本相同，但也有小异，偶有溢出南、北史本传的字句，疑非直接录自南、北史，仍出于某种史钞。”（第 437 页）

[4] 《梁书》卷四五《王僧辩传》，第 623 页。

绎，显然王琳一家与王僧辩、萧绎属同一集团。

侯景之乱搅动南朝形势，乱后长江中游、江淮之间发生一系列斗争，正是墓志所谓“妖氛未静，淮海虔刘”。长江中游、江淮之间作为南朝政权生死攸关的战略要地，本来就是南北争夺的焦点。王琳自登上历史舞台起，便与这一地区紧密联系在一起。萧绎“初为宁远将军、会稽太守，入为侍中、宣威将军、丹阳尹。普通七年（526），出为使持节、都督荆湘郢益宁南梁六州诸军事、西中郎将、荆州刺史……（大同）六年（540），出为使持节、都督江州诸军事、镇南将军、江州刺史”，[1]是长期盘踞于长江中上游荆、湘、郢地区的宗室力量。侯景之乱时，萧绎为“使持节、都督荆雍湘司郢宁梁南北秦九州诸军事、镇西将军、荆州刺史”。王琳时为宜州刺史，[2]并于郢州击败侯景将宋子仙，又随王僧辩破侯景，后拜湘州刺史。

侯景之乱使梁中央军损失殆尽，荆州地区军事力量成为萧梁朝廷的支柱，控制荆州军事力量的正是萧绎及其势力集团，王琳也是在这一时期逐渐坐大。侯景被平之后，王琳依靠动乱中聚集起来的所谓“江淮群盗”，发展为“麾下万人”“所部甚众，又得众心”的军事实力派。[3]然而，梁元帝、王僧辩等人不能容忍王琳在长江中

[1] 《梁书》卷五《元帝纪》，第 113 页。

[2] 见《梁书》卷四五《王僧辩传》，第 624 页。

[3] 《北齐书》卷三二《王琳传》，第 432 页。以下征引史料未特别注出者，皆出自该传。

游势力膨胀，遂剿灭王琳麾下陆纳部。考虑到萧纪势力威胁较大，梁元帝等人又不能猝失王琳力量，故并未遽灭王琳。待萧纪被平后，梁元帝将早年出入自己左右的王琳“出之岭外”，远任广州刺史，迫使王琳脱离长江中游战略根据地。直到承圣三年（554）西魏南侵，梁元帝被西魏、萧詧联军逼死，王琳才再获重返长江中游的机会。

置身长江中游四战之地，王琳依靠的是江淮间及原梁元帝集团内势力的支持，既不可投靠西魏，支持萧詧，亦不便承认陈霸先所推立的梁敬帝，只能重新寻求存在的合法性。他“迎（萧庄）还湘中，卫送东下。及敬帝立，出质于齐，请纳庄为梁主”，以此作为统领江淮间各种力量的旗号。经历了侯景之乱、宗室火并、元帝排斥而残存于长江中游的王琳只能在强敌环伺的局面下努力周旋。史载“[王琳]遣使奉表诣齐，并献驯象；又使献款于魏，求其妻子；亦称臣于梁”。他一方面主动联合北齐势力，维持萧梁政权的存在；另一方面尽量向西魏——萧詧势力妥协，避免发生冲突；同时对正在崛起的陈霸先尽量采取低调的姿态。

身处“淮海虔刘”的时代，袁月玑不免沦陷在动荡的时局中。前引史料，王琳曾经“使献款于魏，求其妻子”。此处所求之妻，应当就是袁月玑之女。袁月玑被西魏掳掠驱赴关中一事，在史料中是能找到痕迹的。承圣三年西魏—萧詧势力横扫江陵，处死梁元帝，紧接着就在江陵大规模掳掠人口。西魏军队掳掠江陵王公、官僚及家属并百姓男女十余万口，分赏将士做奴婢，驱归关中，小弱者被尽数杀害。[1]王琳作为梁元帝集团的重要人物，其家族成员包括袁月玑在内显然无法幸免于难。为迎回袁月玑等人，王琳付出了相当大的努力。据《周书·文帝纪》魏恭帝三年（556）秋七月，“王琳遣使来附，以琳为大将军，长沙郡公”，[2]则知此时王琳献款西魏，西魏当局也授王琳官号，意在拉拢身为长江中游军事实力派的王琳。或许正因王琳尚有一定的影响力，被西魏掳掠而流离失所的袁月玑才获得回归。

墓志提到“特进入奉大齐，夫人随女到邺”，指王琳入北齐事迹。王琳自岭南回到湘中，于558年3月推立萧庄于郢州，并遣使诣齐，建立与北齐的军事同盟关系。以王琳为首的军事集团逐渐发展成梁陈之际南方各大势力中最强大的一支。响应王琳者北抵齐境，西至巴陵，南达高州。王琳在长江中游地区势力的构成复杂多元。首先，王琳妻为当时第一流门第济阳蔡氏之女，同时王琳又与袁月玑兄袁泌、侄袁奭等人关系密切，一定程度上得到了当时高门之拥护。其次，王琳继承了梁元帝、王僧辩残余势力，其中王僧辩

[1] 西魏侵略江陵，掳掠人口事迹，《梁书》卷五《元帝纪》载：“（西魏）乃选百姓男女数万口，分为奴婢，驱入长安；小弱者皆杀之。”《周书》卷二《文帝下》载：“（西魏）擒梁元帝，杀之，并虏其百官及士民以归。没为奴婢者十余万，其免者二百余家。”《资治通鉴》卷一六五“元帝承圣三年十二月”条，综合《周书》《梁书》及《三国典略》等，云：“（西魏）尽俘王公以下及选百姓男女数万口为奴婢，分赏三军，驱归长安，小弱者皆杀之。得免者三百余家，而人马所践及冻死者什二三。”（北京：中华书局，1956年，第5123页）

[2] 《周书》卷三《文帝纪》，北京：中华书局，1971年，第36页。

之子王颙就在王琳集团中。王琳也接手了陆法和的势力，甚至收纳了侯景残部。再次，王琳还有一批军事实力派的支持。王琳遣兄子叔宝奉诣北齐，入邺竟带有十州刺史子弟，[1] 即是明证。此时支持王琳的军事实力派有江州刺史周炅、曹庆（萧庄任为吴州刺史）、昌州刺史周弘直（时在湘州）、巴州刺史孙玚、南江州刺史余孝顷（初为新吴洞主）、高州刺史纪机，以及席慧略、任忠、樊毅、樊猛、李孝钦等；[2] 另有缙州刺史留异暗中回应；[3] 盘踞长江中游极

---

[1] 《北齐书》卷三二《王琳传》载："琳乃遣兄子叔宝率所部十州刺史子弟赴邺，奉庄纂梁祚于郢州。"可见当时有一大批军事实力派支持萧庄—王琳集团。

[2] 关于支持王琳的军事实力派，可检得以下数人。《陈书》卷一三《周炅传》："高祖践祚，王琳拥据上流，炅以州从之。及王琳遣其将曹庆等攻周迪，仍使炅将兵掎角而进，为侯安都所败，擒炅送都。"（北京：中华书局，1972 年，第 204 页）；卷二〇《华皎传》："曹庆本王琳将，萧庄伪署左卫将军、吴州刺史，部领亚于潘纯陀"，又"（席）慧略王琳部下"（第 273 页）；卷一八《周弘直传》："王琳之举兵也，弘直在湘州，琳败，乃还朝"（第 310 页）；卷一九《孙玚传》："王琳立梁永嘉王萧庄于郢州，征玚为太府卿，加通直散骑常侍"（第 319 页）；卷三五《周迪传》："琳至湓城，新吴洞主余孝顷举兵应琳"（第 479 页）；卷三《世祖纪》："高州刺史纪机自军叛还宣城，据郡以应王琳"（第 48 页）；卷三一《任忠传》："王琳立萧庄，署忠为巴陵太守"（第 413 页）；《樊毅传》："高祖受禅，毅与弟猛举兵应王琳，琳败奔齐，太尉侯瑱遣使招毅，毅率子弟部曲还朝"（第 415 页）；卷一三《周敷传》："高祖受禅，王琳据有上流，余孝顷与琳党李（希）〔孝〕钦等共围周迪"（第 200 页）。

[3] 留异虽不曾明确加入王琳阵营中，但多次响应王琳的军事行动。《陈书》卷一三《鲁悉达传》："敬帝即位，王琳据有上流，留异、余孝顷、周迪等所在锋起"；有卷三五《留异传》："（留）异频遣其长史王澌为使入朝，澌每言朝廷虚弱，异信之，虽外示臣节，恒怀两端，与王琳自鄱阳信安岭潜通信使。王琳又遣使往东阳，署守宰。"王琳北奔后，仍然与留异保持着密切联系。

具实力的鲁悉达、周迪等持观望态度，[1] 这便是史言“上游诸将，推琳主盟”所指。此时奉萧庄为主，“带甲十万”，自认“勤王之师”又北托高齐支持的王琳是江淮之间最强大的军事存在。相比之下，受禅建极的陈武帝，号令不出建康千里之外，实力远不如王琳。

陈永定三年（559），陈武帝崩，王琳闻此消息，即刻奉萧庄出屯濡须口，北齐派遣扬州道行台慕容俨率军临江，为之声援。陈文帝天嘉元年（560）春，王琳与陈将侯瑱会战于芜湖地区。北周看到王琳东下，郢州空虚，立刻遣都督荆、襄等五十二州诸军事、荆州刺史史宁“将兵四万，乘虚奄至”。[2] 王琳面临前有陈军阻截，后有周军追袭的危急形势，在这种情况下，北齐遣“仪同刘伯球率兵万余人助琳水战，行台慕容恃德子子会领铁骑二千，在芜湖西岸博望山南，为其声势”。[3] 随后的芜湖水战，王琳水陆皆败，北齐盟军骑兵不战而溃，王琳部队损失殆尽。在陈朝的叙述中，逃亡中的王琳“犹欲收合离散，众无附者，乃与妻妾左右十余人入齐”，[4] 志主袁月玑正是在这个时候“随女到邺”。

---

[1] 《陈书》卷一三《鲁悉达传》：“（王）琳授悉达镇北将军，高祖亦遣赵知礼授征西将军、江州刺史，各送鼓吹女乐，悉达两受之，迁延顾望，皆不就。”（第 199 页）有关周迪，《陈书》卷三五《周迪传》称：“高祖受禅，王琳东下，迪欲自据南川，乃总召所部八郡守宰结盟，声言入赴，朝廷恐其为变，因厚慰抚之。”（第 479 页）正是陈霸先的贿赂，才导致本持观望态度的周迪彻底归附陈朝。

[2] 《陈书》卷二五《孙玚传》，第 319 页。

[3] 《陈书》卷九《侯瑱传》，第 156 页。

[4] 同上。

芜湖之败导致王琳集团和他努力维持的萧庄政权崩盘，王琳与萧庄同投北齐，同行者除袁月玑外，还有刘仲威、袁奭等人。王琳战败北走时，左长史袁泌亦在军中。袁枢之弟袁宪使齐，齐留而不返，南人称“以王琳之故，执而囚之”。[1]正是由于王琳与陈郡袁氏有亲故关系，王琳阵营中有多位袁氏子孙身居要职，发挥着重要作用，袁宪才会使齐不返。另一面，没有血缘婚姻等关系的加持，其他更多军事实力派则纷纷倒戈，脱离王琳集团而转投陈朝。曾为王琳部下的曹庆、席慧略、余孝顷、潘纯陁、任忠、樊毅、樊猛等都降归陈朝，而湘州、原周炅控制的江州等地，尽归陈朝所有。胡三省评论说“自此江南皆为陈有矣”，[2]是极为允恰的。王仲荦先生也认为：“陈霸先叔侄在以上几次战役（指芜湖之战及逼走北周军队之战）中，击退了北齐、北周的军队，削平了长江中游割据势力王琳，到这时候江东政权才算是初步稳固下来。”[3]南北朝后期的历史格局在王琳芜湖之败后定型，齐、周、陈三足鼎立的政治形势由此形成。

从此到 573 年战败被杀，王琳长时间活动于江淮之间，“鸠集义故，更图进取”，而“淮南伧楚，皆愿戮力”。虽然具有一定的号召力，但丧失湘、郢战略根据地，精锐部队丧失殆尽、完全受制于北齐的王琳，生存空间已经极为狭小，在齐、周和陈之间腾挪辗转的余地已经不复存在，只好充当北齐在淮河流域的一枚棋子。王琳

[1] 《陈书》卷二三《王玚传》，第 302 页。

[2] 《资治通鉴》卷一六八“文帝天嘉元年二月”条胡注，第 5195 页。

[3] 王仲荦：《魏晋南北朝史》，上海：上海古籍出版社，1979 年，第 462 页。

兄王珉之女婿、陈合州刺史裴景晖准备脱离陈朝时，王琳竟然无兵接应。后来活动于寿阳地区时，王琳与北齐行台尚书卢潜不和，被迫还邺。陈宣帝太建五年，陈将吴明彻北伐，北齐遣“领军将军尉破胡等出援秦州”，此时王琳既无可将之兵，亦无将兵之权，只能“共为经略”，终于被擒于寿阳，不久后遭到杀害。投靠北齐的王琳虽然政治影响力日渐降低，但是兵败被擒时，陈将吴明彻手下多为王琳故吏，“争来致请，并相资给”。被斩首后，屡有人请求使其身首合葬，葬日又“义故会葬者数千人”，足见梁陈之际风云一时的王琳，此时在南朝仍有相当的影响力。

558 年，王琳立萧庄为帝。对于这个政权文献记载的信息实在太少。袁月玑墓志的出土则为我们补充了萧庄政权的一些信息。实际上，该政权在军事方面受控于北齐，王琳多次对陈作战都有北齐军事力量的配合。王琳最终败亡，便是失去军事指挥权，受制于齐将尉破胡所致。萧庄政权在政治上具有双重性，一方面苟延于北齐卵翼之下，另一方面尚保持有限的自主性。随着王琳几次战败，萧庄政权的政治自主性也逐渐丧失。据王琳本传，王琳初奉诣入齐，“文宣遣……李騊駼册拜琳为梁丞相、都督中外诸军、录尚书事”，萧庄“授琳侍中、使持节、大将军、中书监，改封安城郡公”，可见北齐政权并没有要求王琳接受北齐官号。萧庄即位之时，不仅可以颁授官职于效忠者，甚至“年号天启”。[1] 另外，元洪敬墓志

[1] 《北齐书》卷三三《萧明传》，第 442 页。

记“梁尚书比部郎谯国桓柚”“梁侍中陈郡袁奭”，[1]可见桓柚、袁奭二人在565年尚称梁官号。芜湖战败后，王琳北奔，既接受北齐官职，初为“骠骑大将军、开府仪同三司、扬州刺史，封会稽郡公”，后为“沧州刺史，特进、侍中”，不仅军事上受齐控制，政治上也逐步沦为傀儡。到569年袁月玑死时，王琳虽拥握部分势力，萧庄政权的独立性却已经完全丧失。而且，墓志使用“齐天统五年”这个北齐年号，而不是萧庄政权的“天启”年号，那是由于随着王琳步步战败，萧庄对于对北齐而言已经无足轻重，被降封为侯后，他们再也不可能再使用“天启”年号。在萧梁最后的旗帜倒下的前一刻，墓志中刘仲威、袁奭等人齐、梁官号并称，那是因为北齐政府对这批南来士人“许以兴复”，[2]他们仍然盼望着回归家园，重建故国，在寄人篱下的无奈中将自己的政治幻想刻于碑石，埋入地下。

墓志制序者袁奭、撰铭者刘仲威等在史料中都有只言片语的记载。《北齐书》卷四五《袁奭传》：“袁奭，字元明，陈郡人，梁司空昂之孙也。父君方，梁侍中。”[3]《陈书》卷一八《刘仲威传》：“刘仲威，南阳涅阳人也……少有志气，颇涉文史。梁承圣中为中

[1] 罗新、叶炜：《新出魏晋南北朝墓志疏证》，北京：中华书局，2005年，第176页。

[2] 《北齐书》卷三二《萧明传》，第442页。

[3] 《北齐书》卷四五《袁奭传》，第626页。

书侍郎。萧庄伪署御史中丞，随庄入齐，终于邺中。”[1] 北齐天统三年，袁奭与刘仲威同为中散大夫，入文林馆修撰《修文殿御览》。由此可见刘仲威与袁氏关系亲密，他为袁月玑撰墓志也理所当然。

这一历史细节再一次引发我们关注王琳割占湘郢、据有中流、立萧庄为帝并入奉北齐所带来的历史影响。萧梁末年变乱中，大批南朝士人投奔北齐，王琳又携相当数量南人入邺，很多文化人在北齐受到了重视。除袁月玑墓志的制序者袁奭、撰铭者刘仲威外，朱才“副袁奭入朝……留邺……稍迁国子博士、谏议大夫”；[2] 萧祗任北齐“国子祭酒”、萧慨“历著作佐郎，待诏文林馆”、萧放“待诏文林馆”。[3] 他们都在北齐文化建设方面做出了自己的贡献。另一方面，十几年之后，当隋朝大军压境，陈军中具有一定实力并积极抵抗者，包括任忠、樊毅、樊猛、鲁悉达之弟鲁广达等军事实力派，正是曾经积极支持王琳并在王琳战败后从其阵营中分离出来的，他们即史书中所谓王琳的“义故”。

[1] 《陈书》卷一八《刘仲威传》，第 245 页。

[2] 《北齐书》卷四五《朱才传》，第 627 页。

[3] 《北齐书》卷三三《萧祗传》《萧慨传》《萧放传》等。

找回失落于尘土中的故事

——读元渠姨墓志

单敏捷

史书中有不少这样的人，他们惊鸿一瞥，留下让人印象深刻的言行，随后无声无息，消失于历史长河中，再无踪迹可循。《北史·后妃传·段昭仪传》就记载了这样一则故事：

> 段昭仪，（段）韶妹也。婚夕，韶妻元氏为俗弄女婿法戏文宣，文宣衔之。后因发怒，谓韶曰："我会杀尔妇！"元氏惧，匿娄太后家，终文宣世不敢出。昭仪才色兼美，礼遇殆同正嫡。后主时，改适录尚书唐邕。

段昭仪是这篇传记的主角，可是传文讲述的段韶妻元氏与高洋结仇的故事，占去了全传的大半。故事中的主角并非传主段昭仪，而是她的嫂子元氏。段昭仪嫁与北齐文宣帝高洋，婚礼当晚，元氏按当时婚俗中戏弄新郎官的惯常做法折腾高洋，没想到得罪了他，一直怀恨在心。后来高洋有一天想起旧事，怒从心头气，恶向胆边生，对元氏的丈夫段韶说，一定要杀元氏。段韶把话传给妻子，吓得她只好跑进娄太后宫里躲藏，再不敢出来，一直到高洋死。

元氏肯定没有死在高洋手里，因为《北史》记她“终文宣世不敢出”。但是，高洋驾崩之后，她的命运如何呢？史书全然不提。不仅如此，她的信息也非常残缺，我们只知道她姓元，是段韶的妻子，她的父母家世、个人生平甚至名字，史书只字未提。这个在乖戾无常的文宣皇帝恐吓下担惊受怕好久的可怜女人，就这样在史书里骤然一现，留下了一个充满戏剧色彩的故事，又悄然消失了。

2004 年，《碑林集刊》第 10 辑发表了王其祎先生的《新发现〈隋元妃渠姨墓志〉跋》。据跋文，作者本人并未看到碑刻原物，所据只是友人提供的拓片，“亟披读一过，知为隋志新品，未见著录”。作者根据拓本志题“隋故左丞相平原王元妃墓志铭”，又志文中出现“年十有七娉于段氏”，推知段氏即北齐重臣段韶，指出志主即是前引《北史 · 后妃传 · 段昭仪传》中段韶的妻子元氏，感叹“不意以元氏之长寿，入隋又活了十八年”。2007 年，王其祎、周晓薇编纂的《隋代墓志铭汇考》（以下简称《汇考》）由线装书局出版，书中对这方墓志给出了完整的录文。

2013 年冬，北京大学历史学系部分师生前往河北正定墨香阁考察，我作为研究生有幸参与。墨香阁主人刘秀峰先生向我们展示了他的藏品，数百方中古墓志呈现在我们面前，叹为观止。没想到，王其祎所跋的元氏墓志的原石，竟“藏身”于这数百块碑刻之中！其后，我们在叶炜老师主持下开始整理这批珍贵的碑志材料，根据刘先生提供的拓片，结合《汇考》录文，我们整理的元渠姨墓志录文如下：

齐故左丞相平原王元妃墓志铭

大妃讳渠姨，河南洛阳人也。即魏照成皇帝／玄之孙，定州使君蒲仁之元女。长瀾与浴日徂远，层构与极天比峻。南宫满其故事，东观焕其余美。妃禀华兰畹，分秀朱庭，凝质自然，柔姿且韵。年十有七，娉于段氏。既而作合君子，和如琴瑟，蘋藻成德，绮练增华。岂止女则嫔仪之间，习礼闻诗而已？既而骥趾著美，珪璋特秀，温其诱训，教以义方。故得冠冕二京，羽仪一代。缙绅资其领袖，月旦以之标榜。方当终美长世，贻范后昆，而阅水不休，徂光奄谢。以大隋开皇十七年岁次丁巳终于长安，春秋八十有二。以开皇十八年岁次戊午正月十八日归葬旧茔。地久天长，山空海化，若不勒铭泉隧，无以永播芳尘。其铭曰：

淑光之精，咸池炳灵，芬芳间出，秀祉罗生。惟祖及父，乃公且卿，诞兹懿淑，寔拟娥英。其一：如彼珪璧，譬斯兰芷，学尽嫔风，言成女史。铅华不御，徽猷自己，居高不危，慎终如始。其二：依此之从，谐斯二族，窈窕容止，纷纶／器局。播以椒兰，成此姻穆，上寿未尽，逝川从速。其三：去

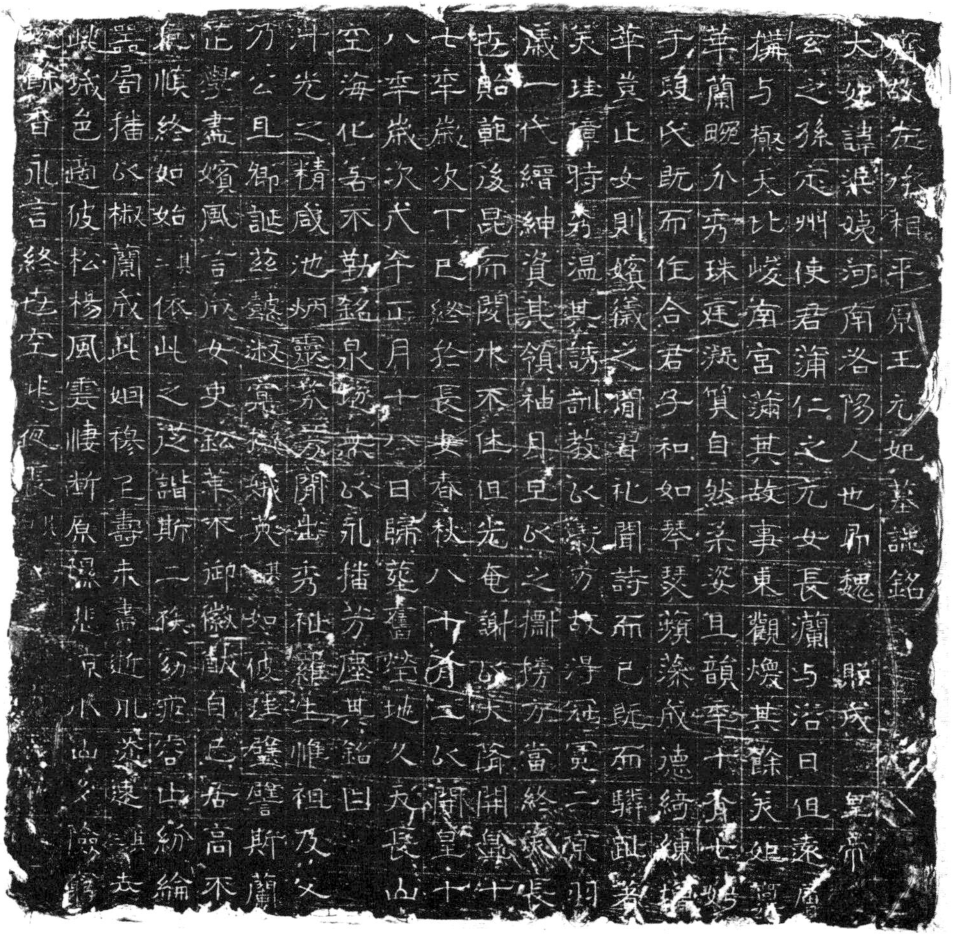

元渠姨墓志（来源：浙江大学中国历代墓志数据库）

此城邑，适彼松杨，风云凄断，原隰悲凉。卜山多险，穷/隧余香，永言终世，空悲夜长。其四

王其祎先生2004年跋文将志题中的“齐”字误作“隋”，今据拓片，该字虽已颇为漫漶，但仍可辨识为“齐”字。其余录文虽与《汇考》略有出入，但信息基本一致。至此，虽然墓志出土时地与出土后的辗转流传情况仍属未知，墓志提供的信息亦颇为有限，但我们仍可根据史书中零零散散的相关信息，尝试大致勾勒出元渠姨的一生。

据《北齐书·段韶传》，段韶于文宣帝天保年间受封平原郡王，后主天统三年（567）拜左丞相，与元渠姨墓志志题之“齐故左丞相平原王”相合，参以前引《段昭仪传》称段韶妻为元氏，故可断定元渠姨即段韶之妻。“渠”字并非女性常见名字，或本作“蕖”。墓志云渠姨为“魏照成皇帝玄之孙”，“照成”一般写作“昭成”，即拓跋什翼犍，“玄之孙”应作“之玄孙”。元渠姨父蒲仁，蒲仁之名不见于史。渠姨死于开皇十七年（597），享年八十二岁，则当出生于516年。元蒲仁的定州刺史一职或是赠官，并非实任。墓志虽然记载了元渠姨父亲的姓名官职，但无从考证。渠姨死后墓葬所在，虽然没有直接的墓志出土信息，而志云“归葬旧茔”，当指段韶家族墓地。我们知道，段韶之父段荣墓志出土于河北曲周县北油村，段荣墓志亦称“改葬于邺城东北一百五十里，斥章城西南三里”，那么元渠姨墓志也应出于此地。

元渠姨十七岁嫁给段韶，那一年正是532年。前一年高欢大败尔朱兆，是年进入洛阳，拥立孝武帝。段韶自从高欢起兵之初就以亲信都督的身份跟随左右，后来参与了广阿之战、邺城之战、韩陵之战等关键战役，一路击败尔朱氏，532年随高欢入洛，不久便和元渠姨成亲。

据各种史料记载，高欢部下不少亲贵娶宗室女子为妻，甚至为此发生过一些纠纷。如高欢子高澄娶北魏孝静帝妹冯翊长公主，高演娶元蛮之女。高永乐墓志也记永乐妻系元渊之女。据《北齐书·孙腾传》，封隆之无妇，欲娶魏京兆王元愉之女平原公主，公主时寡居，亦欲嫁隆之，可是孙腾也看上了平原公主，心怀妒忌，于是间构封隆之。看起来，这些北魏皇族女子，无论待字闺中者，还是寡居者，对于出身行伍、戎马多年的六镇汉子，还是有着特别的吸引力。一方面，六镇新贵摆出蔑视元氏王公的姿态，极力压制他们的政治地位，但另一方面，并不妨碍他们争先恐后想要得到一个姓元的妻子。

当时失去政治保障的元氏成员正江河日下，六镇功臣武将轻易能娶元氏女子，便是一个证明。如平原公主，甚至主动想嫁给封隆之，大概也是要给自己和家人找一个靠山。加入新贵家族的元氏女子后来确有不少得到了保护，如元渠姨能够逃脱高洋的毒手，还是靠了段氏父子与娄太后的亲戚关系。高洋在位时大肆屠杀元氏，元氏有些人就因家中有女子嫁到新贵家族而幸免于难，如元蛮，他的女儿嫁给了后来成为北齐孝昭帝的高演，高演为元蛮苦苦哀求，使他最终躲过一劫。尽管多数人在高欢入洛时并不能预想到元氏成员的处境恶化到被屠戮殆尽的地步，但河阴之变以来的一系列政治发展推动了元氏地位逐渐下降的过程。

嫁给新贵的女子们可以说是“幸运”的，她们中有很多躲过了即将到来的对元氏的大屠杀，有的还能让家人一同免祸。但这种“幸运”的背景基调又是相当悲惨的。一方面，她们的“幸运”依赖夫家的庇佑，整个政治氛围和国家机器对元姓人物已经变得毫无尊重与怜悯，她们只能依靠夫家的保护才能勉强求得平安，否则，她们的命运会变得毫无保障。例如高澄妃冯翊公主，是北魏孝静帝之妹，在高澄死后遭到高洋万般羞辱。高演虽然极力营救元蛮，但高洋并不因他是北魏皇族就有丝毫的敬意。高演保护了自己的妻子和岳父，但等他死后，他的弟弟高湛成了皇帝，元妃很快再次陷入苦难与折磨。另一方面，也是最重要的，针对一个家族的屠杀，对于每一个家族成员都是一场灾难，即便那些勉强逃过一劫的人，也无法享受安宁与喜悦，而是不得不面对侥幸逃脱后的不安与恐惧。元渠姨尽管已经是段韶之妻，却还要紧张不安地东躲西藏过日子。拿到诺亚方舟船票而幸免的人，也毫无理由对大洪水造成的灾难而感到欣喜。

其实，对于使用“幸运”这个词，哪怕是加上引号表示反讽，我仍然是比较迟疑的。政治婚姻本来就没有多少幸运可言，更何况元渠姨等很多人是以类似于战利品的方式进入新贵家族的。古人有时会把这种故事渲染成佳话美谈，比如我们都很熟悉的大小乔与孙策、周瑜的故事。《三国志·周瑜传》注引《江表传》：“（孙）策从容戏瑜曰：‘桥公二女虽流离，得吾二人作婿，亦足为欢。’”可能是受《三国演义》等文学作品的影响，人们喜欢将大小乔与孙策、周瑜想象成恩爱夫妻，如孙策所说“亦足为欢”，然而二乔在整个故事中是失声的。她们本在江北的庐江居住，孙策攻破庐江，将二乔作为战利品掳至江东，使之流离他乡。历史没有记录下她们的恐惧与泪水，只见胜利者的得意和自以为是。元渠姨与二乔所谓的“幸运”，其底色是悲惨的，而这悲惨的直接缔造者，正是那些给她们带来所谓“幸运”的人。

高欢入洛两年后，孝静帝天平元年（534），魏迁都于邺。迁邺之初，元魏宗室的地位还没有立即一落千丈。如《北齐书》本传载元坦“历司徒、太尉、太傅，加侍中、太师、录尚书事、宗正、司州牧……为御史劾奏免官，以王归第。寻起为特进，出为冀州刺史，专复聚敛”；元韶“历位太尉、侍中、录尚书、司州牧，进太傅”。高洋称帝后，尤其是天保后期，元氏处境迅速恶化。《北齐书·元韶传》：“文宣帝剃韶鬓须，加以粉黛，衣妇人服以自随，曰：‘我以彭城为嫔御。’讥元氏微弱，比之妇女。”又记：“（天保）十年，太史奏云：‘今年当除旧布新。’文宣谓韶曰：‘汉光武何故中兴？’韶曰：‘为诛诸刘不尽。’于是乃诛诸元以厌之。遂于五月诛元世哲、景式等二十五家，余十九家并禁止之。韶幽于京畿地牢，绝食，啖衣袖而死。及七月，大诛元氏，自昭成已下并无遗焉。”史言“昭成已下并无遗焉”，并不确切，如孝昭皇后父元蛮、元文遥以及元永、元景安父子等幸免，而蛮改姓步六孤氏。除了肉体消灭之外，高洋似乎还有意在屠杀时给部分人留一线生路。据《北齐书·文宣纪》，在屠杀与迫害进行了数月以后，高洋发布了一道诏书："诸军民或有父祖改姓冒入元氏，或假托携任，妄称姓元者，不问世数远近。悉听改复本姓。"这道诏书虽然声称只针对本非姓元者，但对于劫后余生的元氏成员，除了那些实在无法谎称自己并非元氏皇族者，其他很多人自然会想尽一切办法撇清与元魏宗室的关系，从而躲避政治迫害。这样一来，宗室近属已被屠戮殆尽，旁支疏宗自会全力抹掉对元氏的认同，元魏宗室集团就这样在肉体和心理两个层面都被瓦解了。

针对元氏的屠杀始于天保十年（559），即高洋在位的最后一年。从他对元渠姨的威胁以及元韶受到的侮辱来看，这位以狂悖著称的皇帝对元氏的压制乃至残害实久已有之。了解了以上历史背景，元渠姨仅仅因为婚礼上戏弄高洋便受到死亡威胁，又因这个威胁而深藏不出，段家与娄太后为了保护她煞费苦心，这些便都容易理解了。

据《北齐书·段韶传》，在屠杀中，元氏"前后死者凡七百二十一人"。不管是不是屠杀的结果，此后元氏人物的确未曾对北齐政权构成威胁。文宣帝高洋暴崩，针对元氏的屠杀随之终止，一个对于元魏宗室来说弥漫着恐怖气息的时代结束了，元渠姨也终于可以结束躲藏逃命的日子。后来的皇帝不再像高洋那样热衷于疯狂屠杀，政策有所转变。到了乾明元年（560），也就是高洋死后第二年，“诏诸元良口配没宫内及赐人者，并放免”，见《北齐书·废帝纪》。以后不再能见到北齐有专门针对元魏宗室的迫害活动，从天保劫难幸存下来的元氏子孙多少改善了处境。尽管如此，天保屠戮对元氏的影响，不仅仅是生命损失，还有社会地位的急骤下跌。

天保屠杀以后，元渠姨已经四十多岁，之前的变故给她留下什么样的影响，我们已无从知晓，创伤自不必说，会不会劫后余生，反而彻悟、淡然？逃脱高洋的毒手之后，相对于之前胆战心惊的经历，接下来她可能过了近二十年“平淡”的生活，当然我们不知道她个人经历了什么，只好暂且这么推测。因为除了后主武平二年（571）段韶去世，这十几年的岁月里“似乎”没有发生会对她生活有较大影响的事件，尤其是再也没有迫害屠杀元魏宗室成员那样的政治事件，而且段氏的地位并未因段韶之死受到太大影响。

可是，平静生活还是被打破了。北齐武平七年（576），北周武帝率大军攻破晋阳，次年周师入邺，不久俘获齐后主及幼主，北齐王朝骤然崩坍。周军将齐后主、幼主与太后、诸王公大臣遣送长安，元渠姨一家很可能也在其中。北齐灭亡了，这个朝代曾经显赫的家族与核心人物在新的王朝已不再重要。一个家族脱离了权力核心，一方面意味着失去了许多资源，失去了显赫地位，另一方面也意味着远离旋涡中心，远离了政治动荡带来的风险。对于元渠姨来说，好像更是如此。远离政治斗争，也许反而更容易过上淡然、平和的生活。

不过命运却另有自己的打算。

《北齐书·段韶传》末尾附了段韶子孙的事迹，韶第三子德业在北周建德七年参与了高元海反周的活动，被处死。另外，第二子深在入周后拜大将军、郡公，最后“坐事死”，未言所坐何事。北齐灭亡后周武帝很快死去，北周政权不久也被杨坚控制，紧接着就是“杨隋代周”。既然史书说段深入周后“坐事死”，而自入周至周亡时间很短，那么所坐之“事”很有可能就是段德业参与叛乱的事件。段深是段韶第二子，其长兄段懿在北齐时就已死去，周灭齐后，段深与段德业成为段氏男性中最年长的两位。很可能，段德业参与叛乱，北周并没有诛灭段氏全家，只杀掉了德业之兄段深。

段深和段德业之死必然给这个家族带来不小的影响。本来段氏就是北齐勋贵，他们在北周是被防范监视的对象，段深、段德业二人的死更会恶化段氏的处境。他们二人也许都是元渠姨的儿子，如果是这样，二人之死对于元渠姨来说可谓巨大打击。元渠姨经历了魏齐禅代，逃过了天保屠杀，目睹了周灭齐的战争，至花甲之年，又陷入失去爱子的悲痛和艰难时局的双重不幸之中。墓志称她“冠冕二京，羽仪一代”，自然是虚词套话，当我们了解了故事的背景，再来读这一句话，不能不感到讽刺和辛酸。

周灭齐后，为了安抚齐人，尤其是北齐的衣冠显贵，很多齐的高官子弟仍被任以官职，授以爵位。《周书·宣帝纪》宣政元年八月诏：“伪齐七品以上，已敕收用，八品以下，爰及流外，若欲入仕，皆听预选，降二等授官。”从《北齐书》的记载看，这条诏令确实是实行了。如《北齐书·厍狄干传》附《厍狄士文传》：厍狄干之孙厍狄士文，周武帝“授开府仪同三司，随州刺史”。《段韶传》记其子孙多有北周或隋的官爵，故而元渠姨墓志言“冠冕二京”。

大概随着时间的推移，尤其是入隋以后，北齐勋贵家族受到的猜疑防范会慢慢淡化，虽然不可能再有昔日的荣光，最终还是安定了下来。起初他们和北齐皇族一起迁到长安，除了会受到监视之外，还不允许自由移徙。到后来这些都有所改变。如孝昭元皇后在北周晚期被放还山东，文宣李皇后在隋代回到赵郡。元渠姨卒于开皇十七年，应该有足够的时间返回山东，而她后来死在了长安，死后才葬回邺城。这应该是因为段氏子弟还有一些在各地做官，把家留在长安，没有迁回邺城。段氏家族的兴盛与否完全依托于北齐政权的盛衰，而不像赵郡李氏等家族，在故乡有着深厚的根基与长期的影响力。不过，元渠姨死后，段家还是有能力将她的灵柩运回邺城举行葬礼，还制作了一方墓志。也正是因为有了这方墓志，我们才能更多地了解这位在正史中被一笔掠过的女性。然而这方墓志的疏简也让人失望。她明明是一个很有故事的人，一次又一次的时代变迁一定会在她身上留下烙印，但是在墓志套话敷衍、冠冕堂皇的叙述里，她一生活泼泼的爱恨情仇都被隐去了。

元渠姨墓志的发现，让我们了解《北史·段昭仪传》更多的后续信息，从而有可能试着讲述这位元魏宗室女子一生的故事。她的故事一定程度上也是当时众多元氏女子人生遭遇的缩影。她们出生时地位高贵，却在青少年之时经历了魏末的战乱与分裂。她们既要面对政治巨变带来的社会地位和心理落差，又要在元氏已然开始没落之时，继续被新贵们榨取仍存的可资利用的价值，还要在动荡时局中小心翼翼地躲避各种艰难危险。她们的事迹虽然零零散散地保存于传世史籍之中，但真正的故事早已被遗忘。元渠姨墓志能提供的新的历史信息虽极为有限，却提醒我们，还可以试着去找回关于她的，以及像她一样经历了那个时代的元氏女子们的故事。

参商永隔：卢兰、卢贵兰姐妹及其家庭命运

庞　博

在北魏时期的范阳卢氏之中，卢巘、卢延集父子这一支并不显赫。事实上，我们今天之所以还能获知这个家庭的基本情况，皆得益于卢延集的两位女儿——卢兰、卢贵兰的墓志中所透露的信息。[1] 据墓志，卢巘娶鲁郡孔氏为妻，仕燕为太子洗马，入魏后封爵良乡子，官至范阳太守（或是赠官）。卢延集则官至幽州主簿，妻赵郡李氏。卢兰姐妹或即卢延集与李氏所生。除此之外，《卢贵兰墓志》还追溯了家族世系，称卢贵兰是曹魏司空卢毓的九世孙；

[1]　拓片分别参见赵万里：《汉魏南北朝墓志集释》（以下简称《集释》），桂林：广西师范大学出版社，2008 年，图版一一八、图版一五〇；录文分别参见赵超：《汉魏南北朝墓志汇编》（以下简称《汇编》），天津：天津古籍出版社，1992 年，第 491—493、371—372 页。以下分别简称《卢兰墓志》《卢贵兰墓志》。

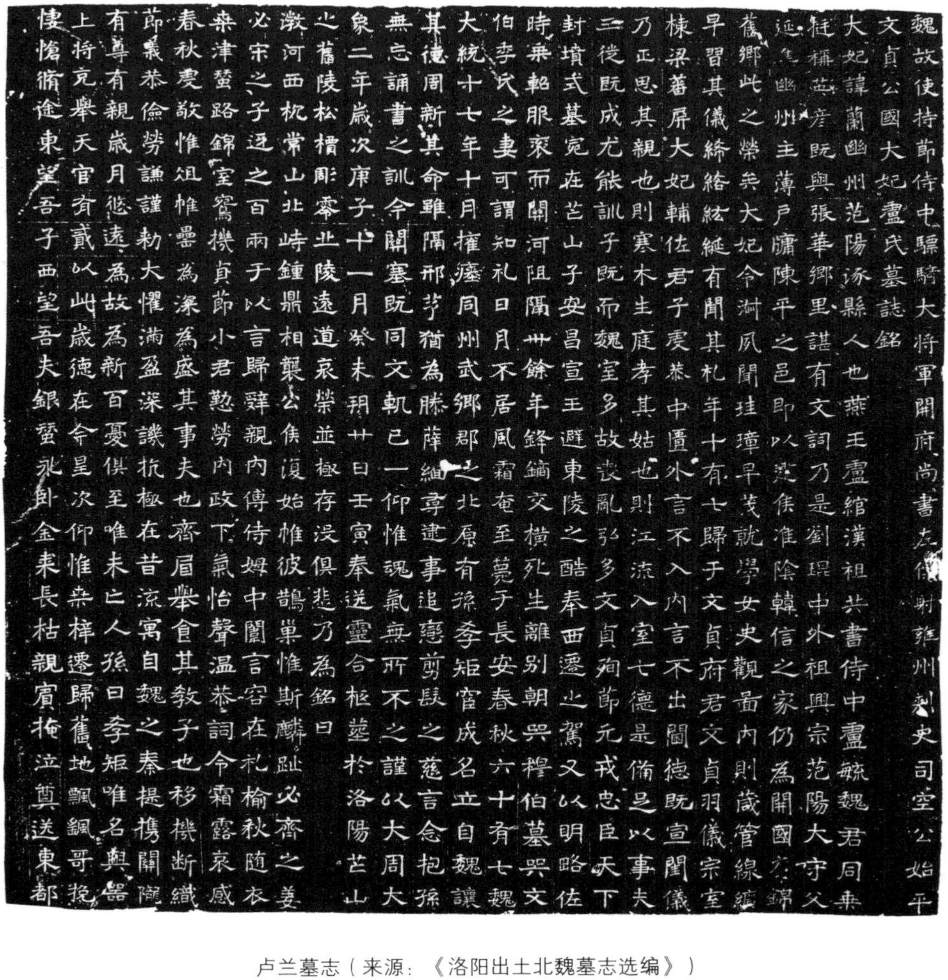
魏故使持節侍中驃騎大將軍開府尚書左僕射雍州刺史司空公始平
文貞公國大妃盧氏墓誌銘
大妃諱蘭幽州范陽涿縣人也燕王盧綰漢祖共書侍中盧毓魏君同乘
廷播英彥既與張華鄉里諶有文詞乃是劉琨中外祖興宗范陽大守父
延集幽州主薄戶牖陳平之邑即以淮侯淮陰韓信之家仍為開國於錦
舊鄉此之榮矣大妃令淑夙聞珪璋早茂就學女史觀圖內則箴管線纊
早習其儀絺綌紘綖有聞其札年十有七歸于文貞府君文貞羽儀宗室
棟梁蕃屏大妃輔佐君子虔恭中饋外言不入內言不出閫德既宣閨儀
乃正思其親也則寒木生庭孝其姑也則江流入室七德是備是以事夫
三從既成尤能訓子既而魏室多故喪亂弘多文貞殉節元戎忠臣天下
封墳式墓宛在芒山子安昌宣王避東陵之酷奉西遷之駕又以明略佐
時乘軺服衮而關河阻隔卅餘年鋒鏑交橫死生離別朝與穆伯墓與文
伯李氏之妻可謂知禮日月不居風霜奄至薨于長安春秋六十有七魏
大統十七年十月權瘞同州武鄉郡之北原有孫季矩宦成名立自魏讓
其德周新其命雖隔邢茅猶為滕薛紬尋遠事追戀剪髮之慈言念抱孫
無忘誦書之訓今關塞既同文軌已一仰惟魂氣無所不之謹以大周大
象二年歲次庚子十一月癸未朔廿日壬寅奉送靈合柩塟於洛陽芒山
之舊陵松檟彫零丘陵遠道哀榮並極存沒俱悲乃為銘曰
激河西枕常山北峙鍾鼎相襲公侯復始惟彼鵲巢惟斯麟趾必齊之姜
必宋之子适之百兩于以言歸辭親內傅侍姆中閨言容在禮榆秋隨衣
桑津螢路錦室鶯機貞節小君懃勞內政下氣怡聲溫恭詞令霜露哀感
春秋虔敬惟俎惟罍為粢為盛其事夫也齊眉舉食其教子也移機斷織
節義恭儉勞謙謹勅大懼滿盈深識抗極在昔流寓自魏之秦提携關隴
有尊有親歲月悠遠為故為新百憂俱至唯未亡人孫曰季矩唯名與器
上將克舉天官有截以此歲德在今星次仰惟桑梓還歸舊地飄飄哥挽
悽愴衢途東望吾子西望吾夫銀螢永卧金棗長枯親賓掩泣奠送東都

卢兰墓志（来源：《洛阳出土北魏墓志选编》）

卢贵兰墓志（来源：哈佛燕京图书馆藏拓）

由此可以判断，卢巘应当与北魏名臣卢玄同辈。[1]

卢延集是否还有其他子嗣，已不得而知。墓志主要记述的，自然还是志主卢兰、卢贵兰姐妹的一生。通过串联墓志与史传的信息碎片，我们得以勾勒出两姐妹生命史的一个侧面；而在这一侧面中，两姐妹的生命历程，主要是在各自出嫁后所组成的家庭中呈现的。她们的人生轨迹因各自加入新的家庭而分岔，她们的悲欢亦因各自家庭的变故而不同。其后随着东西魏分裂，各自家庭做出了不同的政治抉择，两姐妹更是一入关中，一徙邺城，最终参商永隔，再无机会相见。卢兰、卢贵兰姐妹及其家庭生活在北朝变动最为剧烈的时代里，她们的生死悲欢和家庭命运，亦与时局的变动息息相关。

一

根据墓志所载卒年和享年推算可知，卢兰出生于北魏孝文帝太和九年（485）；同样地，其妹卢贵兰的出生时间可推定为太和十七年（493）。[2] 两姐妹相差八岁。在她们的少年时代，北魏发生了两件对她们命运影响深远的事情，一是朝廷从平城迁都洛阳；二是孝文帝“定姓族”，范阳卢氏与清河崔氏、荥阳郑氏、太原王氏一起被定为“四姓”，并确立了与北魏皇室的婚姻关系。这意味着两姐

[1] 逯耀东：《从平城到洛阳：拓跋魏文化转变的历程》，北京：中华书局，2006年，第223页。

[2] 据《卢兰墓志》，卢兰去世于大统十七年（551），享年六十七；据《卢贵兰墓志》，卢贵兰去世于武定四年（546），享年五十四。

妹的婚姻，将不可避免地卷入北魏皇室与“四姓”家族的网络之中；新都洛阳则将成为她们婚后的生活世界。

墓志称卢兰出嫁时十七岁，也就是在宣武帝景明二年（501）。她嫁给了景穆太子之孙、汝阴王拓跋天赐第五子元脩义。元脩义的墓志已经出土，但由于志序仅载卒年，因而无法获知其确切年龄。[1]不过，元脩义有兄元汎，排行第三或第四，[2]核勘其墓志可知，元汎出生于孝文帝延兴五年（475）。[3]再考虑到拓跋天赐在太和十三年（489）左右去世之前，已至少育有九子，[4]则元脩义与元汎年龄不会相差太大。通过推测元脩义的年龄可进一步判断，元脩义与卢兰之间年龄差别较小，两人应当是年少婚姻的原配夫妻。

不过，卢兰与元脩义结婚之后，很有可能马上经历了长期的离

[1] 拓片参见《集释》，图版一一七，录文参见《汇编》，第190—192页。据墓志，元脩义名脩义，字寿安，正与《北史》所记名、字相反；今从墓志，以下简称《元寿安（脩义）墓志》。

[2] 据《北史》所载拓跋天赐之子的排序，分别是元逞、元汎、元脩义（《北史》卷一七《汝阴王天赐附诸子传》，北京：中华书局，1974年，第639—640页），又拓跋天赐第二子元永全出继乐陵王家（《北史》卷一八《乐陵王胡儿传》，第676页），故而元逞应当为拓跋天赐长子或第三子，元汎应当为拓跋天赐第三子或第四子。

[3] 关于元汎墓志，拓片参见齐运通编：《洛阳新获七朝墓志》，北京：中华书局，2012年，第22页；洛阳市文物管理局编著：《洛阳出土少数民族墓志汇编》，郑州：河南美术出版社，2011年，第76页。墓志称元汎名为元汎略，今从墓志，以下简称《元汎略墓志》。据墓志，元汎卒于武泰元年（528）四月，时年五十四岁，可知其出生于延兴五年。

[4] 据《元周安墓志》，志主元周安为“汝阴灵王之第九子”，拓片参见《集释》，图版一二一；录文参见《汇编》，第247—248页。

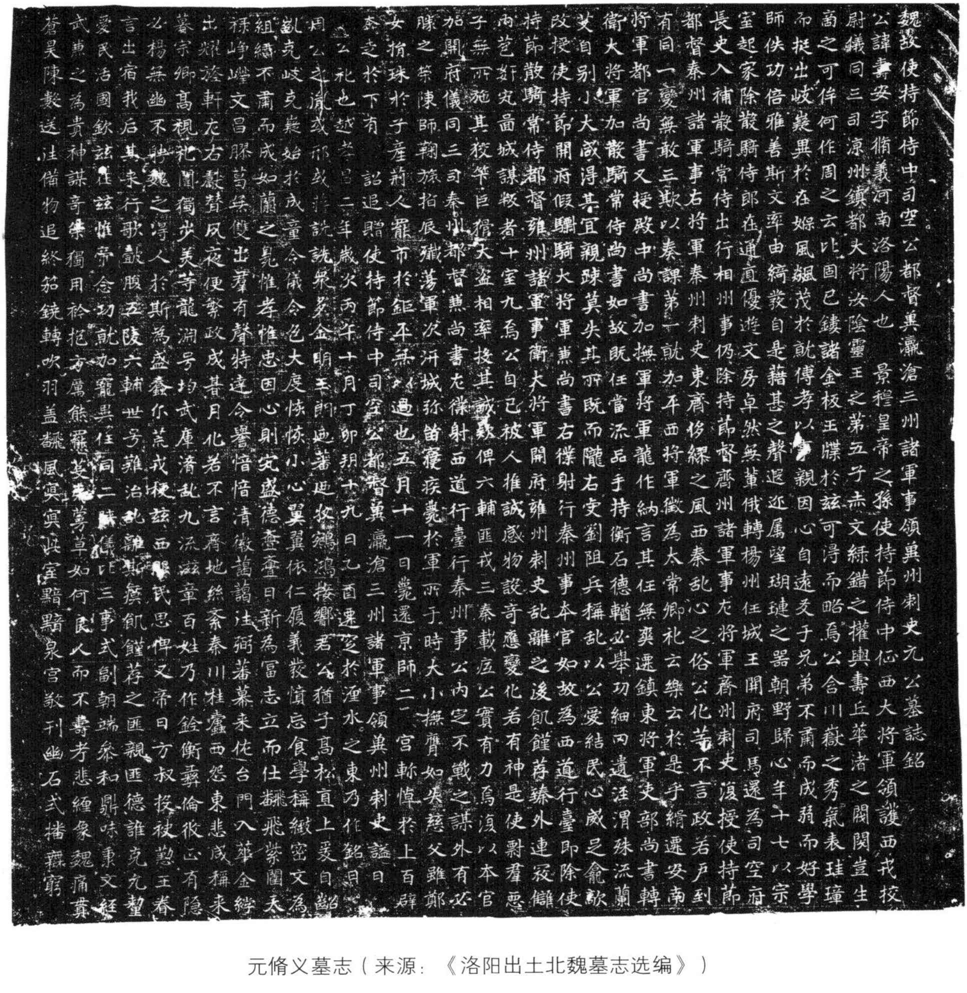

元脩义墓志（来源：《洛阳出土北魏墓志选编》）

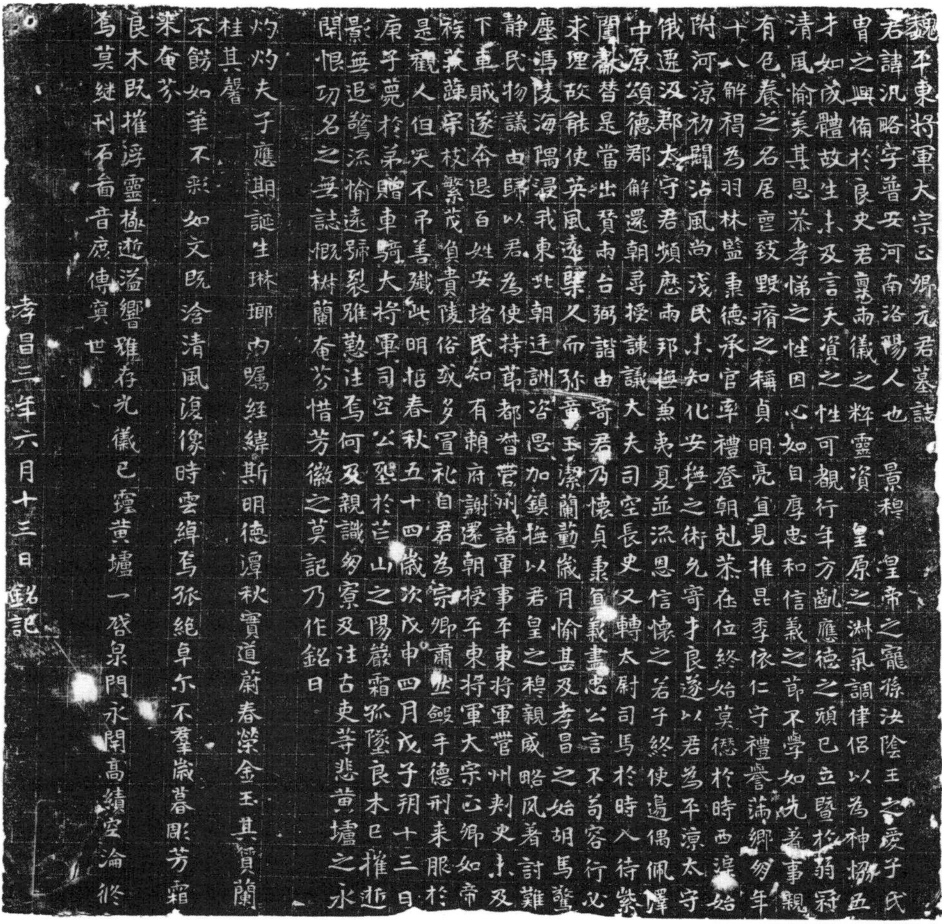
魏平東將軍大宗正卿元君墓誌
君諱汎略字普安河南洛陽人也 景穆皇帝之寵孫汝陰王之愛子氏
胄之興備於良史君稟兩儀之粹靈資 皇原之淑氣調律侶以為神協五
才如成體故生不及言天資之性可觀行年方齓應德之殖已立暨於弱冠
清風愉美其恩恭孝悌之性因心如自厚忠和信義之節不學如洗著事親
有色養之名居喪致毀瘠之稱貞明亮直見推昆季依仁守禮譽滿鄉邦年
十八解褐為羽林監秉德承官率禮登朝剋恭在位終始莫德於時西涼始
附河涼初闢治風尚淺民不知化安撫之術允寄才良遂以君為平涼太守
俄遷汲郡太守君頻歷兩邦撫兼夷夏並流恩信懷之若子終使邉偶佩犢
中原頌德郡解還朝尋授諫議大夫司空長史又轉太尉司馬於時入侍紫
闈獻替是當出賛兩台弼諧由寄君乃懷貞秉直竭盡忠公言不苟容行必
求理故能使英風遠藥久而彌章玉潔蘭薰歲月愉甚及孝昌之始胡馬驚
塵濆陵海陽浸我東北朝廷訓咨恩加鎮撫以君皇之穆親威略風著討難
靜民物議由歸以君為使持節都督營州諸軍事平東將軍營州刺史不及
下車賊遂奔退百姓安堵民知有賴府謝還朝授平東將軍大宗正卿如帝
族莪藹宗枝繁茂負貴陵俗或多冒礼自君為宗卿肅然斂手德刑來服於
是觀人但哭不吊善殲此明哲春秋五十四歲次戊申四月戊子朔十三日
庚午薨於第贈車騎大將軍司空公塋於芒山之陽嚴霜孤墜良木已摧逝
影無追驚流愉遠歸裂雖慦注焉何及親識多寘及注古吏等悲黃壚之永
閉恨功名之無誌慨樹蘭奄芬惜芳徽之莫記乃作銘曰
灼灼夫子應期誕生琳瑯內曜經緯斯明德渟秋實道蔚春榮金玉其質蘭
桂其馨
不餝如華不彩如文既洽清風復像時雲綽焉孤絕卓尓不羣嵗暮彫芳霜
莱奄芬
良木既摧浮靈極逝溢響雖存光儀已瘞黃壚一啓泉門永閉高績空淪終
焉莫繼刊石函音庶傳萬世
孝昌三年六月十三日銘記

元汎略墓志（来源：《洛阳新获七朝墓志》）

别。元脩义的墓志中称他“年十七，以宗室起家，除散骑侍郎，在通直。……俄转扬州任城王开府司马，还为司空府长史”。[1] 所谓“扬州任城王”，指的是扬州刺史任城王元澄。《魏书》本传并未记载元澄出镇扬州的确切时间，但结合当时政局不难推知，元澄接任的是景明二年七月突然病逝于扬州刺史任上的王肃。[2] 特别是元澄本传称，元澄被任命为雍州刺史后“寻征赴季秋讲武”，[3] 再出镇扬州，足见事态之急迫，那么元澄任扬州刺史，应即景明二年秋冬之间。元脩义墓志中“俄转”二字透露出了丰富的信息，它一方面提示我们，元脩义应当是元澄特别选中，由洛阳带往寿阳的军府上佐；另一方面，两官迁转之间的紧凑也佐证了上文的判断，景明二年距元脩义的起家之年不远，当时他还是少年。

卢兰有可能未随元脩义赴任。正始元年（504），元澄因“军还失路”而被夺开府，降三阶，[4] 则元脩义返回洛阳任司空长史必在此时或之前。这一时期任职司空者有穆亮（景明二年十月至次年四月）和高阳王元雍（正始元年十月任），[5] 由于穆亮在位时间较短，且在元脩义出任扬州后不久，故而元脩义任其长史的可能性不大。合理的推断是，元脩义在元澄军府解散时返回洛阳，数月后被新任

---

[1] 《汇编》，第 191 页。

[2] 《魏书》卷八《世宗纪》，北京：中华书局，1974 年，第 194 页。

[3] 《魏书》卷一九《景穆十二王·任城王云附澄传》，第 470 页。

[4] 同上书，第 473 页。

[5] 参见《魏书》卷九《肃宗纪》，第 221—249 页；亦可参见万斯同：《魏将相大臣年表》，收入《二十五史补编》，上海：开明书店，1937 年，第 4509—4512 页。

司空元雍辟为长史。值得注意的是，据元脩义长女元洛神的墓志，元洛神病逝于建义元年（528），年方二十三岁，[1] 则其应生于正始三年（506）。从时间差来判断，元洛神当即元脩义返回洛阳后与妻室所生。综合以上线索，我们有理由怀疑，元洛神的母亲便是卢兰，卢兰一直留在洛阳，至元脩义返回后才孕育了长女。卢兰留在洛阳的原因也有迹可循，墓志称她“孝其姑也，则江流入室”，[2] 可知卢兰出嫁时元脩义之母尚在世。从史籍所见大量“以母老请还”“以母老乞归养”等记载可知，北魏官员多不携母出任地方，因此或可推测，卢兰需要留在洛阳照顾婆婆。

宣武朝后期，元脩义出任齐州、秦州刺史，至孝明帝初年返回洛阳担任太常卿，并相继担任都官尚书、殿中尚书和吏部尚书，他们一家的生活得以安定下来。此时期与卢兰相关的事情有两件，一是儿子元均的降生；二是妹妹卢贵兰的出嫁。卢贵兰嫁与的对象是章武王元融，其父是章武王元彬，元彬之父则是景穆十二王之一的南安王元桢。也就是说，元脩义算是元融的堂叔。不过，元融的年龄与元脩义相差不多，据墓志推算，他出生于太和五年（481）。[3] 元融之所以会娶小自己十二岁的卢贵兰，是因为他的第一任王妃穆

[1] 拓片参见《集释》，图版二七六；录文参见《汇编》，第 218—219 页。以下简称《元洛神墓志》。

[2] 《汇编》，第 492 页。

[3] 拓片参见《集释》，图版五七五；录文参见《汇编》，第 204—207 页。以下简称《元融墓志》。据墓志，元融去世于孝昌二年（526），享年四十六岁，则其应生于太和五年。

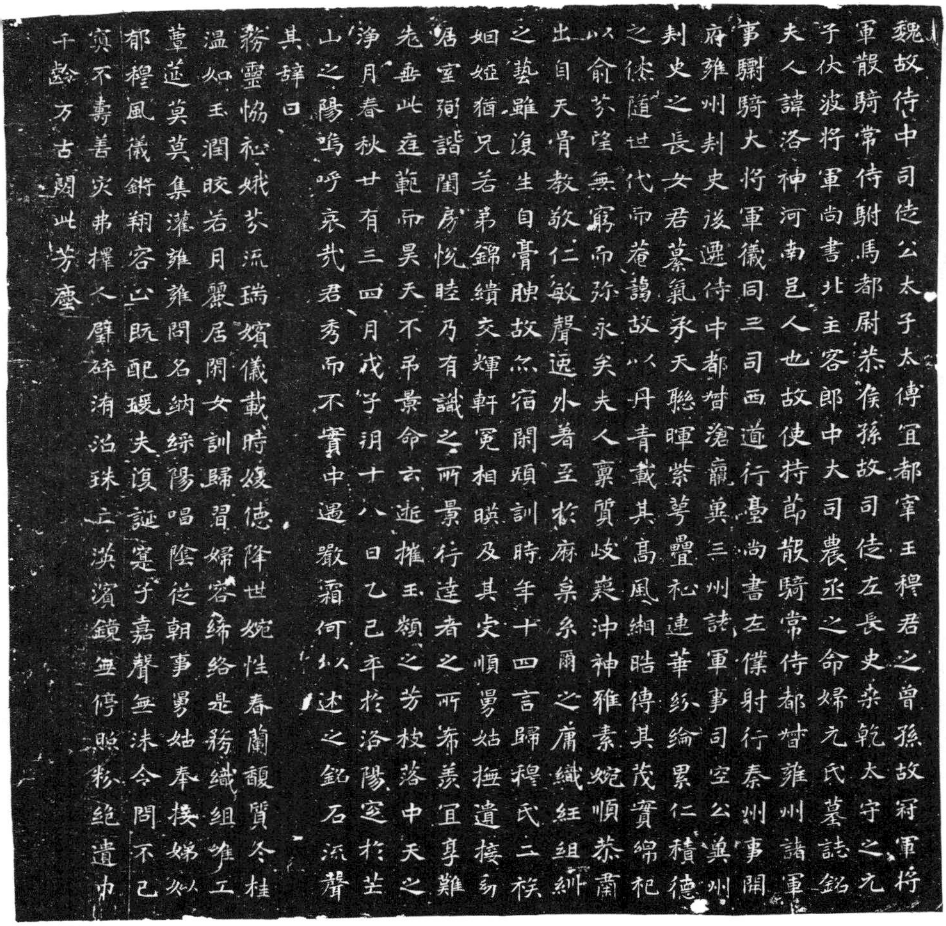
魏故侍中司徒公太子太傅宜都宣王穆君之曾孫故冠軍将
軍散騎常侍駙馬都尉恭侯孫故司徒左長史柔乾太守之元
子伏波将軍尚書北主客郎中大司農丞之命婦元氏墓誌銘
夫人諱洛神河南邑人也故使持節散騎常侍都督雍州諸軍
事驃騎大将軍儀同三司西道行臺尚書左僕射行秦州事開
府雍州刺史後遷侍中都督瀛冀三州諸軍事司空公冀州
刺史之長女君纂氣承天聪暉紫萼疊秘連華紛綸累仁積德
之緒随世代而龕諠故以丹青載其高風緗晧傳其茂實綿祀
以俞芬望無窮而弥永矣夫人稟質岐嶷沖神雅素婉順恭肅
出自天骨教敬仁敏聲速外著至於麻枲糸爾之庸織紝組紃
之藝雖復生自膏腴故允宿閑頗訓時年十四言歸穆氏二族
姻婭猶兄若弟錦績交輝軒冕相暎及其史順舅姑撫遺接己
居室弥諧閨房悦睦乃有識之所景行達者之所希羨宜享難
老垂此遐範而昊天不弔景命云逝摧玉類之芳枝落中天之
淨月春秋廿有三四月戊子朔十八日乙巳卒於洛陽窆於芒
山之陽嗚呼哀哉君秀而不實中遇嚴霜何以述之銘石流聲
其辞曰
務靈協秘娥芬流瑞嬪儀載時媛德降世婉性春蘭馥質冬桂
温如玉潤皎若月麗居閑女訓歸習婦容絺綌是務織組唯工
蕈莚莫莫集灌雍雍問名納綵陽唱陰從朝事舅姑奉接娣姒
郁穆風儀銜翔容止既配瑗夫復誕寔子嘉聲無沫令問不已
寘不壽善灾弗擇人璧碎消沿珠亡渙濱鏡無停照彩絕遺巾
千齡万古閟此芳塵

元洛神墓志（来源：《洛阳出土北魏墓志选编》）

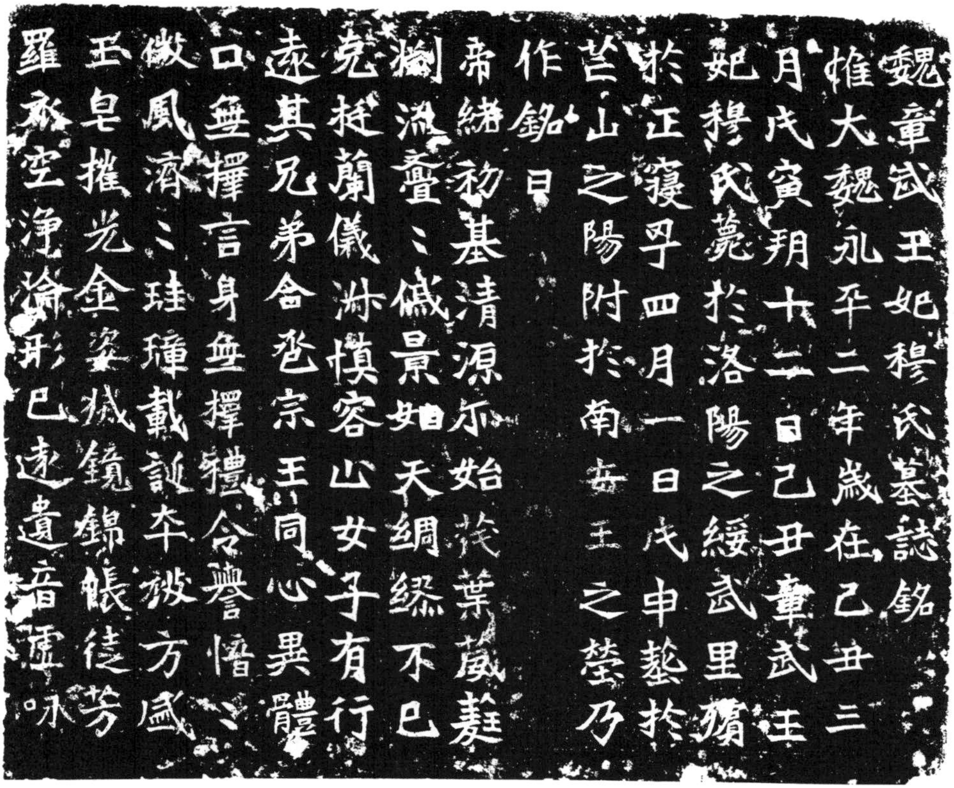

元融妃穆氏墓志（来源：《洛阳出土北魏墓志选编》）

氏去世了。穆氏去世于永平二年（509），[1] 卢贵兰出嫁应在此之后。

卢贵兰的婚后生活，我们所知甚少，墓志所透露的直接信息，是她为元融孕育了三子：元景哲、元叔哲和元季哲。[2] 但可以推测的是，与姐姐卢兰相似，主持家务并处理夫家的社会关系，大概构成了她生活的主要内容。据元融侄子元举的墓志，元彬的王妃为中山张氏，[3] 由于元融为元彬之“元子”，[4] 故而张氏应即元融生母。元彬薨于太和年间，但在卢贵兰出嫁时，张氏或许还在人世，那么作为章武王妃，奉养老太妃就成了她应尽的义务。除此之外，《卢贵兰墓志》称她“敦穆宗亲，贻训子侄”，[5] 亦非溢美之词。根据学者的整理，元融弟元凝，妻子陆顺华；弟元竫，妻子冯氏；弟元湛，妻薛慧命；此外还有婚姻信息缺失的弟元晏。[6] 卢贵兰必须要

---

[1] 此卒年据穆氏的墓志，拓片可参见朱亮主编：《洛阳出土北魏墓志选编》，北京：科学出版社，2001 年，第 245 页；另可参见毛远明校注：《汉魏六朝碑刻校注》，北京：线装书局，2008 年，第 4 册，第 122 页。录文可参见罗新、叶炜：《新出魏晋南北朝墓志疏证（修订本）》（以下简称《疏证》），北京：中华书局，2016 年，第 63 页；另可参见毛远明校注：《汉魏六朝碑刻校注》第 4 册，第 123 页。以下简称《穆氏墓志》。

[2] 《汇编》，第 372 页。墓志所列三子皆为卢贵兰所生，而不及继子与庶子，相关考证参见罗振玉：《雪堂金石跋尾》卷三，上海：上海古籍出版社，2010 年，第 470 页；《疏证》，第 63—64 页。

[3] 拓片参见《集释》，图版一五四；《汇编》，第 215—216 页。以下简称《元举墓志》。

[4] 《汇编》，第 205 页。

[5] 《汇编》，第 371 页。

[6] 徐冲：《元融墓志小札》，原载《早期中国史研究》第四卷第二期，2012 年；收入余欣主编《存思集：中古中国共同研究班论文萃编》，上海：上海古籍出版社，2013 年，第 117—137 页。

处理好这些妯娌关系。此外在子侄方面，据前引《元举墓志》，元举的父母元琤夫妻，在永平四年（511）左右，也就是元举九岁时，便已相继去世。[1] 作为伯父，元融及其家人自然有义务照料失去双亲的元举；事实上，从《元举墓志》“弱齿时知，为青州骑兵参军事。伯父章武王俄顷还都，转员外侍郎”的记述来看，元融的确对侄子多有提携，出任青州时亦将其带在身边。[2] 或可关注的是，《元举墓志》称元举卒于“洛阳澄海乡绥武里”，相同的卒地亦见于前引《穆氏墓志》和元融弟元湛夫人薛氏的墓志。[3] 可见绥武里是章武王家族聚居之处，是“章武王府宅第所在”。[4] 同处绥武里这一日常生活空间之中，身为章武王妃，除孝敬太妃，抚养自家子女外，卢贵兰还有义务协调家族事务，并照料、教育元举等子侄。

汝阴王家族在洛阳的聚居情况，目前尚不得而知，但想来不太可能与章武王家族同住绥武里。如此看来，在各自出嫁后，两姐妹的见面机会恐怕也不会很多。她们的日常被束缚在了夫家，她们的情感亦与丈夫、子女交织缠绕。然而眼前的安宁并不长久，她们个人乃至家庭的命运，也并不由她们自己决定。吞没并裹挟一切的，是北魏末年的历史洪流。

---

[1] 《元举墓志》：“时年九岁，频丁二忧。”（《汇编》，第 215 页）

[2] 《汇编》，第 215 页。按元融于孝明帝初年曾出镇青州，当即此时辟任元举为参军（《魏书》卷一九《景穆十二王・章武王太洛附融传》，第 514 页）。

[3] 拓片参见《集释》，图版一五三；录文参见《汇编》，第 214—215 页。以下简称《薛氏墓志》。

[4] 《疏证》，第 64 页。

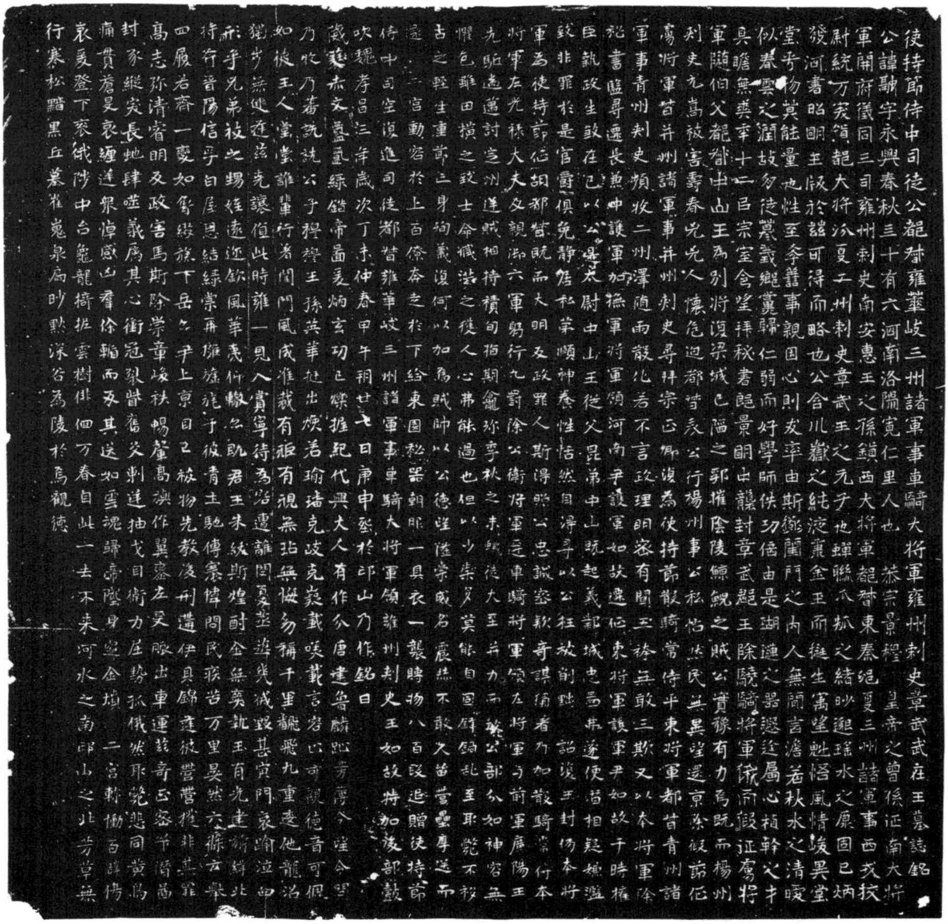

元融墓志（来源：《洛阳出土北魏墓志选编》）

陆顺华墓志（来源：《北京图书馆藏中国历代石刻拓本汇编》）

魏前將軍廷尉卿元公妻薛夫人墓誌銘
夫人諱慧命河東汾陰人也其曾祖晉朝衣錦三河聲玉
襲爵汾陰侯徽号安西丈節秦蕃進爵陪陵公祖貂璫煥
□翊王明霞遷鎮西大將軍左光祿大夫啟府南豫州刺
史駙馬都尉河東康公即是西河長公主之貴智也考鎮
西大將軍玄瓠鎮將河東敬公之第五女也夫人稟淵含
於二儀擬六德而應生審道求賢伯鸞是匹隱脈心液和
光別古夢轉動規巧懷竝喆所育如金誰云非寶象月象
華唯匪禮神且誠則有章斑母忍其老禮循臺讚曾宮熟
其昔敬上接下娣姒書其仁尊佛盡妙禪練尚其德內外
寘鑒女功宜置邑二月十日神熊雙誕瑞璋兩曜劬劳離
穎儀來徂去一滑一血殘我安逑夫人溘楦悼悲慈傷於
心裂氣塞未旬而殞江妃□子何復異也呂武泰元年歲
次戊申二月己丑朔十七日乙巳薨於澄海鄉□武里舍
葬於邙山之陵然以夫懷痛思王豫筆嬰咳尖我寧不篆
石略鐫日者乃作銘曰
惟令惟淑迹遂難書作配有天逸志同符窈轉成則玉秀
金珠才豊女典禮重母儀古今所傳有姬有娰洞鑒妙法
□□效昇雙龍不育殞君斯逝嬰咳蒲堂割裂吾腸悼亡
□存孤□無央君其如桂生死懷芳鏡茲玄后泉下圖光
曾祖法順 曾祖親裴脩女 祖矜古拔 祖親西長公
主 父偏 母梁氏 門師釋僧澤書

薛慧命墓志（来源：《洛阳出土北魏墓志选编》）

正光四年（523），柔然入塞劫掠。由于镇将于景不发粮廪，怀荒镇民暴动，杀死了于景及其妻东阳公主。[1]这位东阳公主，很有可能便是元脩义的姐妹。[2]然而这仅仅是前奏，次年三月，破六韩拔陵在沃野镇起兵，叛乱的烽火席卷北疆。与此同时，秦州城人莫折太提自称秦王，不久后莫折太提死，其子莫折念生称帝。面对叛乱，当年七月，北魏朝廷以元脩义为尚书右仆射、西道行台、行秦州事，总督诸将征讨。元脩义此前未担任过统兵主帅的职务，北魏朝廷任命他的理由，大概只是因为他曾担任过秦州刺史，熟悉当地情况。据本传记载，元脩义率军进入关中后“每饮连日，遂遇风病，神明昏丧，虽至长安，竟无部分之益”。[3]他的病情应该很严重，于是北魏朝廷很快便以尚书左仆射萧宝夤为西道行台，代替他负责关中战事。[4]随后，也许是病情有所好转，元脩义“军次汧城”，但随即“弥留寝疾，薨于军所”。[5]元脩义病逝，大概是在孝

[1] 《魏书》卷三一《于栗磾附于景传》，第 747 页。

[2] 据《于景墓志》，其妻元氏为“汝阴王女”（图版参见《集释》，图版二五二；录文参见《汇编》，第 196—197 页）。此处有两种可能，元氏或者是拓跋天赐之女，或者是拓跋天赐孙元景和之女。如果是后者，则元氏的年龄不会太大；但根据《于景墓志》所载于景十八岁时其父于烈死，且《魏书》记载于烈死于景明二年（501）等信息，可推算出于景生于太和八年（484），正光四年时已近四十岁。从年龄来看，元氏更有可能是拓跋天赐之女。此外，《于景墓志》记载于景是在镇将任期满后回京，得病而死，与《魏书》记载不同。这或许是因为于景夫妻死状凄惨，墓志进行了讳饰。

[3] 《北史》卷一七《汝阴王天赐附脩义传》，第 640 页。

[4] 《魏书》卷九《肃宗纪》，第 237 页。

[5] 《汇编》，第 191 页。

魏故武衛將軍征虜將軍懷荒鎮大將恒州大中正于公墓誌銘
祖拔尚書令新安公 父烈車騎大將軍領軍將軍太尉公鉅鹿郡開國公
夫人元氏東陽公主汝陰王女 長息貴顯司徒府錄事 次息建宗
君諱景字百年河南洛陽人也 祖尚書以佐命立功 父太尉以變盤著
積 君稟長川之溢源資高岳之餘峻志度英奇風神閑遠年十八辟司州
主簿 昇朝未幾玉響忽流九皐創叫聲聞已著解褐積射將軍直後宿衛一
年 父太尉薨君孝慕過禮殆致窮滅於後 主上以君昔侍禁闈有匪解
之勤世承風節者威蘭之操復起君為步兵校尉領治書侍御史君以廉斷
在躬 天致讓但以 帝命屢加天威稍切遂割罔極之容企就斷恩之制
及至蒞事獻臺則驄馬之風允樹朝直西省夙夜之聲剋顯至永平中除寧
朔將軍直寢恒州大中正從班例也至延昌中朔達以河西二鎮國之蕃屏
控袪宰衣塞歸共築遂除君為寧朔將軍薄骨律高平二鎮大將君乃撫之
以仁恩董之以威信遂能斷康居之左肩解匈奴之右臂西北之無虞者寔
君是賴逮神龜二年 母后當朝多主挂正不平之音實繁忠節復徵君為
武衛將軍至乃職司鉤陳匪躬之操霍章挖戟丹墀折衝之氣日遠及正光
之初忽屬權臣竊命幽鄙兩宮君自以世典禁林宜濟艱難安魏社稷者多
在于氏 時乃雄心內發猛氣外張遂與故東平王匡謀除姦醜但以謀人罔
無語世辭很事之不果遂見排黜乃除君為征虜將軍懷荒鎮將所謂左遷
也君雖不得志如去即無憤恨之心猶能樹德沙漠綏靜北蕃使胡馬不敢
南馳君之由也至正光之末限滿還京長途未窮一旦傾逝以孝昌二年歲
次丙午六月遘疾暨十月丁卯朔八日甲戌薨於都鄉熒陽里即以其年十
一月丙申朔十四日己酉窆于北芒山之西崗太尉公之陵北也若夫蘭蕭
攢樹皆皆玄堂刊茲幽室千齡未典其辭曰
幽蘭有根將相有門皎皎夫子疊構重原世作鷹揚迭司納言沒如不朽清
風猶存㬠㬠時英昂昂秀儁入翼臺省出撫邦鎮駈馬夙夜白珪取信方瞿
金聲比德玉潤霜心內發武德外雄當朝正色臨難匪躬威㬏塞馬猛遏胡
風如何不淑未百已終龜筮既裁吉日唯良龍軒且張驂馬齊行泉門窈窕
大夜芒芒舍彼遊室宅此玄堂

于景墓志（来源：《洛阳出土北魏墓志选编》）

昌二年（526）初。[1]

五月十一日，元脩义的遗体运抵洛阳。他的病逝，对其家人而言无疑是巨大的打击。家人们唯一能做的，便是等待朝廷的封赠，准备葬礼事宜。卢贵兰应该也听说了姐姐家的变故，但对她来说，此时最为挂念的或许还是自家丈夫。就在元脩义灵柩归来的两天前，即五月九日，京师戒严，章武王元融跟随广阳王元渊出征，讨伐于河北起兵的杜洛周、葛荣。元融出发后不久，暴风袭击了洛阳城，“拔树发屋，吹平昌门扉坏，永宁九层撜折”，[2]似乎预兆着不好的未来，也挑动着征人家属的焦虑与不安。四个月后的秋冬之交，官军于白牛逻败北，元融战死，北魏朝廷陷入了恐慌与混乱。元脩义最终也未能等到完整的封赠。十月十九日，元脩义入葬，墓志上本应填写谥号的两格，永远地留下了空白。

卢兰、卢贵兰姐妹在同一年中失去了各自的丈夫，但疾病、政争、战乱带给这两个家庭的伤痛，还远未结束。接下来的两年时间内，她们还要面对接踵而来的亲人死亡。

孝昌三年（527）三月二十七日，元举病逝，年仅二十五岁。

[1] 北魏汧城即唐代陇州治所汧源，正处陇山东阪，相关交通考察可参见严耕望：《唐代交通图考》第二卷《河陇碛西区》，上海：上海古籍出版社，2007年，第360页。孝昌元年至孝昌二年四月间萧宝夤收降秦州时，有“大都督元脩义、高聿，停军陇口，久不西进”的记载（《魏书》卷五九《萧宝夤传》，第1323页），应即《元寿安墓志》“军次汧城”之事。

[2] 《魏书》卷一一二《灵征志》，第2901页。

如前所述，他幼年父母双亡，由元融和卢贵兰夫妇抚养长大，和卢贵兰应当有较深的感情。第二年也就是武泰元年（528，即建义元年）的二月十七日，前文提到的薛夫人亦香消玉殒。据墓志记载，二月十日那天，薛夫人诞下了双胞胎。但不幸的是，两个孩子很快就夭折了，薛夫人因此“慈伤于心裂，气塞未旬而殒”。[1] 阅读元举、薛夫人的两方墓志可以发现，元举葬于武泰元年的二月二十一日，也就是薛夫人去世后的第四天；[2] 另一方面，薛夫人墓志却未载葬日。合理的推断是，在章武王家族的安排下，元举与薛夫人一起归葬邙山的家族墓地。主持这项事务的家族成员中，一定有薛夫人的丈夫元湛，而身为章武王太妃，卢贵兰亦理应参与。卢贵兰当时还在元融的丧期内。

已逝的家人不知能否获得永恒的安宁，但活着的人却即将遭受更强烈的恐惧与哀恸。薛夫人逝世后两个月，尔朱荣拥立彭城王元勰之子元子攸为帝，发动“河阴之变”，大肆屠杀北魏朝臣，刚刚经历丧兄、丧侄、丧妻、丧子之痛的元湛亦遭屠戮。[3] 汝阴王家族的情况同样惨烈，元脩义的兄长元汎、九弟元周安皆殁于此次政治屠杀。[4] 不过，对于卢兰来说，更大的悲痛可能还在“河阴之变”五天后。这一天，也就是四月十八日，已经出嫁穆氏的元洛神病逝

[1] 《汇编》，第 214 页。

[2] 《汇编》，第 217 页。

[3] 《魏书》卷一九《景穆十二王・章武王太洛附湛传》，第 515 页。

[4] 《北史》卷一七《汝阴王天赐附元汎传》，第 640 页；《汇编》，第 247 页。

于洛阳。“璧碎洧沼，珠亡漢滨。镜无停照，粉绝遗巾。千龄万古，闷此芳尘”，[1] 这是《元洛神墓志》捕捉到的瞬间。“河阴之变”带来的哀伤与忧惧，是否导致或加重了元洛神的病情；身为母亲的卢兰，是否读了这方墓志；她读到这段文字时，脑海中又是否映出了女儿的面容，这些我们皆已无从得知。

在政治史的叙述脉络中，尔朱荣集团所主导的“河阴之变”摧毁了洛阳朝廷的既有政治格局和权势网络，为新形成的政治权力带来了大量的政治资源。但在这一视角之外，必须看到的，是数千个体生命的肉体消灭，是无数家庭的破碎乃至消失；究其背后，则是个体生命、家庭在政治局势变动中的调试与抉择，挣扎与毁灭。在本节所述卢兰、卢贵兰姐妹的前半生中，我们更多地看到了后者。

二

永熙三年（534）七月丙午（二十六日），与权臣高欢决裂的孝武帝元脩离开洛阳，前往关中投奔宇文泰。[2] 此时距“河阴之变”已过去了六年，但在这六年时间里，尔朱荣、尔朱世隆等权臣纷纷丧命，元子攸、元颢、元晔、元恭、元朗、元脩等宗室走马观花般即位称帝，洛阳城亦长期处在战火和混乱之中。孝武帝的出走令朝臣们陷入抉择：是跟随天子，还是留在洛阳。而两个多月后，高欢

---

[1] 《汇编》，第 248 页。

[2] 《北史》卷五《魏本纪五》，第 173 页。《魏书·出帝纪》《周书·文帝纪》皆作“丁未”（二十七日），或是由于孝武帝在二十六日离开洛阳，二十七日正式西发。

拥立新帝元善见，并下令迁都邺城，更是产生了新的抉择：是前往长安投奔旧帝，还是跟随新帝迁徙邺城。

卢兰、卢贵兰两家也必须做出选择了，但做出决定的并非她们本人，而是各自的儿子。如前所述，卢兰有子元均，卢贵兰则生养了元景哲、元叔哲和元季哲。元叔哲和元季哲的年龄大概较小，但元均与元景哲此时应当皆已二十余岁，按照北魏后期宗室的任官惯例，他们应已起家为官。而另一方面，至永熙三年，他们各自的叔伯亦近乎全部凋零。[1] 换言之，年轻的元均、元景哲需要自己经营家庭，并承担家庭的前途。

元景哲最终跟从高欢和新帝，举家迁往邺城，这对他和他的家庭而言，是正常而稳妥的选择。据卢贵兰墓志所载元景哲历官：

> 出身司徒祭酒，俄迁尚书祠部郎中、通直散骑常侍、朱衣直阁、钾仗都将、征虏将军、肆州刺史、当州都督、侍中、车骑将军、左光禄大夫、护军将军、领尝食典御、兼太尉公

[1] 拓跋天赐之子所知五人，元逞、元汎、元脩义、元固、元周安，其中元逞与元固前文未及叙述。元固死于孝昌三年，参见《元固墓志》（拓片参见《集释》，图版一二〇；录文参见《汇编》，第 211—212 页）；元逞生平不详，本传仅说他“卒于齐州刺史”（《北史》卷一七《汝阴王天赐附元逞传》，第 450 页），但由于他在诸兄弟之中排位最前，故而有可能很早便逝世了。元彬之子所知五人，元融、元凝、元竫、元湛、元晏。其中元凝、元晏未及叙述。据本传，元凝去世于永熙二年（《魏书》卷一九《景穆十二王·章武王太洛附凝传》，第 515 页）；元晏生平不详，本传称他“卒于秘书丞”（同书同卷同页）。对于宗室而言，秘书丞通常是起家之后不久所历散官，故而笔者怀疑元晏去世较早。

奉玺绂、侍中、骠骑大将军、西道大行台仆射、殿中尚书、散骑常侍、开府仪同三司、护军将军、侍中、章武王。[1]

学者敏锐地指出，“肆州刺史、当州都督”一职，应该是元景哲在尔朱氏主政时获得的；肆州为尔朱氏势力核心所在，元景哲获此任命，表明他得到了尔朱氏的重用；而元景哲之所以受到尔朱氏信任，是由于元融的姑姑为尔朱荣正妃。[2]

其实不仅尔朱氏，高欢亦十分重视元景哲。前述元景哲的历官中有所谓“兼太尉公奉玺绂”，表明他曾经以“兼太尉”的身份，参与过新帝即位仪式，为新帝奉上皇帝玺绶。那么，元景哲参与的是哪次仪式呢？元子攸、元晔即位时，元景哲尚不到二十岁，不可能已仕至开府仪同三司之高位，且史籍明确记载，元恭即位时进奉玺绂的是尔朱度律。[3]故而可以认为，元景哲以“兼太尉”身份参与的，应当是中兴元年（531，即普泰元年）十月后废帝元朗、永熙元年（532，即中兴二年）四月孝武帝元脩或者天平元年（534，即永熙三年）元善见的即位仪式。[4]

---

[1] 《汇编》，第371页。原文作“领尝食兴御”，不确。

[2] 徐冲：《元融墓志小札》，第126页。

[3] 《魏书》卷一一《前废帝纪》，第274页。

[4] 据《魏书》卷一一《出帝纪》，永熙二年（533）七月壬辰，以贺拔允为太尉（第288页）；又同书卷一二《孝静帝纪》，孝静帝元善见即位后“以司空、咸阳王坦为太尉”（第297页）。由于此时贺拔允颇受高欢猜忌，故而不能径直认为元坦任太尉前，太尉一直是贺拔允。他有可能在元善见即位前便被罢免。

如所周知，高欢起兵时本立渤海太守元朗为帝，后由于宗属疏远，高欢弃元朗而改立孝文帝之孙元脩。而另一方面，元朗其实也是元融之子，元景哲的庶出兄弟。[1] 因此，若元景哲参加的是元朗之仪式，表明他在高欢起兵、局势未明时便已投诚；若参加的是元脩之仪式，则高欢在废黜元朗之同时，还委任元景哲以重任，维持他的官位，其中的优待更是可见。不过如前所述，这一仪式上表现出来的善意，也有可能直到元善见即位之时，元景哲才感受到。

前文还提到，元景哲一家与尔朱氏之间关系密切；事实上，他们家与高欢之间亦非全无渊源。尔朱荣在拥立孝庄帝元子攸后，将女儿送入宫中为后。可以推测，能够被尔朱荣选中做皇后，这位尔朱家的女儿大概率是嫡女；即使是庶出，她和尔朱荣正妃、也就是元景哲姑祖母之间，也至少有名义上的母女关系。孝庄帝被弑后，尔朱皇后又被高欢纳为夫人，据《北史》记载，时间是在韩陵之战后；[2] 又根据她与高欢所生之子高浟的生年，可推知她最迟在太昌元年四月，也就是高欢攻入洛阳城时便应被掠走。[3] 在此之前，她可能未随母妃北归，而是按惯例居于金墉城。史载高欢对尔朱皇后宠敬有加，或许正因她的存在，使得元景哲一家在元朗被废时未遭

[1] 《魏书》卷一一《后废帝安定王》，第 278 页。

[2] 《北史》卷四八《尔朱荣附尔朱文畅传》，第 1763 页。

[3] 《北史》卷五一《神武诸子・彭城景思王浟传》："河清三年（564）三月……遇害，时年三十二。"第 1863 页。则高浟应生于永熙二年（533）三月前。进而推知高欢迟至前一年四月时便已纳尔朱氏为夫人。

牵连，反而受到高欢青睐。或许也正是因为这层关系，在孝武帝西奔之后，元景哲坚定了跟从高欢与新帝的决心。

与元景哲相比，元均的抉择更为艰难。他和六镇人之间没什么联系，如果考虑到他的姑姑东阳公主正是死于六镇人之手，那么很可能他对六镇人还怀着仇恨。孝武西奔之时，元均的官职为给事黄门侍郎，这一官职隶属门下省，侍从皇帝左右，魏晋以降便是近侍之任；北魏后期政归门下，更是有“小宰相”之称。[1] 七月二十六日当天，孝武帝率军西渡瀍水，宿杨王别舍，元均作为侍臣，一定也侍卫在侧。孝武帝西奔的计划泄露后，“众知帝将出，其夜亡者过半”，[2] 这些趁夜逃亡的人之中，除了清河王元亶、广阳王元湛等王公之外，还有许多侍臣，元均亦应在其中。孝武帝大概也能体谅这些临阵脱逃者，当大军西发瀍涧，唯见武卫将军独孤信单骑来追时，孝武帝感叹道“武卫遂能辞父母，捐妻子，远来从我。世乱识贞良，岂虚言哉”，[3] 在突然的政治抉择前，心系父母、妻子毕竟是人之常情。

元均刚回到家中两天，阴霾便接踵而来。七月二十九日，得知天子西奔的高欢赶到洛阳。他一定非常愤怒和焦急，当天便“遣娄昭及河南尹元子思领左右侍官追帝”，[4] 在这道严厉的命令下，身

[1] 《魏书》卷三八《王慧龙附王遵业传》，第 879 页。

[2] 《北史》卷五《魏本纪五》，第 173 页。

[3] 《周书》卷一六《独孤信传》，北京：中华书局，1971 年，第 264 页。

[4] 《北史》卷五《魏本纪五》，第 173 页。

为黄门侍郎的元均恐怕无法幸免。八月四日，心知已无法追回天子的高欢再也遏制不住怒火，遂在永宁寺召集百官，指责群臣“处不谏争”，“出不陪随”，“急便窜失”，“收开府仪同三司叱列延庆、兼尚书左仆射辛雄、兼吏部尚书崔孝芬、都官尚书刘廞、兼度支尚书杨机、散骑常侍元士弼，并杀之，诛其贰也”。[1] 元均是否在这次训诫中遭到惩罚，我们已不得而知，但他一定感受到了高欢政权对自己的严厉，这或许促使他对自己和家人的前途重新进行了思量。

元均最终决定带着家人前往长安。据《周书·李延孙传》记载：

> 自魏孝武西迁之后，朝士流亡。广陵王欣、录尚书长孙稚、颍川王斌之、安昌王子均及建宁、江夏、陇东诸王并百官等携持妻子来投延孙者，延孙即率众卫送，并赠以珍玩，咸达关中。齐神武深患之，遣行台慕容绍宗等数道攻之。[2]

“子均”即元均，李延孙起兵之地为宜阳，[3] 由宜阳溯洛水而上，沿崤山南路经陕城可直达潼关，[4] 因而在魏朝公卿大臣的路途中，

---

[1] 《北史》卷六《齐本纪上》，第 223 页。

[2] 《周书》卷四三《李延孙传》，第 774 页。

[3] 《北齐书》卷二〇《慕容绍宗传》：“（天平）二年，宜阳民李延孙聚众反，乃以绍宗为西南道军司，率都督厍狄安盛等讨破之。”（北京：中华书局，1972 年，第 273 页）可知李延孙的主要活动地点为宜阳。

[4] 参见严耕望：《唐代交通图考》第一卷《京都关内区》，上海：上海古籍出版社，2007 年，第 90 页。

李延孙位置关键，出力实多。

由此亦可推算元均西行的时间。李延孙本为荆州刺史贺拔胜麾下都督，孝武帝出奔，任命其父李长寿为广州刺史；李长寿遭侯景攻杀后，李延孙从荆州返回宜阳，收集父亲旧部。[1]北魏广州治鲁阳，[2]为河南通往荆州的必经之路，永熙三年八月侯景征伐贺拔胜，[3]李长寿亦在其攻击路线之上，故而李长寿应即殁于此役。那么，李延孙举兵宜阳应在永熙三年八月之后，元均西行的时间更应晚于此。这次冒险事后被证明非常值得。抵达长安后，元均被西魏封为安昌王、开府仪同三司，元脩义"始平文贞公"的封爵、谥号，很有可能也是元均在西魏争取来的。[4]

将目光转回到我们故事的主角。跟随着各自的儿子，卢兰与卢贵兰的后半生，分别是在长安与邺城度过的，但对于其细节，我们所知甚少。卢贵兰逝世于东魏武定四年（546，西魏大统十二年），由于诸子在东魏仕途顺利，她应当没有再遭遇大的变故。除了儿孙之外，算是她亲人的还有元融弟元凝的孀妇陆顺华一家（元凝去世于永熙二年，依时间应葬在洛阳）。或许是由于战乱或某些困难，卢贵兰死后未迁回洛阳与丈夫元融合葬，而是葬在了"漳水

[1] 《周书》卷四三《李延孙传》，第774页。

[2] 《魏书》卷一〇六《地形志二》，第2543页。

[3] 《魏书》卷一一《出帝纪》，第291页。

[4] 《元寿安墓志》《元洛神墓志》皆未记载元脩义的爵位及谥号，《卢兰墓志》却称元脩义为"始平文贞公"。故而相关爵位和谥号很有可能是西魏所授。

之北，武城之西”，[1] 此处正是迁邺元氏的集中葬地所在。[2] 一年以后，陆顺华亦过世，而她也未能还葬洛阳，最终瘗于“武城之西北，去邺城十里”。[3] 从地点叙述来看，这两位章武王家族的夫人葬地相邻。

而在西魏这边，卢贵兰薨殁之年卢兰尚在人世，通过某些渠道，她或许能够获知妹妹过世的消息。不过对于卢兰而言，儿子元均的去世恐怕打击更大。元均生有四子一女，四个儿子按长幼分别为元则、元矩、元雅、元褒。其中元褒死于隋炀帝第一次征伐高丽之时（大业八年，612），享年七十三岁，本传又记他“年十岁而孤”，[4] 则元均应去世于西魏大统十五年（549，东魏武定七年）。卢兰墓志中有“朝哭穆伯，墓哭文伯”，[5] 多少写出了这位丈夫、子女皆丧的老妇人的哀鸣。两年之后，也就是大统十七年（551，北齐天保二年），六十七岁的卢兰逝于长安。除了孙儿辈，她在人世间大概已无亲人了。当年十月，卢兰下葬于“同州武乡郡之北原”，在东西对峙的情况下，她似乎和妹妹一样，也未能魂归洛阳。

[1] 《汇编》，第 371 页。

[2] 参见沈丽华：《邺城地区东魏北齐墓群布局研究》，《考古》2016 年第 3 期，第 102—115 页。

[3] 拓片参见《集释》，图版一五一；录文参见《汇编》，第 375—376 页。

[4] 《隋书》卷五〇《元孝矩附元褒传》，北京：中华书局，1973 年，第 1318—1319 页。

[5] 《汇编》，第 492 页。

三

卢兰死后不久，魏周禅代，中国北方正式进入了北齐与北周的对立时代，两姐妹的家庭也迎来了截然不同的命运。北齐天保十年（559，北周武成元年）五月，文宣帝高洋“诛元世哲、景式等二十五家，余十九家并禁止之”；两个月后，更是“大诛元氏，自昭成已下并无遗焉”。[1] 卢贵兰的儿孙，应该都死在了这场屠杀之中。天保十年时，元景哲是否还在世，已无从考证，即使他未死，此次也一定在劫难逃。至于前文提及的尔朱皇后（入齐后称彭城太妃），则因拒不屈从高洋，早在数年前便已被杀害。[2]

北齐屠灭元氏的举措，并未影响到北周境内的元魏宗室，而这些前朝宗室之中，尤以卢兰的孙儿们仕宦通达。这应当得益于他们家女性在北周时期的两次婚姻：西魏末年，宇文泰为宇文护娶元均之女为妻；杨坚掌握北周大权后，又为世子杨勇娶元矩之女为妻。特别是因为与杨坚家族的联姻，元矩得以“拜少冢宰，进位柱国，赐爵洵阳郡公”。[3] 元矩兄弟的后代绵延不绝，至唐代还能看到记载。[4]

建德六年（577，北齐承光元年），周灭齐，长期的东西分裂最

---

[1] 《北史》卷一九《献文六王 · 彭城王勰附韶传》，第 709 页。

[2] 《北史》卷一四《彭城太妃尔朱氏》，第 518 页。

[3] 《隋书》卷五〇《元孝矩传》，第 1317 页。

[4] 林宝：《元和姓纂（附四校记）》卷四，岑仲勉校记，北京：中华书局，1994 年，第 418 页。

终结束；大象二年（580），元矩决定将祖母卢兰的灵柩迁往洛阳北邙山，与祖父合葬。而在“仰惟桑梓，迁归旧地”之后，卢兰墓志铭辞又称“东望吾子，西望吾夫”，[1]可知元均亦得同母亲一起迁葬，他们一家人终得团聚。此时距离元脩义过世，已过去了五十四年，距卢兰母子离开洛阳，也已有四十六年了。顺着瀍水流去的方向，是他们曾经的家。陪伴他们的，则是千秋万古的风与尘。

[1] 《汇编》，第 492 页。

茹茹公主

罗　新

一、西魏文帝悼皇后

茹茹公主，《北史》写作蠕蠕公主，是指柔然可汗阿那瓌的女儿。

阿那瓌一共有几个女儿已不可知，史书提到的两个，分别嫁给了西魏皇帝魏文帝和东魏权臣高欢。嫁给魏文帝的是阿那瓌的长女（525—540），嫁给高欢的则是比她小五岁（530—548）的次女。阿那瓌是历史上唯一的一个投奔洛阳获得北魏支持以后重新在塞外崛起的柔然可汗（另一个柔然可汗、阿那瓌的堂兄婆罗门就客死在洛阳城南四夷馆之一的燕然馆了），其经历有点类似西汉的匈奴呼韩邪单于，不同的是阿那瓌后来趁着北魏分裂，摆脱了屈辱的依附地位，反倒凌驾于东、西两个元魏政权之上，造成“东、西魏竞结阿那瓌为婚好”，[1] 目的是借重柔然以图在东西对抗中占得优势。阿

[1]　《北史》卷九八《蠕蠕传》，北京：中华书局，1974 年，第 3264 页。

那瓌的两个女儿分别嫁到东魏和西魏，其历史背景就是这种“竞结婚好”的国际形势。

阿那瓌的长女嫁给西魏文帝时只有十四岁，两年后生孩子时可能遭遇难产，“产讫而崩”。[1] 虽然只有短短的两年，这位死后被谥为悼皇后的茹茹公主却在魏文帝的后宫引起了重大危机。首先，魏文帝迎娶公主时已经三十二岁，与比他小三岁的正妻乙弗氏结婚已经很多年了。乙弗氏为文帝生了十二个儿女，活下来的有两个，就是太子元钦（拓跋钦）和武都王元戊（拓跋戊）。值得注意的是，乙弗氏的外祖父与魏文帝的祖父是同一个人，即北魏孝文帝。虽然他们夫妇恩爱甚笃，但为了国家利益，皇后地位必须让出来给茹茹公主。乙弗氏先是“逊居别宫”，即从正宫退出，接着“出家为尼”。[2] 照说“逊居别宫”之后已经无碍于文帝迎娶茹茹公主，为什么乙弗氏一定要“出家为尼”呢？很可能这是柔然方面所要求的，护送公主南来的柔然官员会尽一切努力保证公主享有专房之宠。乙弗氏出家之后，甚至住在长安也不被允许，只好西至天水，和时任秦州刺史的武都王元戊住在一起。

不过，据说魏文帝还是非常想念乙弗氏。《北史》记魏文帝虽然被迫废乙弗氏，但“恩好不忘”，因此“密令养发，有追还之意”，[3] 让乙弗氏重新蓄发，以便将来回到文帝身边。这种藕断丝

---

[1] 《北史》卷一三《后妃传上》，第 507 页。

[2] 同上书，第 506 页。

[3] 同上。

连的爱情大概也瞒不了公主和陪同的柔然官员，势必会给乙弗氏带来祸患。大统六年（540）春，柔然“举国度河”，前锋部队已经过了夏州（即统万城，在今陕北靖边北），“颇有言虏为悼后之故兴此役”，[1]当时的说法是柔然乃是为了给茹茹公主打抱不平而发动这场战事，这当然使魏文帝承担了莫大的压力。

《北史》记魏文帝说：“岂有百万之众为一女子举也？虽然，致此物论，朕亦何颜以见将帅邪？”[2]虽然表达了对于柔然此次军事行动真实动机的强烈怀疑，但无可奈何，只好派宦官曹宠带着他的亲笔敕令到天水让乙弗氏自尽。三十一岁的乙弗氏接到敕令后，“挥泪”对曹宠说：“愿至尊享千万岁，天下康宁，死无恨也。”于是与武都王元戊诀别，又交代元戊给她的另一个儿子（即皇太子）元钦带话，“辞皆凄怆”，母子一场痛哭。然后，乙弗氏“召僧设供，令侍婢数十人出家”，还亲自为她们剃发。办完这一切，“乃入室，引被自覆而崩”，[3]是以被褥覆盖窒息而死的，当然一定需要有人协助。

从文献记载看，乙弗氏的遭遇在当时是颇有人同情的。这从《北史》所记的三个故事可以看出来。第一个是关于乙弗氏入葬的故事。她以比丘尼的身份而死，自然也按照佛教的办法安葬，“凿

[1] 《北史》卷一三《后妃传上》，第 507 页。

[2] 同上。

[3] 同上。

麦积崖为龛而葬”。麦积崖即天水麦积山石窟，该石窟的重要性就是在西魏北周之时开始的。龛凿好以后，该把乙弗氏的棺柩放进去的时候，“有二丛云先入龛中，顷之一灭一出”。[1]这像是对魏文帝和乙弗氏恩爱关系的一种赞扬和同情。第二个故事，讲乙弗氏死后，茹茹公主（悼皇后）怀孕，住在瑶华殿将要生产，总听到殿上有狗吠声，十分烦恼，又看见有盛装妇人进入室内，可是旁边的侍者却什么也没有见到。当时议论，觉得这是乙弗氏的灵魂在作怪。[2]另一个故事，是说后来（551）安葬魏文帝的时候，要把十一年前同年死去的乙弗氏和茹茹公主迁来与文帝一起下葬，公主的棺车先到了鹿苑，等文帝的辒辌车来了以后，公主的棺车本应过去会齐，可是“轴折不进”，即车轴无缘无故地折断了。[3]这个故事所显露的对茹茹公主的怨恨情绪，一定是因为把她看成乙弗氏悲惨命运的制造者。虽然三个故事都不应视作实录，但这类故事的流传毕竟代表了某种情感立场。

可是关于乙弗氏与悼皇后的史料中，一点也看不出所有事件真正的幕后推手——其实，决定魏文帝与茹茹公主这场政治联姻的，当然不是魏文帝本人，而是西魏的权臣宇文泰。不用说，废黜乙弗氏、让乙弗氏出家、把乙弗氏赶到天水、最后逼令乙弗氏自尽，所

[1] 《北史》卷一三《后妃传上》，第 507 页。

[2] 同上。

[3] 同上书，第 507—508 页。

有这些事，都是由宇文泰决定的。魏文帝关于“岂有百万之众为一女子举也”的辩解，也是直接或间接讲给宇文泰听的。

不过最初柔然对长安朝廷的这种政治格局可能并不了解。阿那瓌把女儿嫁给魏文帝，或许还以为魏朝是可以一直延续下去的。柔然之所以一开始就在分裂的两个魏朝之间选择与西魏而不是东魏建立友好亲密关系，应该是因为孝武帝本人投奔了关中。孝武帝在洛阳时曾安排把范阳王元诲的女儿琅琊公主嫁给阿那瓌的长子，这桩婚事虽然因孝武帝西奔长安且不久被害而作罢，但继孝武帝之位的魏文帝迅即把孝武帝时的舍人元翌的女儿称作化政公主，嫁给阿那瓌的兄弟塔寒，[1] 算是对孝武帝时期政策的继承。阿那瓌所熟悉的北魏官员（如元孚等），也在西魏朝廷任职。所以，在阿那瓌等柔然人的观察中，西魏继承了洛阳朝廷的正统。更何况西魏还“以金帛诱之”。[2] 只是，阿那瓌把女儿嫁给魏文帝时，并没有意识到西魏皇帝已是宇文泰手中的傀儡，魏朝的天命历运行将终止。后来与东魏修好之后，他坚持要高欢而不是东魏孝静帝娶他的爱女，一定是吸取了早先的教训。

大统三年（537）阿那瓌同意把长女嫁给魏文帝，公主的陪嫁可谓浩浩荡荡：车七百乘，马万匹，驼千头。[3] 西魏派阿那瓌的老相识太保元孚前去迎接。腊月间，柔然的送亲大军和西魏的迎亲大

[1] 《北史》卷九八《蠕蠕传》，第 3264 页。

[2] 同上书，第 3264 页。

[3] 《北史》卷一三《后妃传上》，第 507 页。

军在寒冷多风的黑盐池（今宁夏盐池）会合，此后的行程就要配备西魏皇家的“卤簿文物”了。按照中原王朝的制度，茹茹公主以皇后之尊，居止动静，应该面朝正南方向，不仅庐帐南向开门，接见魏臣时也要南向而坐。因此元孚在献上“卤簿文物”时，请公主从此改变方向，以南向为正。

可是柔然与大多数内亚游牧部族的历史传统一样（其实拓跋鲜卑早期也是如此），是以太阳升起的东方为正的，庐帐东开，尊者东向而坐。公主从现在开始就面临着适应不同的文化环境的问题了。她回答元孚：在见到魏皇帝之前，我还是柔然的女儿，魏朝诸臣不妨向南，我还是向东吧。[1] 史书记录公主的这个回答，可能本意是想表彰她善处礼法，可是却也显露了公主对母国传统的依恋，以及对适应异国文化的踌躇。史书没有说公主是否学习汉语，即使她并不排斥学说汉语，但在短短两年间，成效一定十分有限，与魏文帝及宫中官员的日常交流，只有靠她从草原上带来的那些侍从人员来传话、翻译了。

婚姻的目标是建立纽带关系，最主要的纽带就是子嗣，共同的子嗣会保障和强化政治婚姻的原初目的。因此魏文帝原有的女人必须被驱逐甚至消灭，专房之宠的目的是生育子女。才十四五岁的茹茹公主，就在长安的宫中专注于这项神圣的使命。可是事与愿违，公主产后就死了，宇文泰苦心经营的纽带瞬间就若有若无了。这对

---

[1] 《北史》卷一三《后妃传上》，第 507 页。

宇文泰、对阿那瓌，都是不小的打击。

无论西魏如何隆重丧事，阿那瓌一定会怪罪西魏君臣照顾不周。而这时，柔然对西魏政治的实际情况已经有了深入的了解，西魏的正统也已不复重要，同时西魏经济较弱、物资有限的问题进一步暴露。在东、西魏之间如何取舍，因公主的猝死而突然间成为摆在阿那瓌面前的新问题。

二、从蠕蠕到茹茹

现在，让我们花点笔墨，交代有关茹茹和蠕蠕的问题。

蠕蠕、茹茹，就是现代史书中统一称呼的柔然。按照《北史·蠕蠕传》的说法，蠕蠕的始祖木骨闾死后，其子车鹿会“雄健”，政治上有了较大的发展，“始有部众，自号柔然”。[1] 根据中古时期用汉字音译北族名号的规律，我猜想“车鹿会”这个名字所对应的阿尔泰名号应该是 Kül Qan。[2] 按照这个说法，从车鹿会开始，柔然作为一个政治体就拥有了较为稳定的名称“柔然”。研究者相信，柔然的统治部族出自东胡系统，很可能本来是汉魏时期鲜卑集团的一个分支，因此和拓跋鲜卑一样是说古蒙古语（Proto-Mongolic）的。[3] 可

[1] 《北史》卷九八《蠕蠕传》，第 3249 页。

[2] 参看罗新：《论阙特勤之“阙”》，原载《中国社会科学》2008 年第 3 期，后收入《中古北族名号研究》，北京：北京大学出版社，第 211 页。

[3] Peter B. Golden, *An Introduction to the History of the Turkic Peoples: Ethnogenesis and State-Formation in Medieval and Early Modern Eurasia and Middle East*, Wiesbaden: Otto Harrassowitz Verlag, 1992, pp.76-77.

惜现在已经无法了解“柔然”一词的语源了。

虽然有了稳定的名称，但柔然国的精英们肯定顾不上给自己的国名确定正式的汉字译写方式，因此与柔然约略同时而且联系密切的各国理应各自确定一个标准译名用在官方文书中。那时与柔然有一定外交联系的，在中国南方有南朝（先后为宋、齐、梁三个王朝），在中国北方先有慕容鲜卑的后燕，后有拓跋鲜卑的北魏，在鄂尔多斯地区有赫连氏的大夏，在河西走廊和吐鲁番盆地有北凉及后来的高昌，在青藏高原及其边缘地带有吐谷浑，在辽东辽西地区有北燕，在朝鲜半岛有高句丽，在塔里木盆地中部及其以西的中亚有嚈哒。其中南朝各政权、后燕、大夏、北魏、北凉、高昌、北燕和高句丽，尽管不都是以汉语作为官方语言的，但在文书写作中却都是使用汉文的。大夏、北凉、高昌和高句丽是怎么译写柔然国名的，我们今天已经无从知晓了。后燕和北燕的译法应该是一致的，《晋书·冯跋载记》称柔然为蝚蠕，直接的依据应该是北魏崔鸿所编纂的《十六国春秋》，崔鸿的依据，应该是北魏高闾所编纂的《燕志》，而高闾的依据，则极可能是北魏时仍能见到的北燕的原始史料。非常可能的情况是，后燕与北燕都把柔然的国名写成蝚蠕。作为柔然盟友的南朝宋、齐、梁三朝，都采用芮芮这个译法。南朝是经由吐谷浑和北凉（后来是高昌）才能与漠北的柔然取得联系的，因此南朝的译法也许与北凉颇有关联。北魏自太武帝以后的译法是蠕蠕，之前则应该是柔然。

蝚蠕、柔然、芮芮和蠕蠕，显然只是同一个北族名号的不同汉字音译（transliteration）而已。

为什么现存北魏史料（《魏书》和《北史》）一概称柔然为蠕蠕呢？《北史·蠕蠕传》的解释是："后太武以其无知，状类于虫，故改其号为蠕蠕。"[1] 从车鹿会自号柔然（始有国名），到太武帝改其号为蠕蠕，中间有差不多一个半世纪之久。虽然柔然、蠕蠕实际对应的是同一个北族名号，但蠕蠕作为汉字是明显含有贬义的，所谓"状类于虫"，仅仅是对汉字的解释，与蠕蠕和柔然所对应的原阿尔泰名号是没有关系的。作为一个草原游牧政治体（后来还发展成为游牧帝国）的柔然，自从车鹿会以后，从来没有改变过名称。但在汉语和汉文的环境下，如何用汉字音译柔然的国名，并不由柔然控制，或者说，在最初阶段，柔然也完全不在乎。

尽管北魏史料存在许多浑浊不清的地方，我们大致还是可以知道，在太武帝给柔然改名为蠕蠕之前，北魏对柔然国名的汉字音译，应该就是"柔然"。而到太武帝时期，柔然已成为北魏最危险的外敌，对北魏向鄂尔多斯（大夏）、河西（北凉）和辽东（北燕）的发展，一定起了极大的牵制作用，这就是太武帝改用蠕蠕来音译柔然国名的时代背景。这种用含有贬义的汉字来音译境外各族的族名、人名的做法，似乎是一种古老的华夏传统，如匈奴、鲜卑等等。虽然太武帝痛恨柔然，但他的汉文化修养是否好到了令他主动花功夫摆弄译名用字，当然是很可疑的，不过即使是出于崔浩等一

---

[1] 《北史》卷九八《蠕蠕传》，第3249页。

班文臣的建议，最后确定蠕蠕这个译法的恐怕还是太武帝本人。

有意思的是，在北朝的几种正史中，《魏书》和《北史》使用的是蠕蠕，《北齐书》《周书》和《隋书》使用的却是“茹茹”。在大同云冈石窟第18窟窟门的西壁上，有所谓“茹茹造像铭记”，虽已颇为漫漶，但第一行的“大茹茹”，第二行的“可敦”等字还是可以辨识的。该窟开建于北魏文成帝和平年间（460—465），[1]但茹茹题名显然不是建窟时所刻写的，因为有清楚的痕迹显示这个题名是在削去西壁原有的浮雕千佛后刻写上去的，因此刻写的时间要比建窟时间晚得多。研究者都同意，茹茹乃是柔然为替代蠕蠕而设计出来的新译法，这种译法到北魏后期才为北魏所接受，因此云冈石窟上的“茹茹造像铭记”一定是北魏后期的作品。[2]但是，茹茹的译法是什么时候才正式为北魏官方所接受的呢？

可以肯定，柔然对蠕蠕这个译名所具有的侮辱意味是清楚的，但当双方处在战争状态的时候，柔然再不满，也无可奈何。北魏与柔然之间的对抗关系，从北魏道武帝攻击匹候跋开始（391），到柔然可汗阿那瓌内外交困之下南奔洛阳（520），前后差不多有130年之久。但是在这130年的最后15年，敌对的情形有了显著的改变，

[1] 宿白：《云冈石窟分期试论》，原载《考古学报》1978年第1期，后收入氏著《中国石窟寺研究》，北京：文物出版社，1996年，第76—88页。

[2] 冯家昇：《蠕蠕国号考》，《禹贡》第7卷第8、9合期，第77—80页；周伟洲：《关于云岗石窟的〈茹茹造像铭记〉——兼谈柔然的名号问题》，《西北大学学报（哲学社会科学版）》1983年第1期，第70—74页。

双方再也没有发生重大战事。北魏宣武帝正始三年（506），刚刚当上柔然可汗（他汗可汗）的伏图（这个名字表明那时柔然崇佛的风气很盛）遣使到洛阳“请求通和”，宣武帝“不报其使”，就是没有接见使者，但是却派人对使者传达了一些富有善意的话，北魏官方记录下来的有“若修蕃礼，款诚昭著者，当不孤尔也”，等等。[1]伏图西征高车战死，其子丑奴继位为可汗，又派僧人到洛阳“奉献珠像”（这种宝物应该是出自南亚的，显示了草原丝绸之路活跃的贸易网络）。[2]宣武帝派骁骑将军马义舒出使柔然，只是因宣武帝突然驾崩，马义舒就停止了出使。种种迹象显示，宣武帝后期北魏与柔然的关系实际上已经大大改善。

因此，这个推论看起来是合乎逻辑的：柔然就是在这个时候向宣武帝提出把蠕蠕更改为茹茹，宣武帝予以接受，北魏官方此后使用的（应该）是茹茹而不是蠕蠕。——当然，并不是说蠕蠕的用法从此就绝迹了。

而这个推论也可以得到第一手史料的支撑。1984年公布的在陕西华阴五方乡出土的六方北魏弘农杨氏墓志中，有一方杨播墓志，记录了孝文帝时期的重要人物杨播的生平事迹。[3]杨播于孝文帝太和十六年（492）参加了北魏最后一次大规模进攻柔然的战役，而

[1] 《北史》卷九八《蠕蠕传》，第3257页。

[2] 同上。

[3] 杜葆仁、夏振英：《华阴潼关出土的北魏杨氏墓志考证》，《考古与文物》1984年第5期，第17—27页。

且还是三路进军的统帅之一。这三路统帅，史书记得不太清楚，《魏书·高祖纪》只记元颐（拓跋安寿）和陆叡，[1]《南齐书·芮芮虏传》只记驾鹿浑和杨延，[2]驾鹿浑其实应作贺鹿浑，是陆叡的鲜卑语本名，而杨延应作杨延庆，延庆是杨播的本名。可见这三路统帅应该分别是元颐、陆叡和杨播。根据杨播墓志，这一次北征蠕蠕，杨播是中路军的统帅，中路军三万骑从鸡鹿塞北进，横绝戈壁，深入漠北，但是似乎并没有遇到柔然的军队。值得注意的是墓志里提到柔然的时候并没有用“蠕蠕”之名，而是用了“茹茹”：“率骑三万出鸡鹿塞五千余里，迫逐茹茹而还。”[3]杨播墓志写作的时间是孝明帝熙平元年（516）秋，这说明北魏官方采用茹茹一词必在熙平元年秋以前。因此可以说，北魏接受柔然的提议放弃蠕蠕而采用茹茹，是在宣武帝在位的最后六七年间，这个推测大致上是站得住脚的。

虽然北魏朝廷接受茹茹一词并不晚，但在北魏末年六镇反乱之前，北魏与柔然和平关系的前提是柔然日趋衰弱不得不交好北魏，北魏采用茹茹只是一种友好的姿态。可是在六镇反乱以后，本来受北魏资助和保护的柔然，骤然间成为北魏朝廷镇压六镇的主要工具，双方的强弱主次态势开始出现微妙的变化。孝明帝正光元

[1] 《魏书》卷七下《高祖纪下》，北京：中华书局，1974年，第170页。

[2] 《南齐书》卷五九《芮芮虏传》，北京：中华书局，1972年，第1025页。

[3] 赵超：《汉魏南北朝墓志汇编》，天津：天津古籍出版社，2008年，第86页。

杨播墓志（来源：《汉魏六朝碑刻校注》）

年（520）即位才十来天的柔然可汗阿那瓌外逼于高车反叛、内逼于贵族夺权，走投无路只好南奔洛阳，以藩臣的身份出现在朝见北魏皇帝的百官亲贵行列里，意味着柔然正式向北魏称臣。次年正月间，阿那瓌在北魏军队的护送下北归，刚出六镇之一的怀朔镇，就因漠北形势复杂不敢北进，于是依托怀朔镇戍暂驻漠南。偏偏两年后爆发了六镇反乱，而北魏派来镇压的大军先后覆灭，北魏朝廷只好请附近的阿那瓌协助平叛。对于柔然来说，与六镇对抗是由来已久的家常便饭。对六镇来说，正是因为柔然与北魏由战转和，造成北边国防形势松弛，六镇地位下降，各种矛盾才一触即发。

阿那瓌从镇压六镇中获得了巨大的好处。六镇数十万镇民在柔然大军和饥饿的双重打击下，纷纷东徙进入今山西北部和河北中北部，其结果，进入河北的六镇流民完全搅乱了北魏在这个重要地区的统治秩序（宇文泰就在这样的流民队伍里），进入山西北部的流民则加入到尔朱荣的军队中（高欢就这样开始了他在中原的传奇），大大增强了尔朱荣的实力，而六镇镇民的离去，则造成北魏经营近百年的六镇地区忽然成为一片真空，把漠南拱手送给了在漠北越来越艰难的柔然。

北魏官方对阿那瓌帮助镇压六镇的感激，以及对柔然重新崛起事实的认识，表现在尔朱荣控制朝廷后孝庄帝的一份诏书上，这份诏书赞美阿那瓌“镇卫北藩，御侮朔表，遂使阴山息警，弱水无尘，刊迹狼山，铭功瀚海”，因而“自今以后，赞拜不言名，上书不称臣”，[1] 等于正式承认了柔然与北魏的平等地位。不久北魏分裂为六镇人唱主角的东、西魏，柔然成为双方争相拉拢、不敢得罪的超级外部势力。至少在与中原王朝的关系方面，后期的阿那瓌终于为柔然争得了前所未有的光荣。当然，事实上这是柔然最后的光荣。当阿那瓌在高欢和宇文泰的眼中无比举足轻重的时候，高欢和宇文泰们不可能看到的历史大剧正在上演，在柔然的后花园里，即将改写内陆欧亚历史的突厥人已经从阿尔泰山里走出来，很快就要夺取柔然赖以虎视天下的鄂尔浑河谷和塔米尔河谷肥美广阔的大草原了。

史书（如《魏书》和《北史》）仍然以蠕蠕作为北魏后期的柔然国名，一方面是为求体例一致，另一方面则是因为史家对北魏的漠北宿敌抱有歧视。《北史》记柔然事，综合了《魏书》《北齐书》《周书》和《隋书》的相关内容，也可能本来是杂采两个名字的，表现在《北史》的古代版本上，就是茹茹和蠕蠕都用，但经过历代校勘家以体例一致为由加以整理，渐渐就只有蠕蠕而没有茹茹，[2]《北史》在这个问题上的原始面貌也就无从探寻了。而事实上，从

[1] 《北史》卷九八《蠕蠕传》，第 3263 页。

[2] 钱大昕指出：“《魏书》作‘蠕蠕’，宋、齐、梁书皆作‘芮芮’，《周书》作‘茹茹’，《北史》有《蠕蠕传》而诸传间有作‘茹茹’者，盖译音无定字。”见钱大昕：《廿二史考异》卷五“冯跋载记”条，方诗铭、周殿杰校点，上海：上海古籍出版社，2004 年，第 387 页。另请参看《北史》卷一三《后妃传上》“校勘记”第 2 条，第 509 页；卷一四《后妃传下》“校勘记”第 1 条，第 538 页。

宣武帝以来与柔然的关系已经大大改变，蠕蠕这个词至少在官方文件中早已被茹茹取代了。

值得注意的一个问题是，阿尔泰语言中也有公主这个词，当然是从汉语借入的，而率先把这个词从汉语借入草原社会大肆使用的，很可能正是柔然。虽然今天能够看到的阿尔泰语言中“公主”（qunčuy）一词的最早用例是古突厥文阙特勤碑，但可以推测把这个汉语词汇引入草原政治生活并使之在阿尔泰语言中沉淀下来的，应该是突厥之前的柔然。而且，柔然是历史上唯一效法中原王朝建立了年号制度的漠北游牧帝国，当然，征服并统治了中原地区的蒙元帝国不算在内。阿那瓌本人在洛阳生活过将近半年时间，“心慕中国”，模仿魏朝的制度，“遂有侍中、黄门之属”。[1]这样一个对中原制度比较向往的柔然，借入公主（qunčuy）作为可汗女儿的称号，是完全可以理解的。——当然，可汗的儿子们并不需要从南方借入什么词汇，因为他们本来就有“直勤”“特勤”（tegin）这样的古老称号。

元代《长春真人西游记》所记中亚人称呼汉人的“桃花石”一词，[2]也可以追溯到柔然。“桃花石”可能就是麻赫穆德·喀什噶里（Mahmud Kashgari）的《突厥语大辞典》书中所收的tawγāč（中

[1] 《北史》卷九八《蠕蠕传》，第3281页。

[2] 李志常：《长春真人西游记》卷上，党宝海译注，石家庄：河北人民出版社，2001年，第51页。

国）一词，[1] 这个词的原型应该是鄂尔浑古突厥文碑铭中的 tabγač（意指唐朝）。[2] 研究者早已指出，tabγač 本来是对应“拓跋”一词的，后来发展为指称拓跋魏所统治的北方中国，突厥用这个词指唐朝（在唐朝建立之前，突厥也应该曾经用这个词指隋朝）。[3] 不难理解，正是与拓跋分据漠南漠北形成对抗局面的柔然，最早用 tabγač（拓跋）这个词，先是指漠南的拓跋部，后来随着拓跋统治区域的扩大，这个词的词义也逐渐扩大，终于发展到指称拓跋鲜卑所统治的全部北方中国。[4] 等突厥人继承 tabγač 这个词的时候，他们不会知道它本来是草原上一个游牧集团的名称。

仅仅从文化引入这个角度，也可以看出在内陆欧亚的历史上，柔然（或按照他们自己的译法，叫茹茹）是具有独特重要性的。

这就是为什么本文把阿那瓌嫁到南方来的两个女儿称作茹茹公主，而不是《北史》所称的蠕蠕公主。

---

[1] Mahmūd al-Kāšgari, *Compendium of the Turkic Dialects (Dīwān Luγāt at-Turk)*, Edited and Translated with Introduction and Indices by Robert Dankoff, in Collaboration with James Kelly, Cambridge, MA: Harvard University Printing Office, 1982, part I, p. 341.

[2] 张广达：《关于马合木·喀什噶里的〈突厥语词汇〉与见于此书的圆形地图》，《西域史地丛稿初编》，上海：上海古籍出版社，1995 年，第 57—82 页。

[3] 伯希和：《支那名称之起源》，冯承钧译：《西域南海史地考证译丛》第 1 卷第 1 编，北京：商务印书馆，1962 年，第 40 一 41 页；白鸟库吉：《东胡民族考》上编，方壮猷译，上海：商务印书馆，1934 年，第 130—132 页。

[4] 罗新：《论拓跋鲜卑之得名》，原载《历史研究》2006 年第 6 期，后收入《中古北族名号研究》，第 54 页。

三、高欢之妻茹茹公主

近年在河北磁县出土了一方额题为“魏故齐献武高王闾夫人墓志”的石质墓志，现藏于河北正定的一个收藏家所办的私人博物馆。我的一个书法家朋友寄来了该墓志的拓片，实在令人欣喜，因为这方墓志的志主，就是阿那瓌嫁给高欢的爱女，是本文要讲述的第二个茹茹公主。“齐献武高王”就是高欢，他生前的爵位是齐王，献武是东魏朝廷给他的谥号。“闾夫人”就是茹茹公主，因为柔然的汗族本姓郁久闾氏，后来可能是在孝文帝姓氏改革时简化为闾氏了。北朝诸史在记录柔然姓氏时通常不写简化后的闾氏，反映了史臣的歧视态度。

现在把茹茹公主这方墓志的序辞部分转录在下面（铭辞部分略去）：

魏故齐献武高王闾夫人墓志

夫人姓闾，茹茹主第二女也。塞外诸国，唯此为大，既丰沮泽之产，实同娇子之强。世约和亲，恒为与国，奇畜衔尾，侍子盈朝，甘泉之烽未动，龙城之使屡降。及国胜兵焚，来控天邑，渭桥成列，上林自归。重起韩昌之骑，还由鸡鹿之道，胜兵控弦，十不遗一，雄图武略，复振北土，藁街无阙，輶轩继路。夫人体识和明，姿制柔婉，闲淑之誉，有闻中国。齐献武王敷至德于戎华，立大功于天地，弼成五

魏故齊獻武高王閭夫人墓誌
夫人姓閭茹茹主第二女也塞外諸國唯此爲大既豊沮澤
之産實同嬀子之彊世約和親恒爲與國奇畜銜尾侍子盈
朝甘泉之烽未動龍城之使屢降及國勝兵焚來控天邑渭
橋成列上林自歸重起韓昌之騎還由雞鹿之道勝兵控弦
十不遺一雄圖武略復振北土豪街無關轞軒繼路夫人體
識和明姿製柔婉閑淑之譽有聞中國 齊獻武王數至德
於我華立大功於天地彌成区服光於四海方一此車書同
茲聲教馳百兩於王庭鳴雙鴈於塞表遂以婚姻之故來就
我居推信讓以和同州率柔謙以事君子雖風馬未殊禮俗
多殊所水清易變絲潔宜染習以生常無俟終日至於環珮
進止具體廣姬刀尺羅紈同夫三世非瀍不動率禮無違宜
其永年以信天道忽焉已及何驗高明春秋一十有九以武
定六年四月十三日薨於并州王宮其年五月卅日窆於齊
王陵之北一里有 詔葬以妃禮盡員方有易陵谷代徙餘
美無傳式流於此銘曰
天地交開禍難方延救焚援溺非聖伊賢德之所備功亦至
焉柔遠能邇禮洽化遷彼美淑令時惟妙年有行去國言告
移天音容外理柔和內宣生之不弔忽若吹煙翠羽將滅鉛
華鬢鮮我行其野歸於墓田松風已急隴月徒縣哀凝迴隧
歌繞空山来賓詎久送軿方旋齊女思北秦姬望西燈光且
燗香燼餘燃嗟哉白日永秘重泉

茹茹公主墓志（来源：《墨香阁藏北朝墓志》）

服，光于四海，方一此车书，同兹声教，驱百两于王庭，鸣双雁于塞表。遂以婚姻之故，来就我居，推信让以和同列，率柔谦以事君子。虽风马未及，礼俗多殊，而水清易变，丝洁宜染，习以生常，无俟终日。至于环佩进止，具体庶姬，刀尺罗纨，同夫三世，非法不动，率礼无违。宜其永年，以信天道，忽焉已及，何验高明。春秋一十有九，以武定六年四月十三日，薨于并州王宫，其年五月卅日，窆于齐王陵之北一里。

“塞外诸国，唯此为大，既丰沮泽之产，实同娇子之强。世约和亲，恒为与国，奇畜衔尾，侍子盈朝，甘泉之烽未动，龙城之使屡降。”这是讲柔然曾经的强盛及其与魏朝的友好，只是在这个叙述中，两国间长达百年的敌对争战的历史就被忽略了。“及国胜兵焚，来控天邑，渭桥成列，上林自归。”这几句是讲北魏孝明帝时期柔然衰落、阿那瓌南投洛阳，渭桥、上林就是用西汉呼韩邪单于到长安朝谒汉宣帝的典故。有趣的是，《乐府诗集》记有一首北魏的杂曲歌辞，题为《阿那瓌》，直接把阿那瓌比作呼韩邪，也引用了汉宣帝在渭桥和长平坂接见呼韩邪的典故，显然就是阿那瓌在洛阳期间传唱开来的：

闻有匈奴主，
杂骑起尘埃。

列观长平坂，
驱马渭桥来。[1]

墓志接着讲北魏帮助阿那瓌在草原上振兴柔然的势力，“重起韩昌之骑，还由鸡鹿之道”，韩昌是汉宣帝派遣护送呼韩邪北归的将领之一，“鸡鹿”是汉代阴山西部的主要边关鸡鹿塞，墓志用这两个典故描述北魏以军队和物资帮助阿那瓌回到漠南，图谋夺取漠北。虽然这时柔然经历了很大的挫折，“胜兵控弦，十不遗一”，但阿那瓌“雄图武略，复振北土”。墓志接下来就要赞美志主了：“夫人体识和明，姿制柔婉，闲淑之誉，有闻中国。”这样好的一位窈窕淑女，自然是君子好逑，而配得上公主的君子，理所当然就是“敷至德于戎华，立大功于天地，弼成五服，光于四海”的齐献武高王。“遂以婚姻之故，来就我居”，就是这样，公主从草原来到魏朝，嫁给了高欢。

作为齐王妃子的她表现如何呢？“推信让以和同列，率柔谦以事君子”，与高欢的其他女人相处非常融洽，对高欢本人也足够礼敬贴心。那么，文化、语言的差异（“风马未及，礼俗多殊”）是否会影响公主尽职尽责呢？不会的，因为“水清易变，丝洁宜染”，公主很快就适应了新的生活和角色。然而不幸的是，天道似乎并不“与善”，公主也未得“永年”，十九岁就在晋阳（太原）的齐王宫

[1] 郭茂倩：《乐府诗集》卷七八，北京：中华书局，1979 年，第 1094—1095 页。

里去世了。

这方墓志的重要之处，当然不在于对公主品德方面的描述，那都是墓志常见的套话，不能当真的。但墓志提供了正史所没有的两条信息：第一，公主是阿那瓌的第二个女儿；第二，公主死于武定六年（548）四月，年十九，可知她应出生于北魏孝庄帝永安三年(530)，比她的姐姐、西魏文帝悼皇后小六岁。

高欢娶茹茹公主的时间，《北史・后妃传》说是在东魏孝静帝武定三年（545）八月，[1]《北史・蠕蠕传》说是武定四年（546）。[2]综合考虑各种因素，前一种记载是更可靠的。武定三年，公主十六岁。按照草原上的传统，如果这是她的第一次婚姻，那么可以算是晚婚。而这一年高欢已经五十岁了。《北史・蠕蠕传》记载："阿那瓌有爱女，号为公主，以齐神武威德日盛，又请致之，静帝闻而诏神武纳之。"[3]按照这个说法，阿那瓌主动要求把爱女嫁给高欢，高欢是听从了皇帝的命令才与茹茹公主成婚的。不过那时孝静帝可绝对没有这样的权威，只有在高欢自己做出决定以后，才可能假借皇帝的名义下达一个让高欢迎娶公主的诏命。《北史・后妃传》的记载是："蠕蠕强盛，与西魏通和，欲连兵东伐。神武病之，令杜弼使蠕蠕，为世子求婚。阿那瓌曰：'高王自娶则可。'神武犹豫，

[1] 《北史》卷一四《后妃传下》，第518页。

[2] 《北史》卷九八《蠕蠕传》，第3265页。

[3] 同上。

尉景与武明皇后及文襄并劝请，乃从之。”[1] 据此，高欢先向阿那瓌为世子高澄求婚，阿那瓌却表示只能嫁给高欢本人。年过五十的高欢这时早已妻妾成群、儿女满堂，对于迎娶新妇当然会犹豫，在勋贵人物尉景、高欢的正妻娄氏和世子高澄这分别代表三个方面的重要人物都表态支持以后，高欢“乃从之”。

《北史·后妃传》记高欢迎娶茹茹公主：“武定三年，使慕容俨往娉之，号曰蠕蠕公主。八月，神武迎于下馆。”[2] 慕容俨大概是到柔然的可汗庭行迎娉之礼，而高欢本人则是一直到下馆相迎。下馆的确切位置已不清楚，大致在今晋北的恒山北麓，可以说已经出了东魏的北方边界了。据《北史·齐本纪》，高欢在武定三年正月“请于并州置晋阳宫”，[3] 就是在高欢的常驻地、重兵所在的晋阳城（今山西太原）兴建宫殿。从后来的历史发展看，这次大兴土木便是为了当年秋天迎接茹茹公主的到来。武定三年三月，高欢对东魏首都邺城（今河南安阳北）进行了为时短暂的巡视，很显然半年后的大婚与此行多少也有些关系。从三月乙未（十六日）到丙午（二十七日），实在是匆匆忙忙。高欢回到晋阳后，一直到死，他一直活动在今山西境内。从史书记载看，自武定三年三月至次年八月，似乎是高欢最无事可记的一年半时光。其实这一年半间，高欢

---

[1] 《北史》卷一四《后妃传下》，第 517—518 页。

[2] 同上书，第 518 页。

[3] 《北史》卷六《齐本纪上》，第 229 页。

用半年时间做各种安排、准备，再用一年时间在晋阳迎娶并侍奉茹茹公主，而对于高欢，这段时光并不是十分轻松的。

和七年前西魏文帝迎娶阿那瓌长女时的情况一样，高欢正妻的位置必须腾出来。而高欢的正妻娄氏，是高欢的结发妻子，自年轻时在怀朔镇识高欢于广众之中，演出了六镇版的富家女爱慕贫少年的故事。那时高欢还只是一名普通镇兵，而对屡屡上门提亲的各家"强族"一直看不上眼的娄氏，忽然瞧见在城上当差的"长头高颧、齿白如玉"的高欢，忍不住说："此真吾夫也。"于是派女婢传话，还送给他钱财，好让他上门提亲。[1] 娄家纵然不满意这位贫寒的青年，也架不住女儿如此痴心。高欢是在娶了娄氏之后才有马骑的，也正是因此，他才能当上"队主"的小军官。当高欢感觉到天下即将大乱时，娄氏带来的家产成为他投资未来的重要凭借，"倾产以结英豪"，在六镇起兵之前团聚了一批豪杰之士，这些人成为后来东魏、北齐的开国勋贵。而在这个过程中，娄氏不仅贡献了财富，而且参与了所有重要的谋划，"密谋秘策，后恒参预"。正是因此，在高欢所倚赖的军政显贵中，娄氏有极大的权威，事实上勋贵里还存在着一个以娄氏为中心的联姻圈子。更何况，高欢最年长的几个儿子，也都是娄氏所生。叫这样一个娄氏让出正妻的位置，可比七年前乙弗氏"逊居别宫"要复杂得多、困难得多。

好在已经四十四岁的娄氏深明大义，知道与茹茹公主的婚姻对

---

[1] 《北史》卷一四《后妃传下》，第 516 页。

她夫君的事业具有什么意义。《北史·后妃传》记高欢在决定迎娶茹茹公主之前，表现出犹豫和为难，于是娄氏主动对高欢表示“国家大计，愿不疑也”，[1] 这正是高欢所需要的正确态度。因而，当茹茹公主到来后，娄氏只有“避正室处之”。而高欢当然不是木石心肠，更何况他也知道维持与娄氏的关系在政治上是何等重要。终于找到一个机会，他向娄氏表达歉意，“愧而拜谢焉”。娄氏顾不上接受他的歉意，只是说：“彼将有觉，愿绝勿顾。”[2] 这是非常有意思的回答，她并不担心高欢真的忘记了她，她担心的是高欢对她的情意会激怒茹茹公主。

和她的姐姐一样，茹茹公主不是孤身进入晋阳宫的。但是护送公主的主要人物，《北史》内部的记录则颇有歧异，《后妃传》说“阿那瓌使其弟秃突佳来送女”，[3]《蠕蠕传》则说“阿那瓌遣其吐豆发郁久闾汗拔姻姬等送女于晋阳”。[4] 很可能，秃突佳本是吐豆发的音讹，而吐豆发（Tutuq Beg）是柔然的重要官职，[5] 郁久闾汗拔姻姬则是这位吐豆发的姓名。这个吐豆发以可汗之弟的身份护送公主，他在晋阳宫的分量可想而知。从草原出发的时候，阿那瓌交

---

[1] 《北史》卷一四《后妃传下》，第 516 页。

[2] 同上。

[3] 同上书，第 518 页。

[4] 《北史》卷九八《蠕蠕传》，第 3265 页。

[5] 罗新：《柔然官制续考》，原载《中华文史论丛》2007 年第 1 期，后收入《中古北族名号研究》，第 141—146 页。

待他的任务是保证公主早日生子："待见外孙，然后返国。"[1] 也就是说，公主生子之前，护送南来的这些人是不能北归的。为了完成这个任务，公主理所当然要完全占有高欢。据《北史》记载，有一天高欢"有病，不得往公主所"，引起秃突佳的不满和愤怒（"怨恚"）。看到秃突佳生气了，高欢不敢怠慢，"自射堂舆疾就公主"，等于是把病床搬到公主房中。[2] 如果考虑到高欢已是暮年，一年多以后就会死去，在公主面前的高欢实在是狼狈得很。

虽然和她的姐姐逼死乙弗氏不同，嫁到东魏的这位茹茹公主并没有过度为难高欢的结发妻子娄氏，但是，她也绝不像墓志所写的那样"推信让以和同列"。很显然，除了独霸高欢以外，她也不曾与高欢的其他女人相安无事。一个最突出的例子就是史书所称的彭城太妃尔朱氏。[3] 这个尔朱氏是尔朱荣的女儿，原先嫁给尔朱荣所立的北魏孝庄帝。孝庄帝因刺杀尔朱荣被推翻且被杀害，高欢便娶这位尔朱氏为侧室。史书说高欢对尔朱氏的态度非比寻常，"见必束带，自称下官"，"敬重逾于娄妃"，大概是因为她兼有尔朱荣之女和孝庄帝之后的双重身份，而尔朱荣是高欢的恩主，孝庄帝是高欢的皇帝。不过除了身份上的原因以外，尔朱氏能让高欢如此另眼相看，也许还因为她性格刚烈，有男子之风。武定三年八月，高欢

[1] 《北史》卷一四《后妃传下》，第 518 页。

[2] 同上。

[3] 同上。

迎娶茹茹公主回晋阳，尔朱氏也到木井城（今山西阳曲）迎接，一起南归晋阳。但不知为什么，尔朱氏和公主虽然同行却前后相隔，没有打照面。《北史・后妃传》记载：“公主引角弓仰射翔鸱，应弦而落。”颇见草原女性的风骨。尔朱氏也不含糊，立即“引长弓斜射飞乌，亦一发而中”。这自然是一次充满玄机的对话。史书记载高欢高兴地说：“我此二妇，并堪击贼。”其实高欢是在打圆场，而这次对话也不可能没有后果。不久，尔朱氏和西魏乙弗氏一样，出家为尼了，高欢为她盖了一座佛寺。史书没有解释尔朱氏为什么要出家，不过可以肯定，这是茹茹公主及其随行人员向高欢施压的结果。

高欢在晋阳宫如此曲意侍奉茹茹公主，整整一年，也许在外交上和战略上都取得了显著的成效。武定四年八月，当认为条件已经成熟时，高欢决定进攻西魏在晋南的战略据点玉璧城。不幸的是，仅仅巩固了与柔然的友好关系并不意味着战场上一定会取胜。这场拖了两个多月的玉璧之战以东魏失败、高欢病倒而告终，十一月初一，高欢的大军在寒冷中北撤回到晋阳。两个月后的武定五年（547）正月初八，在娶茹茹公主仅仅一年四个月之后，高欢病死于晋阳宫。根据墓志我们知道，在高欢死去一年四个月之后，茹茹公主也病死于晋阳宫。她嫁到东魏来一共两年八个月，和高欢在一起的时间大约只有一年。

不过，高欢之死，并不意味着茹茹公主婚姻生活的结束。按照草原上收继婚的传统，高欢政治地位的继承人（无论是兄弟还是子侄）应该同时继承他的妻室。茹茹公主当然是要恪守草原传统的。史书称“公主性严毅，一生不肯华言”，[1] 不仅性格很强，而且对中原文化没有兴趣，不肯学说汉语。这样一个认同草原文化的公主，以及护送她南来却一直没有等到公主生子的柔然官贵，当然会坚持要高欢的继承者高澄收继公主为妻，因为只有这样公主才可能生子，而无论是为高欢还是为高欢的继承人生子，维系两国关系的效果是一样的。《北史·后妃传》站在华夏文化传统的立场上描述此事：“神武崩，文襄从蠕蠕国法，蒸公主，产一女焉。”[2] 可见高欢死后，高澄的确娶了公主，并且生有一女。正是因为高澄尊重了草原传统，史书称“自此东魏边塞无事，至于武定末，使贡相寻”，[3] 从高欢迎娶茹茹公主，到高澄予以收继，柔然与东魏建立了稳定的盟友关系。

包括墓志在内，没有史料显示公主是和她姐姐一样因为难产而死的，不过在短短的一年零四个月的时间里为高澄生了一个女儿，似乎难产而死或因生产染病而死的可能也是难以排除的。这一对姐妹，都是作为政治婚姻的工具远涉异国，又都是不到三年就死去。姐姐去世时十六岁，妹妹去世时十九岁。正如墓志铭辞所感慨的：“彼美淑令，时惟妙年”，“生之不吊，忽若吹烟”。

---

[1] 《北史》卷一四《后妃传下》，第 518 页。

[2] 同上。

[3] 《北史》卷九八《蠕蠕传》，第 3265 页。

四、阿那瓌的孙女邻和公主

高欢娶茹茹公主，是东魏与柔然婚姻外交的一个高潮。不过在此之前的三四年间，两国婚姻外交已经紧锣密鼓地进行着了。在西魏文帝悼皇后（阿那瓌长女）死于长安的同一年（西魏文帝大统六年，东魏孝静帝兴和二年，即 540 年）稍后，当阿那瓌痛心爱女之死，因而迁怒于西魏君臣时，高欢及时地派出使者游说阿那瓌，离间柔然与西魏的关系。使者强调西魏文帝和宇文泰不仅杀害了与阿那瓌关系甚好的孝武帝，而且还杀害了阿那瓌的女儿（悼皇后）。阿那瓌于是决定改而与东魏交好。[1] 作为这种正在建立中的友好关系的保障，古老的联姻手段立即就派上了用场。

首先是东魏嫁公主给阿那瓌的儿子、在继承序列里排在第一位的庵罗辰。孝静帝没有年龄合适的女儿，因此就把宗王元鸷的妹妹乐安公主改封为兰陵郡长公主，许嫁给庵罗辰。兴和三年（541）四月，柔然前来迎聘公主的人马到了晋阳。高欢对这次联姻极为重视，亲自过问一切细节，史称“资用器物，齐神武亲自经纪，咸出丰渥”。但他还是不放心，害怕柔然人变卦，“虑阿那瓌难信，又以国事加重，躬送公主于楼烦之北，接劳其使，每皆隆厚”，可谓无所不用其极。当然，他的努力收到了回报，“阿那瓌大喜，自是朝贡东魏相寻”，[2] 柔然与东魏的友好关系正式确立，高欢不再因为

---

[1] 《北史》卷九八《蠕蠕传》，第 3264—3265 页。

[2] 同上书，第 3265 页。

北边的柔然骑兵而寝食难安了，而阿那瓌则可以顺利获得来自东魏农业社会的大量物资。不过兰陵郡长公主嫁给庵罗辰以后的事，我们一点线索也找不到了。几年以后突厥崛起，阿那瓌兵败自杀，庵罗辰率柔然余众奔走于草原与北周、北齐之间，苟延残喘，曾经极为强盛的大帝国最终不免于尽数覆灭。兰陵郡长公主是一直到最后都和庵罗辰在一起颠沛流离呢，还是和茹茹公主们一样早就魂归九泉？恐怕已经永远无从考知了。

在嫁走兰陵郡长公主的第二年（兴和四年，即 542 年），为了进一步巩固两国盟友关系，阿那瓌和高欢都同意继续婚姻外交，且提高联姻的等级。不过这时柔然对东魏的政治实态已经有所了解，知道与元氏联姻远不如与高氏联姻更有价值。可能就是在这一思路的指导下，阿那瓌的孙女（号邻和公主）嫁给了高欢的第九子长广公高湛。长广公高湛，就是后来的北齐世祖武成帝。据《北史·齐本纪》，他与邻和公主成婚时，虽然只有八岁，但“冠服端严，神情闲远，华戎叹异”。[1] 八岁的儿童无论多么优秀早熟，论婚姻则必定如同儿戏。高欢让八岁的高湛如此完婚，自然不是为了替孩子考虑。

邻和公主的情况史书几乎完全没有记载。然而万分幸运的是，河北磁县文化馆 1978 年在磁县大冢营村发掘了她的墓，出土了墓

[1] 《北史》卷八《齐本纪下》，第 281 页。

魏驃騎大將軍開府儀同三司長廣郡開國公高公妻茹
茹公主閭氏墓誌銘
公主諱叱地連茹茹主之孫諳羅臣可汗之女也源流廣遠
世緒綿長雄朔野而揚聲跨列代而稱盛良已布漢前書
備諸歷史矣公主體弈葉之休徵稟中和之淑氣光儀婉
嫕性識閑敏四德純備六行聿脩聲穆閨闈譽流邦族若
其尊重師傅訪問詩史先人後己履信思順庶姬已為讓
楷衆媛之所儀形 皇魏道映寰中霸君威棱宇縣朔南
被教邀外來庭茹茹主欽挹風猷思結姻好乃歸女請和作
嬪公子亦既來儀載閑禮度徽音歲茂盛德日新方冀遐
期永綏難老與善徒言消亡奄及以武定八年四月七日
薨於晉陽時年十三即其年歲次庚午五月己酉朔十三
日辛酉葬於釜水之陰齊獻武王之塋內天子下詔曰長
廣郡開國公妻茹茹鄰和公主奄至喪逝良用嗟傷朝
勳世德光被朝野送終之禮宜優常數可勅并州[illegible]
車備依常式禮也乃銘石壤陰永傳餘烈其詞曰
祁山發祉蒙野効靈雄圖不競世載民英於惟[illegible]齊慶
挺生德兼柔慎質儷傾城皇德遠臨霸功遐震[illegible]納款
再邀思順斉芙來儀作嬪世傳惠問外揚貞[illegible]峻思媚
諸姑言齒同列衾幬斉序大小胥悅方享遐[illegible]儀範當世
如何不弔蘭摧玉折卜云其吉將窆玄宮榮哀攄備禮數
無崇輕轅轉轂飛旋從風清暉永謝彤管無窮

邻和公主墓志（来源：《新中国出土墓志·河北壹》）

志等文物。[1]现节录墓志的部分序辞如下：

魏骠骑大将军开府仪同三司长广郡开国公高公妻茹茹公主闾氏墓志铭

公主讳叱地连，茹茹主之孙，谙罗臣可汗之女也。……皇魏道映寰中，霸君威棱宇县。朔南被教，邀外来庭。茹主钦挹风猷，思结姻好，乃归女请和，作嫔公子。亦既来仪，载闲礼度，徽音岁茂，盛德日新。方亨遐期，永接难老，与善徒言，消亡奄及。以武定八年四月七日薨于晋阳，时年十三。即其年岁次庚午五月己酉朔十三日辛酉葬于釜水之阴，齐献武王之茔内。天子下诏曰：长广郡开国公妻茹茹邻和公主，奄至丧逝，良用嗟伤。既门勋世德，光被朝野。送终之礼，宜优常数。可敕并州造辒辌车，备依常式，礼也。[2]

由此墓志，我们不仅知道了高湛的这位儿童妻子本名叱地连，她是兰陵郡长公主所嫁的谙罗臣（即庵罗辰）的女儿，而且我们还知道她死于武定八年（550）四月七日，死时才十三岁，那么我们就知道她生于东魏孝静帝元象元年（538），兴和四年与高湛成婚时，她才五岁。五岁的柔然邻和公主叱地连嫁给八岁的东魏长广公高

[1] 磁县文化馆：《河北磁县东魏茹茹公主墓发掘简报》，《文物》1984 年第 4 期，第 1—9 页。

[2] 赵超：《汉魏南北朝墓志汇编》，第 382—383 页。

湛，的确是不可思议的景象。《北史》"华戎叹异"这一句话，透露出在高湛与邻和公主的婚礼上，不仅有东魏人士（华），也有柔然（戎），他们都一本正经地见证并参与着一场国际水准的娃娃婚。

邻和公主嫁给高湛的那一年，后来嫁给高欢的那位茹茹公主才十三岁，依照她姐姐嫁给西魏文帝时才十四岁的标准，她本来也是可以出嫁的，但当时柔然与东魏的关系还没有热络到那一步，双方和亲的等级也还不够高，因此就需要让可汗的孙女先出马。不过，如果阿那瓌有年龄更合适的孙女或侄女，大概也不至于要上演娃娃婚了。

值得注意的是，在茹茹公主嫁给高欢的第二年或稍后，突厥的首领土门（Tümen，意思是一万）也派人前来向阿那瓌求婚。那时突厥在蒙古高原的西部，以阿尔泰山为中心，形成了强大的政治军事集团，他们主动出击打败了与柔然为敌的铁勒，自忖有了与柔然平起平坐的资本和实力，就向蒙古中部塔米尔河和鄂尔浑河一带的柔然可汗庭派出求婚的使者。阿那瓌当然理解，突厥事实上是要改变过去柔然与突厥间宗主与藩属的关系。就像把女儿嫁到西魏与东魏一样，柔然可汗当然常常把女儿嫁给柔然帝国内重要部族的首领，但在阿那瓌看来，土门还不具备那样的资格。因此，阿那瓌派人去辱骂土门道："尔是我锻奴，何敢发是言也？！"[1] 土门怒杀使者，起兵攻击柔然，不到八年的时间，就摧毁了柔然帝国，阿那瓌

---

[1] 《周书》卷五〇《异域传下》，北京：中华书局，1971 年，第 908 页。

兵败自杀，突厥帝国由此宣告成立。这个改变了欧亚历史格局的大事件，就是从一次不成功的联姻开始的。

看起来，在阿那瓌以极大的热情建立并维护与北朝各政权间政治关系的时候，他对草原政治形势的判断却是错误的，原因也许是他对草原上的事情多少有点心不在焉。或者可以说，由于阿那瓌了解并欣赏中原的制度与文化，他在利用北魏衰落的机会重建柔然帝国之时，政策和政治的重心并不在漠北草原，而在西魏和东魏之间。这固然在短期内给他带来了实际利益，但对于漠北突厥语（Turkic）各部族的政治觉醒，阿那瓌却完全顾不上有所准备，当然也许仅仅是无能为力。他嫁到南方的两个女儿、一个孙女，都死得非常早，可以说是夭折。不过，即使她们都健康长寿，子嗣成群，柔然帝国走向覆灭时她们也只能是无可奈何。如果柔然覆灭以后她们都健在，那么她们也难以逃脱地位下降，甚至被废黜的悲惨命运。邻和公主死后的第五年（555），西魏权臣宇文泰在突厥的压力下，把投奔西魏的柔然余众三千多人交给突厥使者，尽数杀戮于长安城的青门之外。[1] 在这样的形势下，茹茹公主们还可能保持过去那种优崇地位吗？从这个意义上说，她们死在自己极受宠爱的时刻，多少还是幸运的。

邻和公主墓志称邻和公主“葬于釜水之阴，齐献武王之茔内”，考古工作者由此猜测高欢的义平陵就是邻和公主墓西南 300 米的一

[1] 《周书》卷五〇《异域传下》，第 910 页。

座大冢。[1] 如果这个猜测不误，我们还可以推测出，阿那瓌第二女即高欢妻茹茹公主的墓，必定与邻和公主墓相去不远，因为她的墓志说她“窆于齐王陵之北一里”。她们姑侄相伴于地下，倒也是不幸中的一幸了。

[1] 磁县文化馆：《河北磁县东魏茹茹公主墓发掘简报》，第 9 页。